北京大学对外交流和国际传播丛书

Book Series on PKU's International Exchange and Global Communication

北京大学对外交流与合作

（1898—1949）

孔寒冰　陈峦明　著

北京大学出版社
PEKING UNIVERSITY PRESS

图书在版编目 (CIP) 数据

北京大学对外交流与合作：1898—1949 / 孔寒冰，陈峦明著 .—北京：北京大学出版社，2023.12

ISBN 978-7-301-34519-1

Ⅰ.①北… Ⅱ.①孔… ②陈… Ⅲ.①高等学校 – 国际合作 – 研究 – 北京 ②高等学校 – 国际交流 – 研究 – 北京 Ⅳ.① G648.9

中国国家版本馆 CIP 数据核字 (2023) 第 190205 号

书　　　名	北京大学对外交流与合作：1898—1949 BEIJING DAXUE DUIWAI JIAOLIU YU HEZUO：1898—1949
著作责任者	孔寒冰　陈峦明　著
责 任 编 辑	李书雅
标 准 书 号	ISBN 978-7-301-34519-1
出 版 发 行	北京大学出版社
地　　　址	北京市海淀区成府路 205 号　100871
网　　　址	http://www.pup.cn　　新浪微博：@ 北京大学出版社
电 子 邮 箱	编辑部 pkupw@pup.cn　　总编室 zpup@pup.cn
电　　　话	邮购部 010-62752015　发行部 010-62750672 编辑部 010-62750112
印 刷 者	天津光之彩印刷有限公司
经 销 者	新华书店
	650 毫米 ×980 毫米　16 开本　19.5 印张　280 千字 2023 年 12 月第 1 版　2023 年 12 月第 1 次印刷
定　　　价	65.00 元

未经许可，不得以任何方式复制或抄袭本书之部分或全部内容。
版权所有，侵权必究
举报电话：010-62752024　电子邮箱：fd@pup.cn
图书如有印装质量问题，请与出版部联系，电话：010-62756370

目 录

导 论 1

上篇 晚清时期北京大学的对外交流与合作

第一章 从闭关自守到被迫开放的晚清时期 23
  第一节 中国封建社会的保守性 23
  第二节 被迫对外开放 26
  第三节 近代以前中国的高等教育状况 31

第二章 "师夷"与京师大学堂的建立 35
  第一节 "师夷长技"的主张 35
  第二节 对外交往的近代化 39
  第三节 洋务运动中的新式学堂 41
  第四节 变法求新与京师大学堂的建立 45

第三章 京师大学堂的洋教习 52
  第一节 晚清时期聘请洋教习的缘起 52
  第二节 京师大学堂的西方教习 57
  第三节 京师大学堂的日本教习 65

第四章　京师大学堂外派的留学生 …………………………… 76
第一节　晚清时期出国留学的开端 ………………………… 76
第二节　京师大学堂的外派留学生 ………………………… 85

下篇　民国时期北京大学的对外交流与合作

第五章　社会转型和内乱外患中的北京大学 ………………… 97
第一节　从帝国到民国的社会转型乱象 …………………… 97
第二节　北洋时期北京大学的两次改名与校长更换 ……… 106
第三节　南京政府时期北京大学的六次改名与校长更换 … 120

第六章　民国时期北京大学的外籍教员 ……………………… 135
第一节　民国前期聘请外籍教员的情况 …………………… 135
第二节　民国后期聘请外籍教员的情况 …………………… 154

第七章　民国时期北京大学几位著名的外籍教员 …………… 162
第一节　"中国古生物学之父"葛利普 …………………… 162
第二节　梵文和佛学专家钢和泰 …………………………… 172
第三节　数学"研究教授"施佩纳和奥斯古德 …………… 178

第八章　到北京大学讲演的国外学者 ………………………… 187
第一节　国外物理学家和数学家的讲演 …………………… 187
第二节　日本学者在北京大学的讲演 ……………………… 195
第三节　山格夫人的节制生育讲演 ………………………… 200
第四节　其他外国学者讲演 ………………………………… 204
第五节　北京大学邀请爱因斯坦讲演的前后 ……………… 212

第九章　杜威和罗素与北京大学 ········· 220
第一节　杜威在北京大学的讲学 ········· 220
第二节　罗素在北京大学的讲学 ········· 231

第十章　北京大学师生出国 ········· 241
第一节　学生出国留学 ········· 241
第二节　教员出国 ········· 252

第十一章　北京大学其他方面的对外交流与合作 ········· 266
第一节　接收外国留学人员 ········· 266
第二节　克兰夫人奖学金 ········· 272
第三节　外国政要访问北京大学 ········· 274
第四节　北京大学的其他涉外活动 ········· 277

结　语 ········· 280
附　表 ········· 282
后　记 ········· 302

导　论

　　评价一所大学综合水平高低的标准不仅是多重的,而且受评价者所处的不同时空的影响比较大。但是,除因此而产生不同甚至矛盾的评价标准之外,世界一流大学还有一些为各种评价者所公认的评价标准,其中之一就是国际化的程度。对于大学国际化的具体内容,学界的看法也不尽相同。但就一般而论,它通常指的是办学的理念、办学的各种要素和行为等跨国界、跨文化的互动现象,以及从国际视角整合大学的教学、科学研究、管理服务和培养人才等各项功能的过程。① 综合学界的观点,大学的国际化应当包括以下几个方面:办学理念的国际化、课程与教学的国际化、师资与学生的国际化、科研的国际化。② 但在实际操作层面上,大学国际化的基本体现是它的跨国交流与合作。这不仅可以在一所大学的发展史上留下深深的跨国界、跨文化、跨民族的辙迹,而且能够从高等教育的角度反映一个国家的社会变迁。对外交流与合作的广度和深度是衡量一所大学国际化最直观的指标,在全球化时代也是建设世界一流大学的主要途径。

　　从 20 世纪 90 年代起,中国把创办世界一流大学上升到了国家战略的高度,其标志就是"211 工程""985 工程"和"双一流"建设的先后实施。"211 工程"提出于 1993 年。根据 1993 年 2 月中共中央、国务院印发的《中国教育改革和发展纲要》以及 1994 年《国务院关于〈中国教育改革和发展纲要〉的实施意见》,"211 工程"就是面向 21 世纪,重点建设 100 所左右的高等院校和一批重点学科。"985 工程"提出于 1998 年。根据 1998 年 5 月时任国家主席江泽民在北京大学建校 100 周年庆祝大会上的讲话和

---

① 朱治亚、郭强:《美国一流大学国际化战略研究》,《教育评论》2018 年第 7 期。
② 胡亦武:《中国大学国际化评价及其机制研究》,华南理工大学出版社,2009,第 27 页。

同年12月教育部制定的《面向21世纪教育振兴行动计划》,中国要"创建若干所具有世界先进水平的一流大学和一批一流学科",简称"985工程"。"双一流"建设提出于2015年。根据2015年10月国务院印发的《统筹推进世界一流大学和一流学科建设总体方案》,"双一流"建设就是坚持以中国特色、世界一流为核心,以立德树人为根本,以支撑创新驱动发展战略、服务经济社会发展为导向,坚持"以一流为目标、以学科为基础、以绩效为杠杆、以改革为动力"的基本原则,加快建成一批世界一流大学和一流学科。这三个工程虽然在提出时间先后、内容侧重上均不相同,但着眼点都是要在中国打造一批具有世界一流水平的大学,都强调大学的国际化。

一、北京大学对外交流与合作的历史分期

北京大学是中国第一所国立综合性大学,到2018年已有120年的历史。在这120年中,对外交流与合作始终是北京大学办学的一条主线,但合作与交流的对象、程度、方式和效果在不同时期却有很大的差别。北京大学对外交流与合作同近代中华民族的命运紧紧地连在一起,同中国社会的曲折发展密不可分。本书正是从这个角度把北京大学120年的历史分为三个大的时期,每个时期又分为不同的阶段。在不同的时期和不同的阶段,北京大学对外交流与合作的性质与表现、内涵与外延都不一样。但是,北京大学在对外交流与合作方面始终走在中国所有大学的前列,甚至可以说是中国社会发展变化的风向标,在改变自己的同时也改变着中国社会。

北京大学对外交流与合作的第一个时期是1898年至1949年,包括晚清(1898—1911)和民国(1912—1949)两个阶段。从社会发展上说,这时正处于从封建专制社会向资本主义社会转变时期。资本主义的认定是一个非常复杂的问题,笔者认为,某种意义上,所谓资本主义,就是实行多党议会民主制、开放的市场经济、多元化的意识形态的一种社会发展模式。它最早起源于西欧,因而也称欧洲模式。由于内部动乱不已、外部列强林立以及中国传统政治文化根深蒂固,中国社会这次转型未能改变半殖民地半封建的性质,没有建立起欧洲式的社会发展模式。在这种背景

下,北京大学对外交流与合作或许可以说是连接中国的过去与现在、中国与外国的纽带,是中国社会转型的典型标志,是试图从文化教育方面将西方模式引入中国的尝试。所以,这时期的北京大学对外交流与合作对中国社会发展有比较大的促进作用,但同时也有明显的局限性。

在晚清阶段,北京大学被称为京师大学堂。在1840年至1842年鸦片战争中,西方国家用坚船利炮打开了中国的大门,中国一步一步沦为半殖民地半封建社会。面对这种形势,一部分具有世界眼光的中国人开始正视中国社会的落后性和西方社会的先进性,主张学习西方先进的科学技术,促使中国社会进行变革,以摆脱落后挨打的局面。京师大学堂就是这种特殊时期和国情的产物。1898年7月,京师大学堂成立。它既是标志着中国近代高等教育兴起的第一所国立大学,也是统管全国教育、催生现代学制的最高教育行政机构。因此,京师大学堂的办学方向对中国近代社会发展有着不可低估的意义。

从建立的那一天起,京师大学堂就把国际化作为办学的主要目标。光绪二十四年(1898)五月十五日总理衙门颁布了《奏拟京师大学堂章程》,第一章第一节规定:"京师大学堂,为各省之表率,万国所瞻仰。"①在实践中,京师大学堂对外交流与合作主要体现在聘请国外教师(洋教习)和外派留学生上。除此之外,京师大学堂也有程度不同的其他方面的对外交流与合作。比如,光绪三十一年(1905)十月,洋教习为大学堂代购数学、物理、动物、教育、历史五科书籍185部共223本,转交大学堂藏书楼。宣统元年(1909)十月,大学堂告知学部同意俄国教习前来听讲经史。宣统二年(1910)一月,学部奏准经科大学准外国人入学,这是北京大学乃至中国大学最早关于招收外国留学生的规定。宣统三年(1911)一月,学部拟派大学堂商科监督赴日本考察与商科教学、管理有关事项。② 但是,这些也都只是

---

① 北京大学校史研究室编《北京大学史料 第一卷 1898—1911》,北京大学出版社,1993,第81页。

② 王学珍、王效挺、黄文一、郭建荣主编《北京大学纪事(一八九八—一九九七)》,北京大学出版社,1998,第25、40—41、45页。

开了头或刚有动议,并没有大规模实施。

　　1911年辛亥革命推翻了清王朝,1912年1月中华民国成立。北京大学第一个时期的对外交流与合作进入了第二个阶段并存续到1949年10月。在这三十多年中,中国内忧外患叠加,中华民国基本上处于动荡不安、深重灾难当中。在内政方面,民国先后有过南京临时政府(1912年1—3月)、北洋军阀的统治(1912年4月—1928年6月)和国民党的统治(1925年7月—1948年底)。其中,1925—1928年的中国是南北分治,北洋军阀统治北方,国民党统治南方。从政治体制上看,民国在大部分时间里表面上实行共和制,但实际上是专制独裁、军阀混战。在外患方面,1931年日本侵略中国东北,1937年发动全面侵华战争,全面抗战由此开始,直到1945年8月日本投降。民族、国家和社会的这些重负、灾难和曲折也都深深地镌刻在了北京大学的发展史上,铸就了北京大学"敢为天下先"的灵魂。正如北京大学2021年初门户网站主页所标明的那样:"北京大学早已将使命与精神融入骨血,始终与国家和民族命运紧密相连。"①

　　1912年5月3日,京师大学堂改名为北京大学校,成了一所真正意义上的近代高等学府。从本质上说,中华民国在国体和政体上是西方资本主义式的。因此,比起晚清的京师大学堂,民国时期的北京大学开放性更强,国际化程度更高。从1912年2月到1937年7月,北京大学的八任校长都有留洋或海外游学的经历。严复留学英国,何燏时留学日本,胡仁源留学日本和德国,蔡元培游历日本和德国,刘哲留学日本,李煜瀛留学法国,陈大齐留学日本,蒋梦麟留学美国。所以,在他们任校长期间,北京大学对外交流与合作非常活跃,形式也更加多样化。除了邀请国际知名学者前来任教或讲学、外派留学生和接收外国留学生外,北京大学对外交流与合作的形式还包括派教师出国休学术假、参加学术会议、讲学、考察或留学,召开国际会议,授予外国学者或名人博士学位,北京大学校长出国访问,外国人在北京大学设立奖学金,外国政要访问北京大学,等等。

---

① https://www.pku.edu.cn/close-up_pku2021.html(访问日期:2021年1月27日)。

这些构成了北京大学对外交流与合作的基本格局。

1937年日本发动全面侵华战争后,北京大学先同清华大学、南开大学南迁湖南组建了长沙临时大学,后迁往昆明改称国立西南联合大学。抗战结束之后,北京大学在北平复校,代理校长和校长先后是傅斯年、胡适。前者留学过英国和德国,后者留学过美国。在民国最后的两年多时间里,北京大学对外交流与合作并没有中断,而是派知名学者到国外讲学或考察、选派学生赴欧美留学、请国外学者讲学等,只是受时局的影响,这些对外交流与合作的力度都很小。

北京大学对外交流与合作的第二个时期是1949年至1978年,包括中苏友好(1949—1960)和中苏交恶(1961—1978)两个阶段。从社会发展上说,这是一个新民主主义社会向社会主义社会转变的时期。社会主义的内涵十分丰富,包括理论、运动和制度三个方面。其中,制度层面的社会主义指始于1917年十月革命而成于20世纪30年代中期的苏联模式。它的基本特征是共产党一党执政、高度集中的计划经济、马克思主义的指导思想。抗日战争之后,经过解放战争,共产党打败了国民党政权,成立了中华人民共和国,走上了社会主义道路。第二次世界大战之后,世界分成以苏联为首的社会主义阵营和以美国为首的资本主义阵营。从1947年开始,两大阵营开始了除了运用武力以外全方位对抗的冷战。1949年6月,毛泽东宣布即将诞生的新中国要站在苏联一边,实行向苏联"一边倒"的政策,中国社会发展进入第二个转型期。

中华人民共和国成立后,通过全方位地学习苏联,中国将苏联社会主义模式移植进来。在这样的背景下,北京大学对外交流与合作也全方位地转向苏联,大量聘请苏联专家和少数东欧国家专家来校任教;派出的留学人员多数去苏联,少数去东欧国家和朝鲜、越南等亚洲社会主义国家;接收的留学生主要来自苏联、东欧、朝鲜和越南等社会主义国家。1952年高校院系调整后,北京大学的教学机构和教学内容设置全面学习苏联。虽然与欧亚其他国家也有少量的学术交流与合作,但总体上看,1949年至1960年间,北京大学的国际化就是苏联化,对外交流与合作的对象国主要是苏联、东欧和亚洲社会主义国家,到北京大学进行演讲的学者、访问的领导人也都是来自这些国家。与此同时,北京大学同西方国家的交流与合作基本上中断,北京大学的国际化也从西方化转为苏联化。

然而,由于在对社会主义模式、马克思主义理论和一些国际问题上的看法不同,中苏两党从1956年开始产生分歧、矛盾,继而展开公开论战并影响到两国交往,中国同苏联、东欧国家的关系变得复杂起来。从1961年起,北京大学基本上停止了同苏联的交流与合作,国际交流与合作的重点转向第三世界国家和某些第二世界国家,主要形式为向这些国家外派留学人员和接收来自这些国家的留学生。比如,1964年中法建交后,北京大学开始接收法国留学生和聘请法国人来校任教。在"文化大革命"前期(1966—1969),北京大学对外交流与合作基本中断。1970年以后,随着中国外交格局的变化,北京大学的对外交流与合作又活跃起来并呈多元化态势,对象国以第二世界国家为主,同时与美国的交流也逐渐增多。"文化大革命"后期,到北京大学交流和访问的个人、团体或组织都有不同程度的政治色彩,与中国的内政外交紧紧地联系在一起。从1973年开始,北京大学恢复招收留学生,其中,来自法国、阿尔巴尼亚、越南、朝鲜等国的留学生最多。北京大学虽然仍延续着从苏联学来的教育体制和教学内容,但与苏联的交流与合作却非常少。

北京大学对外交流与合作的第三个时期是1978年至2018年,包括面向全世界扩大交流与合作(1978—1992)和创建世界一流大学(1993—2018)两个阶段。

1978年12月,中共十一届三中全会决定实行改革开放,中国进入了一个新的历史发展阶段。所谓改革,就是改革同生产力迅速发展不相适应的生产关系和上层建筑。所谓开放,就是对外开放。改革开放不仅逐渐改变了中华人民共和国前三十年对社会主义、资本主义的认识,也改变了向苏联、东欧"一边倒"的外交格局,逐渐重建起同欧洲模式和西方世界的联系。

与此相适应,北京大学对外交流与合作也开始了一个新的时期。与前一时期相比,这一时期对外交流与合作的范围更宽广,内容更丰富,程度更深入。在1978年至1992年这个阶段,北京大学对外交流与合作的内容主要有以下几方面:第一,接收的外国留学生不仅数量日益增多,而且来源国遍及五大洲,不再集中于某些国家。第二,选派出国留学的学生越来越多,但主要是赴欧洲、美国和日本。第三,正式签署合作与交流协议的国外大学越来越多,但以美国、欧洲和日本的大学为主。另外,在20世纪80年代后期,随着中苏关系的转暖,北京大学同苏联、东欧国家的学术交流与合作也重新开始了。第四,邀请前来任教的外籍专家越来越多。第五,北京大学的校长和学校代表团出国访问的次数越来越多,国外大学校长和代表团、政界和商界代表团以及外国政要甚至首脑来北京大学访问的也越来越多。第六,授予国外一些知名学者名誉教授或客座教授、名誉博士。第七,举办国际学术讨论会。第八,接受国外捐赠越来越多。第九,负责对外交流与合作的专门机构不断完善。

1992年邓小平南方谈话之后,中国的改革开放进一步深化。北京大学对外交流与合作前一阶段的各项内容继续巩固和发展,同时又不断增加新的内容,进入了这个时期的第二阶段。在力争在21世纪建成世界一流的综合性大学的目标下,北京大学对外交流与合作在以下几方面日益突出:第一,从国外引进学科带头人。第二,接受国外或境外捐资办学。第三,为了与世界接轨,学校改变了苏联式的"大学—系—教研室"的机构设置,采取了西方式的"大学—学院—系"机构设置。① 第四,教学内容逐渐"去苏联化",日益国际化。第五,开展国际合作办学和合作

---

① 经济学院于1985年成立,是1952年高校院系调整以后北京大学设立的第一个学院。光华管理学院、生命科学学院成立于1993年,化学与分子工程学院成立于1994年,数学科学学院成立于1995年,国际关系学院成立于1996年,法学院成立于1999年,物理学院、地球与空间科学学院、政府管理学院成立于2001年,考古文博学院、信息科学技术学院成立于2002年,工学院成立于2005年,城市与环境学院成立于2007年,外国语学院成立于2008年。历史学系、哲学系、社会学系、信息管理系尚未建立学院。其中,信息管理系的前身是始建于1947年的图书馆学系。1987年,图书馆学系改名为图书馆情报学系,1992年改称信息管理系。另外,有一些学院完全是在改革开放后特别是近些年适应时代发展建立的,如2007年成立的元培学院,2014年成立的燕京学堂,2017年成立的现代农学院等。

研究。第六，对外交流与合作的管理权限下移，院、系、所和中心逐渐成为主角。

进入 21 世纪之后，总体上看，北京大学已高度国际化，各个层级和各个学科对外交流与合作都实现了常态化。需要指出的是，虽然在机构设置、教学体制和内容的许多方面都已与世界一流大学接轨，但是，北京大学坚持的依旧是"社会主义办学方向"，而不是全面的"西方化"。学校各部门都坚决服从党的领导，马克思主义政治理论、中共党史等课程是所有学生必修的。"古今中外，每个国家都是按照自己的政治要求来培养人的，世界一流大学者都是在服务自己国家发展中成长起来的。我国社会主义教育就是要培养社会主义建设者和接班人。"①

从上面的简述中可以看出，北京大学对外交流与合作是与中华民族的命运和国际社会的发展紧紧联系在一起的，它既是中国近代历史的一条独特线索，也生动鲜活地反映了中国与世界的关系。

二、学术界对北京大学对外交流与合作的研究

由于在民族兴亡、国家强盛和社会发展等方面具有特殊的历史地位，北京大学始终为世人所关注，也是学界研究的重要对象。因此，国内有关北京大学的研究成果非常多，有专著，有文章，还有许多学位论文。根据北京大学图书馆主页的"未名学术搜索"②，截至 2020 年 11 月，以"京师大学堂"为主题词进行检索的文献（著作和文章）有 651 条，以"北京大学"为主题词进行检索的文献（著作和文章）有 200 条，以"北大"为主题词进行检索的文献（著作和文章）有 90 条，以蔡元培为主题词进行检索的文献（著作和文章）有 67 条。

不过，有几点需要指出：第一，有一些条目实际上与北京大学关联不大甚至无关联。第二，按"京师大学堂""北京大学"和"北大"这三个主题词检索出的条目有重叠，但数量不多。第三，"未名学术搜索"里的数据是动态的，会不

---

① 习近平：《在北京大学师生座谈会上的讲话》，中华人民共和国国务院公报，2018，第 6 页。
② https://www.lib.pku.edu.cn/portal/（访问时间 2020 年 11 月 22 日）。

断更新。所以,这里列出的条数不是固化和精准的。另外,通过北京大学学位论文数据库进行检索,以北京大学的历史、教学、科研或文献为主要研究对象的学位论文有 81 篇,其中博士论文有 3 篇。如果进一步筛查,这些有关北京大学的文献中直接与本书主题有关联的就少得多了,多数是间接有关。比如,北京大学的历史①、纪念文集②、名人传记(特别是历任校长的传记)③、系史④等方面的文献中都有对外交流与合作方面的内容。另外,一些主题不是北京大学的文献也含有与北京大学对外交流与合作有关的内容,如中国近代史、中国近代教育史⑤、留学教育史⑥等。

---

① 这方面的主要著作有:郝平著的《北京大学创办史实考源》(北京大学出版社,1998),王学珍、王效挺、黄文一、郭建荣主编的《北京大学纪事(一八九八——一九九七)》(北京大学出版社,1998),萧超然、沙健孙、周承恩、梁柱合著的《北京大学校史(1898—1949)》(上海教育出版社,1981),萧超然著的《北京大学与近现代中国》(中国社会科学出版社,2005),杜家贵主编的《北大红楼:永远的丰碑(1898—1952)》(社会科学文献出版社,2012),北京鲁迅博物馆(北京新文化运动纪念馆)、中国文物报社编的《曙光伟业:北大红楼与中国共产党的创建》(当代中国出版社,2018),萧超然等编著的《北京大学校史(1898—1949)(增订本)》(北京大学出版社,1988),北京大学历史系《北京大学学生运动史》编写组编的《北京大学学生运动史(1919—1949)(修订本)》(北京出版社,1988),北京大学编辑的《北京大学建校九十周年纪念》(中国摄影出版社,1988),北京大学学生自治会北大半月刊社编印的《北大:1946—1948》(1948),北京大学哲学系八十周年系庆筹备委员会编的《北京大学哲学系简史(1914—1994)》(1994),何醒编的《北大哲学系 1952 年》(商务印书馆,2012)等。
② 这方面的主要著作有:《国立北京大学五十周年纪念一览》(1948),《北京大学 1898—1954(校庆纪念特刊)》,《北京大学六十年》,《北京大学二十五周年纪念刊》,国立北京大学出版部编的《国立北京大学五十周年纪念》(1948),李宪瑜编的《北大缤纷一百年:北京大学建校 100 年庆典纪盛》(北京大学出版社,1999)。
③ 这方面的主要著作有:刘筱红、金珂著的《追求卓越,坚守自由——北京大学校长胡适》(山东教育出版社,2012),冯丽佳著的《何燮侯传》(浙江工商大学出版社,2018),邹新明编著的《胡适与北京大学》(北京大学出版社,2018),陈永忠著的《蒋梦麟与北京大学》(独立作家,2016)。
④ 这方面的主要著作有:李贵连、孙家红、李启成、俞江编的《百年法学:北京大学法学院院史 1904—2004》(北京大学出版社,2004),马越编著的《北京大学中文系简史(1910—1998)》(北京大学出版社,1998),温儒敏主编的《北京大学中文系百年图史:1910—2010》(北京大学出版社,2010),尚小明著的《北大史学系早期发展史研究(1899—1937)》(北京大学出版社,2010)。
⑤ 这方面的主要著作有:舒新城编的《中国近代教育史资料》(人民教育出版社,1981)。
⑥ 这方面的主要著作有:舒新城编著的《近代中国留学史 近代中国教育思想史》(商务印书馆,2014),陈学恂、田正平编的《中国近代教育史资料汇编·留学教育》(上海教育出版社,1991),教育部国际合作与交流司、外国留学生教育管理学会编的《播种友谊,桃李五洲——新中国来华留学教育 60 年纪念文集》(2010),于富增、江波、朱小玉著的《教育国际交流与合作史》(海南出版社,2001)。

下面简要梳理分类直接论及北京大学对外交流与合作方面的文献。

第一类是研究在北京大学任教的外籍教师的文献。

京师大学堂成立后把国际化作为重要的办学目标,其中聘请外籍教师就是国际化的举措之一。120年来,从洋教习到外国专家,再到外教,再到外籍教师,这些名称变化也从一个独特的角度反映了北京大学国际化的内容与程度。

成立之初,京师大学堂就聘请了不少外国人做教习①,教授西学。其中,美国人丁韪良(William Martin)还被任命为西学总教习,大体相当于现在的教务长。这些洋教习对北京大学的早期发展或者说对中国近代高等教育的发展起了非常大的作用,从一个特别角度反映了中国与西方的关系。因此,他们也成了学者们的研究对象。黄运红探讨了从京师同文馆到京师大学堂晚清京师新式学堂对洋教习的聘任和管理。张美平专论了与京师大学堂有渊源的京师同文馆洋教习的聘任、工作和对中国近代教育所起的作用。② 郭卫东详细探讨了京师大学堂聘请和辞退西方教习的前前后后,描述了京师大学堂聘请外国教习和学习外国路径从欧美向日本的转变过程。③ 王俊云以服部宇之吉为案例研究了日本教习与京师大学堂师范馆的建立、中日教育文化交流的关系。④ 汪向荣着重探讨了日本教习与中国新式教育的关系,其中许多内容涉及京师大学堂的洋教习。⑤ 对这个时期洋教习的研究,实际上是中国近代教育史研究的组成部分。

在以后的岁月里,北京大学几乎没有间断对外籍教师的聘任,但外籍

---

① 在清代,官学教师都称教习。但是,京师大学堂的章程规定"西人教习不以官论",教习实际上就是外籍教师。

② 黄运红:《晚清京师新式学堂教师聘任初探:从京师同文馆到京师大学堂》,《湖南师范大学教育科学学报》2013年第3期。张美平:《京师同文馆教习述论》,《海南师范大学学报(社会科学版)》2014年第7期。

③ 郭卫东:《西方传教士与京师大学堂的人事纠葛》,《社会科学研究》2009年第1期。

④ 王俊云:《日本教习与京师大学堂师范馆:以服部宇之吉为中心》,硕士学位论文,北京大学历史系,2009。

⑤ 汪向荣:《日本教习》,中国青年出版社,2000。

教师在不同时期有不同的称谓,来源国很不一样,数量差异也很大。在民国时期,为了进一步推动近代化发展,北京大学除了进行学科、学制等方面的改革之外,还邀请一些世界知名学者来校任教。根据相关档案文献记载,截至1949年,有近百名外籍教师在北京大学任教。① 在20世纪50—60年代,来北京大学任教的主要是苏联专家,到20世纪60年代中期有六十多人。改革开放以后,北京大学聘请的外籍教师数量更多,范围更广泛,到2000年累计达六千多人次。但是,学界对北京大学在民国以后的外籍教师(外国专家)的研究远远不如对洋教习的研究深入,专门的研究文献比较少。白燕分四个时期简述了北京大学百年聘请外籍教师情况:即"京师同文馆""京师大学堂"与"洋教习",1912年至1949年的北京大学与"外籍教师",20世纪五六十年代的北京大学和"苏联专家",1979年改革开放以来的北京大学与"引智工程"。② 北京大学国际合作部编的《北大洋先生》分三部分介绍了53位来自世界各地的外籍教师,其中,1898年至1949年间11位,1949年至1979年间20位,1980年以后22位。该书比较全面地介绍了他们在北京大学的教学与生活情况,高度评价了他们对北京大学的学科建设和学术思想所起的积极作用。北京大学校友、外交部原部长李肇星在序中说:"北大外教和北大学生教学相长,也是民间外交的重要组成部分,为加深中外人民的相互理解和友谊发挥了不可替代的建设性作用。"③1920年到北京大学任教的美国地质学家葛利普教授,为培养中国地质和古生物地层学者做出了突出的贡献,也是中国地质学会的创立者之一。葛利普教授因病去世后也长眠于北京大学,1982年8月葛利普教授墓迁入燕园。

第二类是研究北京大学国际校友的文献。

120多年来,北京大学始终秉持"为五洲万国所共观瞻"的国际化抱

---

① 五十周年筹备委员会:《国立北京大学历届校友录》,国立北京大学出版部,民国三十七年十二月。

② 白燕:《从"洋教习"到"外国专家"——北京大学聘请外籍教师百年回顾》,《北京大学学报(哲学社会科学版)》2001年第5期。

③ 北京大学国际合作部编《北大洋先生》,北京大学出版社,2012,第2页。

负，在为国家培养大量人才的同时，还致力于为世界培养优秀的人才。在清末和民国时期，来北京大学留学的外国人几乎没有，这与当时的国情和中外关系状况有关。但是，在中华人民共和国成立后，北京大学根据不同时期国家对外交往的需要开始接收外国学生。从那时起，北京大学培养了一批又一批的国际人才。60多年来，共有来自150多个国家和地区的6万多名各类留学生在北京大学完成学业。他们在各领域为本国的经济社会发展、为推动所在国家同中国的友好和传播中华文化等发挥了不可低估的作用，这也从一个独特视角揭示了北京大学对世界、对人类文明发展做出的贡献。北京大学国际合作部编的《燕园流云：世界舞台上的北大外国留学生》收录了66位从20世纪50年代至21世纪初在北京大学学习过的留学生的回忆文章。北京大学中文系陆俭明教授在题为"架设中外交流的友谊之桥"的序中写道："读者从中可以了解到这60年来北大留学生教育的基本理念与发展轨迹，可以了解到不同发展阶段留学生生活的不同变化，更可以感受到留学生和中国学生之间、留学生和老师之间的深厚而又质朴的情谊，感受到这些海外学子对母校北大、对求学时代的师友那种真挚的思念之情。"①《燕园洋弟子——留学北大历史画卷（1978—2018）》是一本摄影集，作者王文泉"1978年—2005年在北京大学留学生办公室工作，负责外国留学生的课余文体活动和图片资料拍摄及存档"。② 著名学者袁行霈在画册的序言中写道："我认为这些照片不仅表现了北大朝气蓬勃的一个个瞬间，也记录了北大建设世界一流大学过程中的足迹，还可以为北大国际化增强自信，实在是弥足珍贵的。"③孔寒冰根据对1952年来北京大学留学的罗马尼亚著名外交家罗明和汉学家萨安娜夫妇的访谈，整理出版了反映他们在中国学习与工作、促进罗中关系

---

① 北京大学国际合作部编《燕园流云：世界舞台上的北大外国留学生》，北京大学出版社，2010年，第3页。
② 王文泉摄影《燕园洋弟子——留学北大历史画卷（1978—2018）》，北京大学出版社，2018，"作者的话"。
③ 王文泉摄影《燕园洋弟子——留学北大历史画卷（1978—2018）》，序言。

发展等方面的多篇文章和著作。① 为了庆祝北京大学建校120周年,北京大学出版社出版了夏红卫、孔寒冰主编的"北京大学新中国留华校友口述实录"丛书第一辑14本,分别是罗马尼亚校友罗明和萨安娜夫妇,法国校友白乐桑、巴斯蒂、贝罗贝,巴勒斯坦校友穆斯塔法,菲律宾校友吉米,马耳他校友克俚福,德国校友罗梅君、阿克曼,美国校友舒衡哲、马克梦,冰岛校友鲍德松,阿尔巴尼亚校友塔希尔,日本校友尾崎文昭、西川优子夫妇的口述实录。另外,在中华人民共和国成立后留学教育的文献中,有关北京大学的留学生教育和介绍北京大学国际校友的内容也很多。② 此外,陈恋明考察了1949年以来北京大学留学生培养的历史,梳理了培养方式和经验成果,分析了北京大学留学生在中外友好交流中的作用。③

第三类是研究国际知名学者在北京大学讲学的文献。

由于北京大学的声望和在中国的特殊地位,120年来,世界知名学者到北京大学访问和进行学术演讲几乎没有中断过,只是在不同时期来自的国家有所不同。20世纪20—30年代,有许多国外知名学者到北京大学做学术演讲。其中,来自美国的有哲学家和教育家杜威、主张生育节制的山格夫人、哈佛大学教授柯尔康、芝加哥大学人类学教授布朗、数学家伯克霍夫、学者哥勒、麻省理工学院教授莫里斯、生物学家柯脱、教育家克伯屈、政治学家考文博士、哈佛大学国际法教授威尔逊、哥伦比亚大学人类学教授斯密斯、合作专家曲克伦、哈佛大学生理学教授开浓、教育学家孟禄、耶鲁大学教授金守拙。来自英国的有哲学家罗素。来自德国的有物理学家普兰克、数学家施佩纳、几何学家布拉希开。来自法国的有物理学家朗之万、数学家班乐卫、巴黎大学文学博士马克烈。来自丹麦的有哥本哈根大学物理学家玻尔、丹麦民众教育学家马列克和贝尔斯莱夫。来

---

① 访谈文章连载于《世界社会主义研究动态》2011—2012年第46—60期上,著作有:《寒冰访罗明》(上海人民出版社,2013)、《中罗两国的桥梁:罗马尼亚前驻华大使罗明和汉学家萨安娜口述》(北京大学出版社,2016)。
② 于富增:《改革开放30年的来华留学生教育1978—2008》,北京语言大学出版社,2009。
③ 陈恋明:《构建中外友好交流的桥梁》,《北京大学教育评论》2019年第17卷增刊。

自日本的有早稻田大学教授片上伸、东京大学商科教授福田德三、文化学者田边尚雄、东京大学文学博士市村瓒次郎、东京美术学校教授大村西崖、史学家河口慧海、京都大学教授三浦周行。此外,到北京大学学术演讲的还有印度学者师觉月。关于这些学者及其在北京大学学术演讲的情况,学术界差不多都有相关的研究,但研究程度和成果数量差别很大。在这些学者中,有的受关注程度比较高,有大量关于他们的专著和论文。有的受关注度不算太高,但也有一些相关的论文。还有一些因各种原因受关注度不高,有关他们的资料很少甚至没有。①

1922年蔡元培校长还曾邀请过著名物理学家爱因斯坦访问北京大学并发表演讲,为此还做了充分准备,但后来爱因斯坦因多种原因并未成行。虽然如此,学术界仍有不少相关研究文献探讨与此相关的问题。②

中华人民共和国成立后,由于实行的是向苏联"一边倒"的方针,20世纪50—60年代来到北京大学访问和发表演讲的学者主要来自苏联和东欧国家。1949年10月9日,苏联文化艺术科学工作者代表团团长法捷耶夫、副团长西蒙诺夫就在北京大学发表演讲。改革开放以后,来北京大学访问和发表演讲的知名学者越来越多,国家分布也十分广泛。其中,比较著名的有第三世界科学院院长、国际著名物理学家阿卜杜斯·萨拉姆、比尔·盖茨、《这里的黎明静悄悄》的作者瓦西里耶夫等苏联作家,哈佛大学校长劳伦斯·萨默斯、著名科学家珍妮·古道尔、美国杰出教师雷夫·艾斯奎斯,日本国立民族学博物馆名誉教授中牧弘允等。③ 他们的到访不仅有助于提升北京大学的国际声誉,而且有助于提升北京大学的学术研究水平。

---

① 详见本书下编第四章。
② [美]胡大年:《爱因斯坦在中国》,上海科技教育出版社,2006。裘伟廷:《爱因斯坦访华的历史公案》,《世界文化》2015年第11期。
③ 张欣悦:《比尔·盖茨北大之行》,《国际人才交流》2007年第5期。飞:《〈这里的黎明静悄悄〉的作者瓦西里耶夫等苏联作家访问北大》,《国外文学》1987年第4期。王宇:《如何造就一流大学——哈佛大学前任校长在北大的演讲》,《现代交际》2006年第4期。张华杰、余慧娟:《来自56号教室的教育学:雷夫·艾斯奎斯2012年北大演讲记》,《发现》2012年第10期。《日本人类学三讲:中牧弘允在北大的演讲》,《西北民族学研究》2013年第1、4期、2015年第2期。

第四类是研究国外政要访问北京大学的情况和他们的演讲的文献。

北京大学对外交流与合作还有一个非常重要而又独特的方面,那就是外国元首和政要前来访问和发表演讲。

在民国时期,法国前总理潘里夫于1920年7月应邀访问北京大学并发表讲演。中华人民共和国成立后,苏联最高苏维埃主席团主席伏罗希洛夫于1957年访问北京大学。改革开放以后,到北京大学访问和发表演讲的外国元首和政要越来越多。据统计,从1920年至2018年,来到北京大学访问的联合国秘书长1人,外国元首(总统、主席)74人,总理(首相)49人,部长36人,重要政党领导人12人,其他级别的领导人、外国使节和世界名流更多。北京大学国际关系学院第一任院长、国务院前副总理、外交部原部长钱其琛在为《余音绕园——外国政要北大讲演录(1998—2008)》一书作的序言中写道:"改革开放以来,中国外交有了不少创新,产生了许多有别于传统外交形式的实践。这些实践的一个重要特色是外交走向民间,消除长期以来外交政策和活动所具有的神秘色彩。在外交民间化的实践中,大学以其特有的身份发挥重要的影响,北大更以其特殊的背景和资源走在了前面。"①

许多来到北京大学访问的外国政要对北京大学师生做了公开讲演。和弦主编的《名人演讲在北大》收录了克林顿、金大中等政要的演讲19篇。② 迟惠生主编的《中国与世界——驻华大使北京大学演讲集》收录了1999年5月至2004年五年间15个国家驻华大使在北京大学发表的演讲。主编在序中说:"这一篇篇职业外交官的演讲,为我们认识中国与其他国家关系的历史与现状,并透过双边关系透视地区局势和世界格局,提供了新的视野。"③李岩松、夏红卫执行主编的《余音绕园——外国政要北大讲演录(1998—2008)》,汇集了1998年6月至2007年12月24位外国

---

① 李岩松、夏红卫执行主编《余音绕园——外国政要北大讲演录(1998—2008)》,北京大学出版社,2008,"序——走向民间的外交"。

② 和弦主编《名人演讲在北大》,大众文艺出版社,2003。

③ 迟惠生主编《中国与世界——驻华大使北京大学演讲集》,北京大学出版社,2003,序言。

元首和联合国第七任秘书长安南、美国前国务卿基辛格在北京大学的讲演。① 迟惠生编著的《燕园杂忆:世纪之交的北京大学国际交流》,分四章讲述了作者担任主管外事的副校长期间负责筹办的高等教育论坛,接待美国总统克林顿,接待泰国诗琳通公主研修中国文化,以及与美国前国务卿基辛格的对话。② 中国驻南非大使馆在中南建交20周年之际编辑的《南非》图册中开辟了纪念曼德拉诞辰100周年专栏,收录了曼德拉访问北京大学时发表的演讲、郝平的纪念文章《曼德拉在中国的最后一次演讲》和孔寒冰的文章《曼德拉与北京大学》。日本左翼外交家浅野胜人著的《融冰之旅:日本原政要北大演讲录》一书,记载了他在2011年至2013年间多次访问北京大学并且围绕中日关系的历史、现状和未来,就外交和安保、经济、公害和环保、教育、文化等问题的演讲。③ 除了这些文集之外,还有一些相关的文章。④ 其中,值得提及的是美国总统克林顿、英国首相卡梅伦来北京大学发表的演讲和回答提问所引发的讨论以及日本政要在北京大学发表的演讲,如1984年日本首相中曾根康弘发表的题为"朝向21世纪"的演讲。⑤ 另外,1980年4月和11月,意大利共产党总书记贝林格和西班牙共产党总书记卡里略先后访问北京大学并做了演讲,标志着中国共产党与西欧共产党正常关系的恢复。

关于外国政要来北京大学访问和讲演,夏红卫、陆骄从教育学角度做了解读:"在中国高校建设'世界一流大学'的进程中,一种崭新的国际化现象日益彰显,即外国元首及政要访问高校日益成为我国高等教育国际化实践中的新潮流,这不仅丰富了公共外交的内涵,有力推进了中国的整

---

① 李岩松、夏红卫执行主编《余音绕园——外国政要北大讲演录(1998—2008)》。
② 迟惠生编著《燕园杂忆:世纪之交的北京大学国际交流》,北京大学出版社,2006。
③ [日]浅野胜人:《融冰之旅:日本原政要北大演讲录》,李梅译,人民出版社,2014。
④ 《美国第一夫人米歇尔北大演讲稿》,《读写月报(初中版)》2014年第6期。
⑤ 刘侯:《遭遇"激情"——克林顿在北大》,《南风窗》1998年第8期。夏红卫:《魅力总统相会百年北大:克林顿北大演讲幕后直击》,《国际人才交流》2009年第6期。马涛:《就克林顿在北大的演讲的个案分析试论政治演讲语篇中的人际意义》,硕士论文,苏州大学,2002。王丽艳:《评价理论视角下的克林顿北大演讲》,《才智》2016年第20期。施健子:《不会提问的中国学生》,《青年博览》2011年第21期。王国信:《不会"提问"的中国大学生》,《哲理》2011年第1期。

体外交发展,同时也极大提升了高校的国际声望,有利于吸引各方资源,加快高校的国际化建设。"①

第五类是专门研究北京大学对外交流与合作的文献。

北京大学李昀的博士论文《中国研究型大学国际交流的组织变迁——以1978年以来北京大学为例》,从组织分析的角度对1978年以来的北京大学对外交流进行了系统研究,提出了大学国际交流权力重心逐渐下沉,市场的影响在大学国际交流行为中的影响表现明显,国际交流参与者逐渐增多并呈现出行为差异化,国际交流行为与大学其他活动的边界日益模糊,国际交流活动在大学内部的弥散性扩展使其地位从边缘向中心移动等观点。② 黄葵从学科建设角度研究了北京大学的国际化进程,指出交流程度不深、教师公派留学比例下降、交流学科分布不平衡、国家公派留学收益不够高等都是影响北京大学国际化的因素,需要改进。③

毫无疑问,有关北京大学对外交流与合作的文献还有很多没有提及。但是,上述文献不仅证明北京大学的对外交流与合作是非常值得研究的课题,而且表明了学术界对这个课题的重视,这些成果为本书的写作提供了许多有价值的参考内容和学术观点。

三、本书的内容和研究方法

本书属于北京大学校史研究的一部分,从对外交流与合作的角度描述了北京大学120年的历史轨迹,反映了近代中国与世界复杂的关系走向。所以,它的主线是对外合作与交流。但在不同的时期,对外合作与交流的程度和重点有比较大的区别,而这种程度和重点上的差别反映的也是北京大学国际化的时代特征,与中国的社会发展息息相关。因此,本书

---

① 夏红卫、陆骄:《外国元首政要来访的教育学解读:以北京大学为例》,《世界教育信息》2013年第23期。

② 李昀:《中国研究型大学国际交流的组织变迁——以1978年以来北京大学为例》,博士论文,北京大学,2016,第113—114页。

③ 黄葵:《国际化与世界一流大学的建设——以学科建设为视角看北京大学国际化进程》,《教育与经济》2012年第3期。

的开篇不仅简要叙述那个时期中国社会的状况和发展的基本特点,而且简要介绍北京大学当时的情况。这两方面内容是北京大学对外交流与合作的宏观和微观背景,离开了它们无法说清楚北京大学对外交流与合作的前因后果,也不可能理解这种交流与合作的内容。在上述宏观和微观背景之下,本书将围绕对外合作与交流的这条主线分三个时期研究北京大学120年来国际化的各个主要方面。

第一个时期研究的是1898年至1949年北京大学对外交流与合作的情况,主要内容包括以下几个方面:(1)国际化办学方针的确立;(2)聘请外籍教师来校任教和帮助学科建设;(3)教师和学生出国选拔、资助制度的建设及派遣;(4)国外知名学者访问和演讲;(5)国外政客来访;(6)接收外国留学生。

第二个时期研究的是1949年至1978年北京大学对外交流与合作的情况,主要内容包括以下几个方面:(1)北京大学国际化的第一次转型;(2)苏联专家在北京大学;(3)向苏联、东欧国家派遣留学生和进修教师;(4)招收和培养来自苏联、东欧、亚洲、西欧和非洲的留学生;(5)国际合作与交流工作机构的变化、职责的演变及相关制度的建设;(6)国外政治家的来访和演讲。

第三个时期研究的是1978年以来北京大学对外交流与合作的情况,其主要内容包括以下几个方面:(1)北京大学国际化的第二次转型;(2)选派和接收留学生的规范化和高层次化;(3)校际合作与交流;(4)中外合作办学;(5)世界知名学者访问和演讲;(6)外事接待;(7)负责国际合作与交流的机构变迁。

在具体写作方面,围绕上述主要内容,本书将突出重点,点线面结合,理论与实践并重,讲清过程,分析前因后果,说明影响和意义,努力突出内容的历史感和现实感。

在研究方法上,本书以习近平总书记在北京大学师生座谈会上的讲话为指导思想,求实、求真、全面、深入和客观地论述、评析北京大学一百二十多年间的国际合作与交流,总结经验,服务于北京大学的今后发展。

在研究方法上,本书有以下几个特点。

第一,注重历史文献。北京大学的诞生和发展是近代中国社会发展的重要组成部分,在120年的历史长河中留下了不可磨灭的痕迹。北京大学图书馆、档案馆和校史馆藏有大量有关北京大学历史的各种档案文献,它们是本书写作的基本史实依据。

第二,注重吸收已有的研究成果。本书时间跨度大,涉及学科多,内容繁杂,本书作者几乎不可能研究透所有相关研究成果。在内容所涉及的不同学科中又都有数量不等的相关研究成果,其中一些具有很高的学术水平,本书难以超越。但在写作过程中,本书作者尽可能全面搜集、研读这些成果,借鉴其精华。当然,对于有疑义的观点和史实,本书也进行了讨论或考证。

第三,注重发掘活的历史。在1949年以后的北京大学对外合作与交流中,许多人不仅是见证者,而且还是参与者,比如,负责外事工作的领导和工作人员、亲历某种合作与交流的老教授、国际校友等。他们对形式多样的对外合作与交流的记忆是本书写作不可多得的宝贵资料。

第四,注重统计数据。北京大学对外合作与交流的内容非常多,如留学生的数量和来源国分布,校际合作协议的数量和对方大学的国家分布,来访的外籍专家数量和来源国家分布,国外知名学者和外国政要的来访,本校师生到国外进行学术访问和交流等,都是北京大学国际化的硬性指标。本书对这些方面的数据进行了全面、认真整理和统计,据此对120年来北京大学国际合作与交流的情况进行量化研究。

第五,注重跨学科性。研究北京大学120年对外交流与合作的历程,内容不仅涉及中国近现代历史,还涉及政治、经济、语言、新闻传播、国际政治与国际关系、马克思主义与国际共产主义运动以及自然科学等多个学科。当然,在不同的时期,凸显的重点有所不同。因此,本书实际上运用的是多学科的资料和方法,写的也是多学科的内容。

上 篇

晚清时期北京大学的对外交流与合作

第一章　从闭关自守到被迫开放的晚清时期

晚清时期,中国社会从专制走向共和。但是,中国社会转型的内发性比较弱,被动性非常强,国门在很大程度上是西方列强用坚船利炮打开的。政治体制上新与旧的斗争、国家主权上内与外的冲突交织在一起,因此,反抗西方国家侵略和强权与学习西方国家先进的科学和技术同时存在。这是北京大学开展国际交流与合作的宏观背景,决定着北京大学国际交流与合作的内容。

第一节　中国封建社会的保守性

一、清朝晚期的闭关自守

中国是一个有近五千年历史的文明古国,近代之前历经奴隶社会和封建社会。中国最后一个封建王朝是清朝,从1636年皇太极立国号到1912年灭亡共存在了276年。其中,最后的72年(1840—1912)被称为清朝的晚期,它的专制制度在外国列强威逼之下解体,被迫接受西方的近代化,半殖民地半封建的近代社会由此开端。

不用说以往的朝代,就是清朝初年,中国同外部世界都有各种各样的交流与往来。但是,康熙年间(1662—1722),清朝开始实行的"闭关锁国"政策断绝了这种交流与往来。康熙说:"禁止可也,免得多事。"[1]为此,清

---

[1] 周积明:《最初的纪元:中国早期现代化研究》,高等教育出版社,1996,第67页。

政府下令"寸板不许下海"。但是,1681年平定了"三藩之乱"和1683年收复了台湾之后,康熙宣布开放海禁允许商民出海。与此同时,清政府在沿海地区设立了四个监督管理对外贸易的关口,即粤海(广州)、闽海(漳州)、浙海(宁波)和江海(云台山)四关,加上陆路上的恰克图,中国共有五处与外国通商的口岸。到了乾隆年间(1736—1795),由于国内社会危机日益加深和外国殖民者在东南沿海的骚扰不断加剧,清政府于1757年关闭了闽海、浙海和江海三关,只留粤海作为对外贸易的海关口岸。然而,"就是这个一口,还给以种种限制,如禁止外国商人在广州过冬,外国商人在广州必须住在政府指定的行商的商馆中,由行商负责'管束稽查',中国人不得向外国商人借款或受雇于外商或为外商打听商业行情,外国妇女不得前来广州等"①。中国对外交往的大门被严密地把守。

二、中国封建社会的保守性及其特征

清朝的闭关自守是中国封建社会的保守性在对外关系上的反映。在世界历史中,中国封建社会的时间最长,从公元前11世纪的西周算起近三千年。与世界其他地区的封建社会相比,中国封建社会有三个比较明显的特征。

第一,以农业为经济基础。有学者写道:"中国是一个古老的农业国,自春秋战国始,逐渐形成以小农经营为主体的单一农业经济结构。在这种经济结构中,由于农业本身生产最必要的生活产品,较长的农业生产周期又为农民提供了大量闲暇从事家庭副业和手工业,其结果造成千万个自给自足的经济单位。以此经济构造为基础,中国完全可以在对外封闭的情况下解决自我生存问题。"②因此,重农抑商就是这种经济的主要内容。有学者指出:"传统的重农抑商思想使社会视工商为末业,国内有限的市场和贸易不能在封建的生产关系上冲开缺口,反只成了千年不变的社会体系的补充;与外部的朝贡贸易关系只是为了宣扬天朝恩威而不是

---

① 沈嘉荣主编《中国现代化百年探索》,南京出版社,1998,第13页。
② 周积明:《最初的纪元:中国早期现代化研究》,第64页。

追求利润,只有政治意义而无多大经济价值,丝绸之路和郑和下西洋并没有使中国的政治经济由内向型变为外向型。"①

第二,以专制为政治基础。中国的君主制度从公元前21世纪的夏朝开始,到1911年辛亥革命延续了4000年。在政治学上,君主制指与共和制相对的一种政体形式,君主不仅个人掌握最高国家权力,而且实行终身制和世袭制。君主制有三种类型:第一种是盛行于13—16世纪西欧的等级君主制,第二种是存在于现代某些国家的君主立宪制,第三种就是君主专制制度。在第三种制度下,君主掌握着无限的权力,他的个人意志就是国家法律,所有臣民必须无条件地服从,"普天之下莫非王土,率土之滨莫非王臣"。君主之所以有这么大的权力,一方面依靠君权神授这个统治人民的精神枷锁,另一方面依靠庞大的军事官僚机器残酷镇压反抗者。所以,在中国封建社会政治的内涵就是君主对人民的统治。正如康熙所说的:"今天下大小事务,皆朕一人亲理,无可旁贷。若将要务分任于人,则断不可行。所以无论巨细,朕必躬自断制。"②

第三,以自大为心理基础。自古以来,中国人始终认为中国是天下的中心,其他民族全都是些未开化的生番,称东边的民族为夷,西边的为戎,南边的为蛮,北边的为狄。这些称谓全都带有贬低蔑视之意。清朝宣布闭关时,冠冕堂皇的借口就是中国物产丰盛,无所不有,不需借外国货物以通有无。1792年,为了谋求与中国建立外交关系并开展通商,英国政府借乾隆皇帝生日之际,派马戛尔尼率七百多人的外交使团来华。清政府认定这是英国要臣服于己,来向大清帝国朝贡的,他们带来的丰厚礼物不过是贡品,于是,要求英国使团向乾隆行三跪九叩之礼。马戛尔尼等人不肯,乾隆还特地让负责接待的大臣开导他们:"凡是四方藩封之国,前来天朝进贡和观光者,不但陪臣必须向天子行三跪九叩之礼,即使是该国的国王亲自来朝,也必须躬行此礼。尔自应遵守天朝法度,如果是因为尔国

---

① 章开沅、罗福惠主编《比较中的审视:中国早期现代化研究》,浙江人民出版社,1993,第56页。

② 转引自沈嘉荣主编《中国现代化百年探索》,第12页。

有用布带扎腿的习俗,不便跪拜,那何妨在叩见时暂时把布带解开,等觐见之后再把布带扎上,也属甚便。如尔等拘泥本俗,不行此礼,那就不能表示尔国王遣派尔等航海远来输诚归顺的诚意,不仅各藩国使臣会讥笑尔等不懂天朝礼仪,恐怕我朝官员也不会允许。"①结果是不言而喻的,建交和通商自然都谈不上,马戛尔尼们两手空空悻悻而归,而乾隆们仍旧做着夜郎自大的美梦。

对于中国这种保守的封建专制主义,马克思在《中国革命和欧洲革命》一文中说:"所有这些同时影响着中国的财政、社会风尚、工业和政治结构的破坏性因素,到 1840 年在英国大炮的轰击之下得到了充分的发展;英国的大炮破坏了皇帝的权威,迫使天朝帝国与地上的世界接触。与外界完全隔绝曾是保存旧中国的首要条件,而当这种隔绝状态通过英国而为暴力所打破的时候,接踵而来的必然是解体的过程,正如小心保存在密闭棺材里的木乃伊一接触新鲜空气便必然要解体一样。"②

第二节　被迫对外开放

一、闭关锁国的后果

中国封闭保守的封建专制社会虽然也曾创造出一些领先于世界的物质文明和精神文明,但最终还是没能主动开放、走向世界和融入现代化大潮之中。关于现代化,中外学者们各有各的解释。中国著名的现代化研究学者罗荣渠教授提出,所谓现代化,是"指世界自工业革命以来现代生产力导致世界经济加速发展和社会适应性变化的大趋势。具体地说,这是以现代工业、科学和技术革命的推动力,引起传统的农业社会向现代工业社会的大转变,是工业主义渗透到经济、政治、文化、思想各个领域并引

---

① 转引自周积明:《最初的纪元:中国早期现代化研究》,第 69 页。
② [德]马克思、恩格斯:《马克思恩格斯选集》,中共中央马克思恩格斯列宁斯大林著作编译局编译,人民出版社,1995,第 1 卷,第 692 页。

起深刻变革的过程"①。从内容上看,现代化至少包括这样几方面:经济生活的工业化,即社会经济由以农业为主转变为以工业为主;政治生活的民主化,即人民政治参与的扩大化、行政管理的法治化;精神生活的世俗化,如普及教育、提高识字率等。

可是,现代化的这三方面内容恰恰受制于中国封建社会上述三个特征,前者所需要的前提是开放性,后者的基本生存条件则是封闭性。正因为封闭,中国古代的科学进步、商业往来乃至封建社会孕育的"资本主义萌芽"均臣服于封建专制统治,成了封建伦理的"婢女",没有冲出封建专制的"围墙",更不可能走出一条英国、法国那样"先天内发型"的现代化之路,靠自身内部工商业发展而走上市场经济的资本主义。对此,有学者深刻地指出:"在西方,资本主义关系的发展借助于14世纪以后科学革命的威力而最终在18、19世纪把西方文明推进到一个全新的工业时代;在中国,自14世纪以后科学技术的停滞却使得孕育已久的资本主义生产关系无从获得巨大的活力,以致始终处于'萌芽'状态,而不能构成一股改变传统社会结构和政治制度的强大力量。"②

不仅如此,由于极端封闭的社会结构,中国甚至没能走上日本那样的"后天外发型"的现代化之路。日本闭关锁国比中国还早,1603年,德川家康获得征夷大将军称号并在江户建立幕府。德川幕府在第三代将军德川家光统治时期(1623—1650)开始驱逐葡萄牙、西班牙的商人,除了中国、荷兰两国之外,任何外国船只能停泊在长崎、平户两地。1633年,日本决定驱逐欧洲人,同时禁止本国人出国,已在国外的不得回国,违者处以死刑。1639年,德川幕府下达最后的"锁国令",禁止与外国贸易,各国商人、教士都被驱逐,只许中国、荷兰两国在长崎通商。日本的这个锁国政策延续了二百多年,直到1853年7月才被美国东印度洋舰队司令官佩里率领的舰队撞开,史称"佩里叩关"。在此之后,日本一度面临沦为半殖民地的危险境地。但是,由于了解西方社会政治、经济状况,和学习、研究

---

① 罗荣渠:《建立马克思主义的现代化理论的初步探索》,《中国社会科学》1988年第1期。
② 胡福明主编《中国现代化的历史进程》,安徽人民出版社,1994,第60页。

西方的科学技术知识的"兰学"在闭关锁国期间也没有中断,在极端保守的德川幕府统治结束之后,明治政府1868年实行了维新改革,为资本主义的发展开辟了道路。于是,日本由被动变主动,在保持自己基本道德水准的同时,借助西方的先进科学技术,走上了资本主义道路,形成了"东洋道德西洋艺"的发展模式。

相比之下,腐朽、没落、处于"衰世"但自我感觉又良好的大清帝国,却被西方国家连拖带拉、连打带压地走上了另外一种"后天外发型"的现代化之路,一步步沦为主权不完整、发展不充分的半殖民地半封建社会。1984年10月22日,邓小平在中共中央顾问委员会第三次全体会议上讲的一段话令人沉思:"现在任何国家要发达起来,闭关自守都不可能。我们吃过这个苦头,我们的老祖宗吃过这苦头。恐怕明朝明成祖时期,郑和下西洋还算是开放的。明成祖死后,明朝逐渐衰落。以后清朝康乾时代,不能说是开放。如果从明朝中叶算起,到鸦片战争,有三百多年的闭关自守,如果从康熙算,也有近二百年。长期闭关自守,把中国搞得贫穷落后,愚昧无知。"①

二、丧权辱国的被迫开放

清朝紧闭的国门是1840年至1842年在第一次鸦片战争期间被英国用坚船利炮强行打开的。在这之后,随着外国列强侵入不断加强,中国对外开放的"力度"也在不断增大。为什么外国的侵略与中国的对外开放成正比,而中国开放又与中国强大成反比呢?其中根本原因就是这种对外开放是消极被动的,是以丧权辱国作为基本代价的。在与现代化程度很高的资本主义碰撞的过程中,腐朽、没落的中国封建专制制度并没有在战火中彻底灭亡,而是以卑躬屈膝、割地赔款来换得苟延残喘。另一方面,新生的资本主义始终没能确立起来,在内部封建专制制度和外部列强的内打外压之下挣扎。古老的中国没有成为一只涅槃的"火凤凰",相反变

---

① 邓小平:《邓小平文选第三卷》,新华出版社,1993,第90页。

为一头昏睡不醒、任人宰割而麻木不仁的"狮子"。

无论是外敌的入侵，还是中国的被动开放、丧权辱国和民族危机，都集中反映在一个又一个中国与外国签订的条约、协定上面。一本书的编者这样写道："对于炎黄子孙来说，1842年8月29日是一个极其屈辱、苦痛的日子，是近代中国的第一个国耻日。这一天签订的中英《南京条约》是中国近代历史上第一个不平等条约，是列强套在中华民族脖子上的第一条锁链。它标志着中国开始沦为半殖民地半封建社会，一直延续一百零七年之久。从此，帝国主义列强，一而再，再而三地威迫中国签订了许多不平等条约。据统计，清政府统治时期签订了五百多个，北洋军阀时期签订三百多个，国民党政府统治时期签订二百多个，总计签订了一千多个不平等条约。那些条约具体情况有所不同，但都在不同程度上从中国攫取了侵略利益，具有不平等的性质。"①

今天回过头来看，生机勃勃的强者与腐朽没落的弱者之间绝不可能有什么"平等"条约的。从社会发展角度说，资本主义无论在哪方面比起封建专制社会都是进步的。马克思、恩格斯在《共产党宣言》中无情地揭露和批判资本主义社会之前，充分肯定了它相对于封建社会的进步意义，如创造了巨大生产力，冲击了封建生产关系，建立了世界经济。他们写道："资产阶级使农村屈服于城市的统治。它创立了巨大的城市，使城市人口比农村人口大大增加起来，因而使很大一部分居民脱离了农村生活的愚昧状态。正像它使农村从属于城市一样，它使未开化和半开化的国家从属于文明的国家，使农民的民族从属于资产阶级的民族，使东方从属于西方。"②但不管怎么样，弱肉强食，适者生存，无论在自然界还是在人类社会，都是一个非常残忍但又无法更改的规律。对当时的清政府来说，"闭关者难保国门，最后仍然是开放，不过是被动的、屈辱的开放"③。

---

① 梁为楫、郑则民主编《中国近代不平等条约选编与介绍》，中国广播电视出版社，1993，第9页。
② ［德］马克思、恩格斯：《马克思恩格斯选集》，第1卷，第276页。
③ 丁日初：《关于对外经济关系与中国近代化》，中国近代经济史丛书委员会编《中国近代经济史研究资料（8）》，上海社会科学院出版社，1987，第25页。

因此，这些条约的内容大体上可以划分为相互联系的两方面，即"丧权辱国"和"被迫开放"。

"丧权辱国"指割地、赔款、出让主权等。割地是将中国的领土暂时地或永久地划归外国。"自《南京条约》割让香港给英国政府后，中国的领土逐渐被各列强蚕食鲸吞。葡萄牙强占澳门，日本割得台湾和澎湖列岛，英、俄、法、德等国也分别租占九龙和威海卫、旅顺和大连、广州湾、胶州湾等等。沙俄强迫清政府签订《瑷珲条约》《北京条约》《勘分西北界约记》等，共吞并中国领土达一百五十多万平方公里。此外，各列强还先后在上海、厦门、广州、福州、天津、汉口、重庆、杭州、苏州等十六个以上的通商口岸设立租界三十余处，形成'国中之国'。"①赔款是各国列强以战争为手段对中国进行的敲诈勒索。鸦片战争以后，中国比较大的对外赔款主要有八次。《南京条约》定中国赔款数额为2100万两白银，《北京条约》定为1670万两白银，《天津条约》定为67万两白银，《伊犁条约》定为900万卢布（合白银3000万两），《马关条约》定为2亿3000万两白银，《辛丑条约》定为4亿5000万两白银（本息共付9.8亿两白银），《拉萨条约》定为50万英镑，《烟台条约》定为20万两白银。总计为19亿5300万两白银，相当于清政府年收入的16倍，1901年国工矿总资额的82倍。②出让主权是各国列强在中国攫取某些特权，如外国公使干涉中国内政、领事裁判权和中国海关实际上由外国人控制等。

第二个方面最典型的是开放通商口岸。马戛尔尼来华时就提出中国开放天津、宁波和舟山等口岸的要求，此后英国又多次派使团来华交涉，希望中国打开大门和扩大贸易往来，但均被清政府以"天朝物产丰盈，无所不有，原不借外夷货物以通有无"为由拒绝。③鸦片战争后，各国列强

---

① 中国近代经济史丛书编委会编《中国近代经济史研究资料（8）》，第10页。关于沙皇俄国侵吞中国领土的具体情况，参见王希隆：《中俄关系史略（一九一七年前）》，甘肃文化出版社，1995。

② 马宇平、黄裕冲编《中国昨天与今天1840—1987国情手册》，解放军出版社，1989，第22页。

③ 陈国庆主编《中国近代史》，西北大学出版社，1996，第18—19页。

在以武力为后盾同清政府签订的条约中，都把中国开放通商口岸作为首要条款。先迫使清政府开放广州、福州、厦门、宁波、上海五处为通商口岸，后又迫使清政府开放牛庄、登州、台南、汉口、九江、烟台、天津、重庆等沿海和内地沿江城市为商埠。到1911年，中国被迫开放的城市已经达到82个。另外，从1898年至1924年，为了进行正常贸易和避免更多的利益损失，中国又主动开辟商埠32处。在这些开放的口岸，各国列强在向中国输入商品的同时，还输入资本，开矿办厂，设立学校，享有各种特权。

对于上述被迫开放的性质，中国近代史方面的书籍强调这是帝国主义国家对中国的经济侵略、政治侵略、军事侵略和文化侵略。① 在情感上，这完全是可以理解的，事实上也的确如此。但是，如果从中国现代化角度考虑，就不能不承认即使被动的开放也有两方面的意义，其中积极的意义更不可低估。有学者认为："明清以来，封建王朝长期实行闭关自守的锁国政策，终究被资本主义的大炮轰开了大门，开始是被动的，后来是比较自觉地卷进了世界市场的漩涡。我们在谴责资本主义列强肮脏交易的同时，又清醒看到这是时代的呼唤、历史的必然。人类社会自大工业产生和发展之后，先前分散的孤立的地区与地区之间、国家与国家之间，逐渐为相互联系、相互依存的世界性的经济整体所取代。"②在《中国走向近代化的里程碑》一书中，作者列举了360个标志着中国近代化的"第一"。这些"第一"无论是政治、经济、军事、外交方面的，还是思想、文化和教育方面的，都在不同程度上与西方有直接或间接的联系。③

第三节 近代以前中国的高等教育状况

中国封建专制制度的保守性也反映在大学教育上面，因为大学教育的主要功能是服务于政治，为社会培养人才和进行科学研究。教育是有

---

① 梁为楫、郑则民主编《中国近代不平等条约选编与介绍》，第9—14页。
② 沈嘉荣主编《中国现代化百年探索》，第258—259页。
③ 汪茂林编著《中国走向近代化的里程碑》，重庆出版社，1998。

目、有计划、有组织地对受教育者心智发展进行教化培育的过程,把自然人所固有的或潜在的素质,自内而外引发出来,以成为现实的发展状态。广义的教育泛指一切有目的地影响人的身心发展的社会实践活动,而狭义的教育专指学校教育。学校教育有各种形式和各种层次,其中,在完成了中等教育基础之上进行的专业或职业教育就是高等教育。高等教育主要培养高级专门人才或职业人员,而从事高等教育的主要机构就是大学。

大学由来已久,但关于它源头在哪儿,人们有不同的观点。在西方教育史学界,虽然有欧洲中世纪、古希腊、古埃及、古罗马和古代中国等多种说法,但是,"大多数的教育史学家认为,大学的起源应当是欧洲中世纪诞生的大学,这种观点基本上成了世界高等教育界的共识"①。1088年诞生的意大利博洛尼亚大学和1150年诞生的法国巴黎大学都是欧洲乃至世界最早的大学,在学科分类、课程设置、教学方法、学位制度等方面奠定了现代西方高等教育的基础。② 关于近代之前中国有没有大学、什么时候开始有大学,学界的分歧更大。根据有些学者的归纳,关于中国大学的源头有三种观点:第一种观点认为中国大学的源头是太学。太学是古代中国的中央官学,始于周朝,兴于汉朝,亡于清朝,延续四千多年。第二种观点认为大学是西方的舶来品,中国现代的大学应当以清末西方人办的大学堂为源头,形式和内容、制度和文化都是从西方引进的,与太学的关系不大。第三种观点认为中国现代意义上的大学有两种起源,一是直接建立现代的高等教育机构,以移植西方制度为主;二是对传统高等教育机构进行制度上的改革,向现代化进行转型。③ 根据这种观点,中国近代的大学或大学的近代化是从晚清开始的。

那么,晚清时期高等教育状况是什么样的?

晚清时期中国高等教育依旧延续着以科举为核心的中央官学传统,

---

① 刘道玉:《从大学的起源看西方教育的精髓》,《中国地质大学学报(社会科学版)》2009年第1期。

② 周益斌:《从太学、书院与大学三者关系看我国现代大学的起源》,《上海第二工业大学学报》2014年第1期。

③ 同上。

只是内容更加完备。中国古代高等教育服务于封建专制制度的中央官学，学界通常以汉朝公元前124年在京师长安创办的太学为官办高等教育的开始。它有"一定的学校制度、教学内容，有老师和学生"①，主要是向帝王将相子弟传授儒家经典的最高学府。但是，"太学直接置于政府掌管之下，成为后备官僚的养成之所，国家控制了学术的发展方向，太学中难以出现具有独立人格的知识分子群体"。从这一角度说，有学者认为，中国古代的太学不是大学，不能与欧洲中世纪大学同日而语。②虽然说官学服务于官僚制度，太学毕竟还是在固定的场所以"教"和"学"为主，有明确和系统的教学制度、学习方法，学官选拔制度和考试制度。另外，太学虽然没有像中世纪西方大学那样培养出有独立人格的知识分子，相对而言，太学中有"士以天下为己任"的精神。北京大学早期校长蒋梦麟对此赞赏道："我国从前的太学生，在历史上很占重要的位置；他们聚了几万人伏阙上书的时候，虽很有权势的狠吏，也怕他们。因为他们都从'富贵不能淫，威武不能屈'的'学风'中培养出来的。"③汉朝以后，太学经历了时废时兴时变的过程。三国时期，东吴景帝于258年设太学博士制度，诏五经博士，建业太学始兴。西晋末年，建业太学因避皇帝名讳而改成建康太学。西晋武帝278年在太学之外另设国子学，南北朝时的北齐将国子学改称国子寺。隋朝用国子寺统管国子学、太学、四门学、书学和算学，607年将国子寺改称国子监。此后，国子监成为中央政府统管教育的机构，一直延续到清朝。唐朝时，国子监集教育功能、研究功能和教育行政管理机构于一身。两宋时期，国子监虽沿袭唐制，但主要是教育的行政管理机构。元朝将国子监与国子学分立，前者是教育行政管理机构，后者成了国家的最高学府。1306年，北京设立了国子监，在元明清三朝既是高等教育的管理机构也是高等教育的实施机构，直到1905年12月才被清

---

① 郭丽君、吴庆华编著《中外大学比较》，经济管理出版社，2012，第45页。
② 樊艳艳：《双重起源与制度生成——中国现代大学制度起源研究》，华中科技大学出版社，2011，第22页。
③ 曲士培主编《蒋梦麟教育论著选》，人民教育出版社，1995，第136页。

政府设置的学部取代。

与太学和国子监这种教育制度相应的是科举制。"科举就是分科选举的意思。科举制度的基本特征是通过逐级的考试来选择人才,即朝廷允许普通人士自愿向官府报名,经过分科考试,根据成绩从中选拔人才,分别任官的一种选士制度。中国的科举制度始建于隋唐。唐朝(618—907)时发展到了鼎盛时期,到了宋朝(960—1279)基本上已经制度化。1905年,这种制度被废除,历时1300余年。"[1]关于明清两朝的科举制度,有学者写道:"明清时期推行专制的文教政策,为了加强对知识分子的控制力度,严格科举考试制度,提高科举地位,尤其在推出八股取士政策之后,学校完全成为科举的附庸""科举把读书、应考和做官三件事紧密联系起来"。[2]

因此,到了晚清时代,中国的高等教育无论内容还是形式都淋漓尽致地体现了中国封建专制制度的封闭性、保守性和落后性,严重地阻碍着中国社会向近代化方向发展。

---

[1] 郭丽君、吴庆华编著《中外大学比较》,第47页。
[2] 同上书,第48—49页。

第二章 "师夷"与京师大学堂的建立

闭关锁国政策使中国错过了融入世界、成为世界性大国的良机。国门被西方列强的坚船利炮轰开之后,面对中国沦为积贫积弱的半殖民地半封建社会的现实,一些清醒之士认识到,中国要强盛,就必须学习西方先进的科学与技术,改变中国落后的教育制度,只有如此才能富国强兵、改变中国社会。但是,这种革新求变主张从理论到实践经历了一个过程。它最早始于林则徐、龚自珍和魏源等人的"师夷长技"主张,中间经过曾国藩、李鸿章、左宗棠、张之洞等洋务派的"实业救国"实践,顶峰是康有为、梁启超等推动的戊戌变法。京师大学堂就是这一过程中孕育而成、在"百日维新"中正式诞生。正因如此,"从北大的立场考虑,与其成为历代太学的正宗传人,不如扮演引进西学的开路先锋"[①]。

第一节 "师夷长技"的主张

要走出封闭,了解世界是一个基本前提。晚清时期最早"睁眼看世界"的主要是那些站在抵御西方侵略最前沿的人,林则徐是其中最典型的代表,被称为"睁眼看世界的第一人"。林则徐生于1785年,曾任湖广总督、陕甘总督和云贵总督,1839年受命钦差大臣前往广东查禁鸦片。到广州之前,林则徐也同号称"天朝"的清政府的所有官员一样,对世界并不了解。但是,与那些迂腐的士大夫不同,林则徐到了广州之后能够直面现实,意识到要彻底地禁止鸦片、阻止列强对中国的侵略,就必须真正地了

---

① 陈平原:《老北大的故事》,江苏文艺出版社,1998,第10页。

解对方,主张"必须时常探访夷情,知其虚实,始可以定控制之方"①。林则徐在这方面做的重要事情之一就是组织人翻译并亲自审编了《四洲志》。《四洲志》是根据1836年伦敦出版的《世界地理大全》编译的。作者慕瑞在书中介绍了三十多个国家和地区的政治、经济、历史和地理等方面的情况,这本书也成了中国人认识世界的第一个窗口。在主持编译这本书的过程中,林则徐意识到,西方国家不仅仅是侵略者,还是先进科学和技术的掌握者。因此,他主张在抵御外国侵略者的同时,也要与其交往,需要孤立和打击的只是那些贩运鸦片的不法商人。更为重要的,林则徐最早提出了"师夷",即学习西方先进科学和技术。他说:"以通夷之银,量为防夷之用,从此制炮必求极利,造船必求极坚,似经费可以酌筹,即裨益实匪浅矣。"②他主张发展同西方国家的正常贸易往来,然后利用从正常贸易中的营利和从西方学来的科学技术,制造中国的坚船利炮,增加中国抵御外国侵略的实力。

将林则徐这些想法说得更加清楚的人,是鸦片战争期间任两江总督裕谦幕僚的魏源。魏源(1794—1857)是湖南邵阳人,官至高邮知州,晚年辞官归隐。据说1841年夏天,林则徐赴戍途中在京口(今江苏镇江)会见了魏源。两人志同道合,同睡一室彻夜长谈。临行前,林则徐将《四洲志》的所有资料都留给了魏源,嘱托他将其扩展为《海国图志》,全面地介绍世界各国的历史、地理以及风土人情。魏源不敢怠慢,很快就在次年冬天将《四洲志》扩编成50卷本的《海国图志》,1846年至1847年和1852年又分别增至60卷本和100卷本,进一步拓宽了林则徐打开的认识世界的窗口。与此同时,魏源还发展了林则徐的"师夷"思想,明确提出编撰《海国图志》的目的是"师夷长技以制夷"。在"师夷"的具体做法上,魏源一方面主张学习西方军事工业的先进技术,自己办工厂但引进西方机器设备和技术人才,生产出中国自己的"坚船利炮"。另一方面,他主张利用外国先

---

① 林则徐:《林则徐集·奏稿》中册,中华书局,1965,第763页。
② 林则徐:《密陈夷务不能歇手片》,转引自侯厚吉、吴其敬主编《中国近代经济思想史稿》,黑龙江人民出版社,1982,第1册,第119页。

进的技术、机器设备甚至"铅、铁、硝、布等有益中国之物"来生产民用产品。"凡有益于民者,皆可由此造之。"这样,魏源就改变了过去把外国的产品看作"无用之物",把外国先进技术视为"败坏风俗人心"的"奇技淫巧"这种迂腐和保守的思想,提出"善师四夷者,能制四夷,不善师夷者,外夷制之"①。

承认外国物品和技术先进于己并有志学习国外,是对外开放、走向世界的基本前提。如果把林则徐和魏源主张的"师夷长技"比作春风的话,虽然沁人心脾,却不足以将昏睡已久的中国人唤醒。但是,接连两场鸦片战争则如狂风暴雨把更多的中国人浇醒,促使他们瞪大眼睛向外部世界张望,开始思考外国为什么如此强大,而自己因何这样软弱,中国怎样才能强大起来。在这方面典型代表人物有恭亲王奕䜣、两江总督曾国藩、直隶总督兼北洋通商大臣李鸿章、军机大臣左宗棠、两广总督张之洞等。这些人因推行"洋务运动"而被称为"洋务派"。

在中国近代史上,洋务派及其发端的洋务运动是有争议的人物和事件。从阶级斗争角度进行研究的著述,对洋务派和洋务运动大体持否定态度。比如,一本辞书这样解释洋务派:"清末买办化的封建官僚统治集团。1860 年(咸丰十年)后,清政府中央以奕䜣(恭亲王)为代表,地方以曾国藩、李鸿章、左宗棠为代表,主张依靠外国援助开办近代军事工业等,镇压人民反抗,保持封建统治。被称为洋务派。"②与此相适应,在解释洋务运动时,这本辞书认定它以失败而告终。不过,从现代化角度进行分析研究的著述,对洋务派和洋务运动又大都持肯定的态度。比如,有学者写道:"洋务派力求用自觉的改革来实现中国的自强,并以此阻止西方咄咄进逼。顽固派抱残守缺,一厢情愿欲以封建主义来打败资本主义,以伦理道德来回击坚船利炮。两者之间的分歧已非传统的内圣、外王之辩可加以范围,而是包含着现代化运力因素与障碍因素的矛盾斗争。"③也正是

---

① 魏源:《魏源集》,中华书局,1976,第 2 页。
② 《辞海》(历史分册·中国近代史),上海辞书出版社,1980,第 42 页。
③ 周积明:《最初的纪元:中国早期现代化研究》,第 126 页。

从这个意义,他们认为,"从中国现代化的总体格局来观看洋务运动,它理应承担的历史任务是在中国前现代社会中引入并聚合现代性因素,实现现代化的最初启动,至于启动后发展则是下一个历史阶段的任务。应该承认,洋务运动大体上完成了历史赋予它的使命"①。

类似洋务运动这样的事情,类似洋务派这样的人,类似上述这些不同甚至截然相反的评价,一直贯穿着近代中国的社会发展,是北京大学国际合作与交流的时代背景。

洋务派比保守派更清楚中国与西方世界的差距,特别是在科学技术方面的差距。因此,他们主张学习、利用西方先进的东西使中国尽快步入先进国家行列,主张"采西方""制洋器""资夷力""师夷智"。奕䜣说:"将外洋各种机利火器实力讲求,以期尽窥其中之秘。有事可以御侮,无事可以示威。"②曾国藩提出:"目前资夷力以助剿济运,得纾一时之忧;将来师夷智以造船制炮,尤可期永远之利""欲求自强之道,总以修政事、求贤才为急务,以学作炸炮,学造轮舟等具为下手工夫。"③李鸿章提出:"我们要驭外之术,只有力图自治,修改阐明从前最好的制度,不使它有名无实;而对于外人所长,亦不分彼此,不设障碍而把息置于绝境,这就是道器兼备。"④这就是所谓"中学为体,西学为用"的思想。张之洞不仅提出了学习西方的思想,还提出了具体主张。除了向外国贷款、建铁厂、修铁路之外,他还提出中国与外国合资开办矿业。"华商既无百万巨资""又无数十年之矿学",因此,"莫若议与洋商合办"既可弥补中国建设资金不足的缺陷,又能防止外国掠夺中国资源。⑤

对中国来说,学习西方先进的科学技术和"实业救国",最急迫的事情一是要与外国打交道,二是培养人才。以科举为目的的旧式教育制度满足不了这方面的需求,所以,洋务派思想先驱者冯桂芬明确提出"采西学、

---

① 周积明:《最初的纪元:中国早期现代化研究》,第 154 页。
② 中国史学会主编《洋务运动》,上海人民出版社、上海书店出版社,1961,第三册,第 467 页。
③ 转引自曹均伟:《中国近代利用外资思想》,立信会计出版社,1996,第 30 页。
④ 转引自成晓军:《洋务之梦——李鸿章传》,四川人民出版社,1995,第 91 页。
⑤ 曹均伟:《中国近代利用外资思想》,第 50—70 页。

制洋器、筹国用、改科举",主张"以中国之伦常名教为原本,辅以诸国富强之术"①。在外国列强的压力和洋务派推动下,清政府逐渐开始了近代化进程。其中,与本书内容相关的一是对外交往的近代化,二是新式学堂的建立。

第二节　对外交往的近代化

中国近代化的开端是被动的西方化,在这过程中,与外国打交道就成了清政府最重要事务之一。

在闭关锁国时期,清政府奉行的东亚朝贡体系,将西方各国都视为"藩属",同它们打交道不过"理藩而已,无所谓外交也"。因此,清政府不设专门的外交机构,由礼部和理藩院负责接待"藩属"的"贡使"。它们参与对外事务各有重点,前者管理北部和西部国家的事务,后者管理东部和南部国家的事务。俄国是北部的邻国,因此,1858年之前清政府接待它的使臣由理藩院负责。欧美国家同清政府只有通商关系,而无经常性的政治交往,使者也多从南方海路而来。所以,同它们打交道由礼部负责。另外,在清政府这种宗藩体制中,总督、巡抚等地方官员也起着非常大的作用,如库伦办事大臣、伊犁将军、黑龙江将军、北京办事大臣等也常常被授权办理对俄外交事务,欧美使节要求来华也由两广总督奏报朝廷。

在18世纪,大多数西方国家都建立了独立工作部门的外交部。19世纪初,西方国家又进一步规范了外交人员等级,包括大使、全权公使、驻办公使、代办。可在1860年之前,清政府实行的是传统的朝贡体制,外交事务主要是通过钦差大臣、"五口通商大臣"(先后由两广总督和两江总督兼任)、地方封疆大吏来完成,既无专门机构更无专门人员。因此,鸦片战争之后,特别在《天津条约》《北京条约》签订后,英法俄美等西方国家都向北京派驻了公使并筹建使馆。这些在华已设使馆和驻使节的西方国家,

---

① 汪茂林编著《中国走向近代化的里程碑》,第458页。

既不愿意以"蛮夷"身份同清朝理藩院或礼部打交道,同时认为地方总督无权处理涉外事务,强烈要求清政府设立专门的外交机构和专门的外交官员。从清政府角度看,闭关锁国已被打破,天朝威严不复存在。《北京条约》签订后涉外事务大量增加,各国列强使节在交涉中态势咄咄逼人,清政府用军机处这个中央最高权力机构不仅难以应对,而且无回旋余地,不熟悉国际事务的人在对外谈判中常使国家利益受损。另外,清政府还想"借师助剿"太平天国农民起义。总之,由于内外多重因素,1861年初,在第二次鸦片战争中咸丰外逃时留京处理同英、法、俄、美等国关系的恭亲王奕䜣奏请建立负责洋务和外交事务的总理各国事务衙门,咸丰准奏。1862年3月,总理各国事务衙门正式建立。在职能上,总理各国事务衙门开始时主要负责外资、通商和关税等方面的事务,后来职权范围扩展到修筑铁路、开办矿山、制造枪炮军火、同文馆等全部洋务事宜。总理各国事务衙门是中国第一个正式的外交常设机构,它的设立结束了长期以来由地方督抚兼办外交的历史,逐渐开始以专门的中央机构负责中外交往,开启了中国外交近代化的历程。

比起将对外事务当成内部事务处理的理藩院,总理各国事务衙门是涉外的专门机构,主要处理同外国交往方面的事情,地方官员不再代表清政府处理同外国的关系。不过,处于向外交近代化过渡中的总理各国事务衙门仍有许多局限。比如,负责的涉外事务繁杂,组成机构设置和外派使节缺乏合理性,臣僚多为兼职,专业性差也难以专注外交事务。所以,西方国家不断地施压,要求清政府按西方模式改革外交机构。甲午战争之后,清政府的进贡体制彻底瓦解,总理衙门倡导和推动的洋务运动也宣告失败。1901年签订的《辛丑条约》第12款规定,总理各国事务衙门要改为外务部。据此,清政府于同年7月正式将总理各国事务衙门改为外务部。同总理各国事务衙门相比较,外务部的组织机构更为精简并且职责明确,外交权限进一步集中于中央。清政府另设立外交人才培训机构储才馆。虽然有深厚的半封建和半殖民地色彩,但是,"从中国走向世界这一角度看,外务部及其下属的设立和调整,职司的明确和规范,无疑是向近代化方向迈进、与国际靠拢的重要成果"①。

第三节 洋务运动中的新式学堂

兴办新式学堂是中国从封闭的传统文化走向开放的近代化的另一个重要表现。洋务派在某种程度上意识到传统教育的弊端,看到了富国强兵、保家卫国的唯一出路是改变旧式教育,兴办新式学堂,使教育特别是高等教育走向近代化。在这方面,1898年建立的京师大学堂是最重要的举措。但是,在京师大学堂建立之前,中国从中央到地方已经有不少新式学堂,有官办的,也有民办的,还有不少是外国传教士办的。

新式学堂是西式教育的载体,是教授学生"经世济用"的"西语""西艺"等"西学"的新式学校。中国最先出现的新式学校是西方传教士办的教会学校。鸦片战争之后,外国传教士获得了在中国传播西方文化的权利,创办学校是传播西方文化主要途径。开始时,外国教会建立的主要是小学和中学。在洋务运动兴起之后,外国教会开始筹备在中国建立教会大学,以便系统地向中国传播西学。19世纪末,外国教会开始在教会中学增设大学课程或大学班级。但是,正式教会大学的建立还是在20世纪初,如1901年建立的东吴大学、1905年建立的圣约翰大学、1910年建立的之江大学和华西协和大学、1917年建立的齐鲁大学。民国初年,外国教会又建立了华南女子大学、协和大学、金陵女子大学、协和医学院、沪江大学、岭南大学、燕京大学等。

洋务派创办的新式学堂主要有以下三类。

第一类是学习西方语言的学堂。同西方人打交道、学习西方的先进科学技术,需要精通相关国家的语言的人才。因此,从19世纪60年代起,清政府陆续建立了培养翻译和外交人员的外语学校,主要有:1862年建立的京师同文馆、1863年建立的上海广方言馆、1864年建立的广州同

---

① 王双印:《略论清代外交机构近代化》,《天津行政学院学报》2010年第6期。

文馆、1887年建立的新疆俄文馆、1889年建立的珲春俄文馆、1893年建立的湖北自强学堂和1896年建立的湖南湘乡东山精舍。第二类是学习西方技术的学堂。这类学校的创建直接与洋务派搞的实业密切相关,主要有:1866年建立的福州船政学堂,1867年建立的上海机器学堂,1876年建立的福州电报学堂,1880年建立的天津电报学堂,1882年建立的上海电报学堂,1882年开馆的广东实学馆,1892年建立的湖北矿务局附设矿业学堂、工程学堂,1894年建立的天津西医学堂,1895年建立的山海关铁路学堂,1896年建立的南京陆军学堂附设铁路学堂,1898年建立的江南制造局附设操炮学堂、工艺学堂、南京矿务铁路学堂等。第三类是学习

1862年在京设立的同文馆旧址

(来自北京大学档案馆,档号 SXZP1903009)

军事的学堂。为了兴建近代的海军,在洋务派的主导下,清政府建立了一些军事学堂,如 1880 年建立的天津水师学堂、1885 年建立的天津武备学堂、1887 年建立的广东水师学堂、1890 年建立的南京水师学堂、1890 年建立的奉天旅顺口鱼雷学堂、1896 年建立的江南陆师学堂、1886 年建立的广东黄埔鱼雷学堂和江南陆师学堂,此外还有天津军医学堂、东南水师学堂、北京昆明湖水师学堂、山东威海卫水师学堂、直隶武备学堂、湖北武备学堂、浙江武备学堂等。"据统计,至 1895 年为止,洋务派共创办了 37 所新式学校,其中外语学校 8 所,专门技术学校 14 所,军事技术学校 15 所。"①

除了洋务派创办的学堂外,清末还有一类新式书院。书院是始于唐朝的一种学术机构和学校,初为皇室所办,主要功能是校勘经籍、征集遗书、辨明典章、给皇帝讲解经典史籍等。宋代之后,官府和私人都可开办,成为名流读书讲学的地方。明清以来,书院多为准备科举考试的地方。在洋务派兴办新式教育的同时,一些开明人士在外国人和地方绅士的帮助下建立了新式的书院,如徐和等人 1874 年创建的上海格致书院,陕西举人邢廷荚 1896 年建立的格致实学书院,王柳生创办的上海育材书塾和上海三等公学,浙江巡抚廖寿丰 1897 年建立的中西书院和直隶津海关道盛宣怀督办的南洋公学等。

在这些新式学堂中,影响最大的而且与后来的北京大学有直接联系的是京师同文馆。

京师同文馆是总理各国事务衙门的伴生物,也是中国第一所教授西方语言与科学的官立学校,满足了清政府对外语人才的迫切需要。第二次鸦片战争中,因为缺乏外语人才,在与外国签订合约时产生了不少纠纷和困扰。第二次鸦片战争结束后,主持对外交涉事务的恭亲王奕䜣,同大学士桂良、户部左侍郎文祥一起奏请开办外语学馆。1862 年 6 月,外语学馆在北京东堂子胡同的总理衙门中正式上课,后被定名为"同文馆",最初只有 10 名学生。随后俄文馆并入,法文馆也同时开办,1871 年添设德

---

① 赵浦根:《洋务运动与中国教育近代化》,《苏州大学学报》1999 年第 4 期。

文馆,同文馆的学生逐渐增多。

与以往的学校相比,同文馆在教学内容和培养目标上都有很大的变化。教学内容上,建馆之初开设英语、法语和俄语,1871年开设德语,1895年以后又增加了日语。但是,同文馆的教学内容并没有完全局限于语言,从建立之初就注重科学教育,陆续开设了各类自然科学和各国历史、地理方面的课程。1866年以后,同文馆的规模加大,不断增加新设的课程,学生也越来越多。1876年,同文馆正式规定,除了英法俄德等外语外,学生要兼习数学、物理、化学、天文、航海测算、万国公法、政治学、世界历史、世界地理、译书等课程。通过这些变革,同文馆由单纯的外国语学校变成以外语为主、兼习多门西学的综合性学校。以后,同文馆又添设了格致馆、翻译处和教授日文的东文馆。在教学管理方面,同文馆的主要管理者除了洋务运动核心人物之外,还有英国人赫德(Robert Hart,1835—1911)。赫德1853年毕业于英国女王大学,次年来到中国,先后在宁波、广州领事馆、税务司当差,1861年到上海任海关税务司,1963年升任海关总税务司,1865年清海关总署迁至北京。此后,赫德在北京生活了四十多年,清帝赐官为布政使,官阶正一品,1908年被追授太子太保。赫德主管晚清海关总税务司长达半个世纪,建立了税收、统计、浚港、检疫等一整套严格的海关管理制度和现代的邮政系统。赫德的一生主要与中国海关息息相关。赫德曾任京师同文馆的监察官,在同文馆的组织、筹建以及发展过程中起了非常大的作用,对同文馆的经费支应稽核、洋教习的聘请调迁、器材设备的增添和采购、对洋教习的管理等方面有决定权。① 赫德试图通过同文馆采用新的教育方式,逐渐消除清朝官员对西方的盲目无知,培养他们对西方文明的兴趣,用西方文化"改变未来中国人思想与感情的内涵和倾向,促使中国真正进入国际生活的领域"②。

毫无疑问,同文馆的重要成就在人才培养方面。同文馆前期和后期招收的学生范围也有较大变化,从最初的局限于八旗子弟逐渐向社会开

---

① 苏精:《清季同文馆及其师生》,福建教育出版社,2018,第24页。
② 邱克:《局内旁观者——赫德》,陕西人民出版社,1990,第77—78页。

放,招收包括汉人在内的科举正途人员。经过西文和西学的系统教育,毕业于同文馆的一百多名学生中,大多担任外交翻译、驻外领事和各省官员。晚清、民国的驻外公使中,同文馆毕业生达35人。他们翻译的西方法律、科技著作,成了民族科学思想的启蒙。同文馆的毕业生深刻影响着当时中国的内政外交,为中国的现代化做出了历史性的贡献。1902年,京师同文馆并入京师大学堂,成为京师译学馆,是北京大学外国语学院的前身。

京师大学堂译学馆大门
(来自北京大学档案馆,档号SXZP1903004)

总体来看,与当时中国社会发展相适应,京师同文馆是洋务运动的重要组成部分。无论是从培养目标,还是课程设置或毕业生去向看,包括京师同文馆在内的这些新式学堂都体现了教育与社会需求相结合的特点,开了中国近代职业教育之先河。

第四节 变法求新与京师大学堂的建立

在内部守旧势力的抵制和外部列强的压力下,持续了35年之久的洋务运动以失败告终,其标志是北洋水师在甲午战争中全军覆没。洋务运动虽然失败了,但是,中国近代化的步伐并没有就此停止,学习西方、革新自强的潮流依旧涌动。在这样的背景下,1898年6—9月,中国发生了著名的戊戌变法。这是一场以康有为、梁启超为代表的维新派人士在光绪皇帝支持下学习西方,提倡科学文化,改革政治、教育制度,发展农、工、商业的资产阶级改良运动。由于多方面的原因,这场维新运动只持续了103天,被以慈禧太后为代表的守旧势力镇压了下去。戊戌变法是中国近代史上一次重要的政治改革,也是一次思想启蒙运动,在促进中国近代社会的进步方面起了巨大的推动作用。

详细研究戊戌变法的来龙去脉、影响作用不是本书的任务,但需强调的是,京师大学堂本身就是戊戌变法的产物,也是它仅存的成果。戊戌变法内容所及非常广泛,废除旧式科举制度、举办新式的综合性大学,学习科学文化是其中的主要部分。许德珩认为:"京师大学堂本身就是戊戌变法运动的产物,是维新派克服了顽固守旧势力的重重阻挠和反对才创立起来的。"①

洋务运动失败之后,有识之士在兴办新式大学教育方面的努力没有停止。康有为、梁启超等主张维新的人从1895年7月开始在北京筹建强学会。同年11月,强学会正式成立。它购置图书,出版介绍西学、新学的报纸,批评时政,宣传西方社会政治学说和科学知识,主张维新变法。正因如此,强学会1896年初被查禁了。在得到晚清主战派重臣李鸿藻的建议和光绪的支持下,强学会改为官书局。同时,"延聘通晓中西学问的洋人为教习,专管选择书籍、报纸,教授各种西学。官书局所需经费,由总理各国事务衙门从出使经费中每月拨1000两银子,用来购置图书、仪器、各国报纸,以及支付教习、司事和翻译的报酬。1896年2月,清廷派工部尚书孙家鼐为管理书局大臣。官书局实际上成为继同文馆后,清政府开设

---

① 萧超然、沙健孙、周承恩、梁柱:《北京大学校史(1898—1949)》,上海教育出版社,1981,第1页。

的第二所官办学校,不过带有很浓的政治色彩。"①

孙家鼐生于1827年,寿州(今安徽寿县)人,咸丰朝的状元,光绪帝的老师,历任工部、户部、吏部和礼部尚书。他主政官书局之后,"拟定了官书局章程七条,规定局内设藏书院、刊书处及游艺院,聘请中外学者,翻译、编印中外图书,收藏购置科学仪器,供'留心时事,讲求学问者'阅览利用"②。另外,孙家鼐提出在官书局中设一座学堂,"延精通中外文理者一人为教习,凡京官年力富强者,子弟之资性聪颖安详端正者,如愿学语言文字及制造诸法,听其酌出学资,入馆肄习"③。

孙家鼐主张建立的这种近代化的西式学堂虽然当时因缺乏经费未能如愿,但也就是从这时起,主张变法革新的人明确提议建立"京师大学堂"。最早提议建立"京师大学堂"的是刑部左侍郎李端棻。1896年6月,他在《请推广学校折》中提出,从京师到省府州县都设学堂。其中,"京师大学选举、贡、生、监三十岁以下者入学,其京官愿学者听之,学中课程一如省学,惟益加专精,各执一门,不迁其业,以三年为期"④。此外,李端棻还提出要有充足的办学经费、设立藏书楼、创仪器馆、开译书局、广立报社、选派游历等主张。光绪皇帝非常关注创办京师大学堂之事,让总理各国事务衙门商议。7月,总理各国事务衙门建议:"至该侍郎所请于京师建设大学堂,系为扩充官书局起见,应请旨饬下管理书局大臣察度情形,妥筹办理。"⑤于是,时任官书局管学大臣的孙家鼐于8月也向朝廷奏陈了开办京师大学堂的具体建议。在办学宗旨方面,他提出:"应以中学为主,西学为辅;中学为体,西学为用;中学有未备者,以西学补之;中学其失传者,以西学还之。以中学包罗西学,不能以西学凌驾中学。"在学科设置

---

① 郝平:《北京大学创办史实考源》,北京大学出版社,1998,第110页。
② 萧超然、沙健孙、周承恩、梁柱:《北京大学校史(1898—1949)》,第5页。
③ 孙家鼐:《官书局奏定章程疏》,载中国史学会主编《中国近代史资料丛刊·戊戌变法》(二),上海人民出版社,1957,第423页。
④ 《光绪二十二年五月初二日刑部左侍郎李端棻奏请推广学校折》,载王学珍、张万仓编《北京高等教育文献资料选编:1861—1948》,首都师范大学出版社,2004,第67页。
⑤ 《光绪二十二年六月初三日总理衙门议复李侍郎推广学校折》,载王学珍、张万仓编《北京高等教育文献资料选编:1861—1948》,第69页。

上,他主张设十科:"一曰天学科,算学附焉;二曰地学科,矿学附焉;三曰道学科,各教源流附焉;四曰政学科,西国政治及律例附焉;五曰文学科,各国语言文字附焉;六曰武学科,水师附焉;七曰农学科,种植水利附焉;八曰工学科,制造格致各学附焉;九曰商学科,轮舟铁路电报附焉;十曰医学科,地产植物各化学附焉。"①

不难看出,李端棻和孙家鼐等人的建议虽然仍有旧式痕迹,但已经清楚地勾勒出一所新式大学的蓝图。正因如此,《北京大学创办史实考源》认为:"京师大学堂筹建的准确时间实际上是1896年7月,而正式开办是在戊戌变法发生的1898年。"②

1898年6月11日,光绪颁布《明定国是诏》,戊戌变法正式开始。戊戌变法是一次内容涉及文化教育、经济、政治、军事等内容的全面改良运动。在文化教育方面,除了废八股、兴西学、设译书局、派留学生、奖励科学著作和发明之外,戊戌变法倡导的重要举措就是建立京师大学堂。光绪在上谕中说:"用特明白宣示,嗣后中外大小诸臣,自王公以及士庶,各宜努力向上,发愤为雄,以圣贤义理之学,植其根本,又须博采西学之切于时务者,实力讲求,以救空疏迂谬之弊。"③于是,"京师大学堂作为'天字第一号'工程正式上马。据统计,在103天的变法时段内,光绪皇帝'令如流水','书朝上而电夕下',连续颁布230多道除旧布新的上谕,事关京师大学堂的竟有15道之多,而且大都是当天奏报,当天拍板"④。

在改革派的推动和光绪的催促下,军机大臣和总理衙门与梁启超等人商讨创办京师大学堂事宜。7月3日,军机大臣向总理衙门上《奏复遵议大学堂折》并附呈《奏拟京师大学堂章程》。《奏拟京师大学堂章程》共

---

① 《光绪二十二年七月管理官书局大臣孙家鼐议复开办京师大学堂折》,载王学珍、张万仓编《北京高等教育文献资料选编:1861—1948》,第70页。
② 郝平:《北京大学创办史实考源》,第115页。
③ 《光绪二十四年四月二十三日为举办京师大学堂上谕》,载北京大学校史研究室编《北京大学史料 第一卷 1898—1911》,第43页。
④ 余音:《孙家鼐创办京师大学堂风云》,人民出版社,2008,第7页。

分八章五十四节。第一章是总纲,提出了京师大学堂的办学目标和方针。在办学目标方面,它提出:"京师大学堂,为各省之表率,万国所瞻仰。规模当极宏远,条理当极详密,不可因陋就简,有失首善体制。"①在办学方针方面,它提出:"一曰中西并用,观其会通,无得偏废;二曰以西文为学堂之一门,不以西文为学堂之全体,以西文为西学发凡,不以西文为西学究竟。"②根据这办学目标和方针,章程第二章确定了京师大学堂的课程。这些课程分为普通学十门和专门学十门,前者包括经学、理学、中外掌故学、诸子学、初级算学、初级格致、初级政治学、初级地理学、文学、体操学;后者包括高等算学、高等格致学、高等政治学、高等地理学、农学、矿学、工程学、商学、兵学、卫生学。第三章和第四章是有关学生事宜,如入学资历、分级分班、毕业后待遇等。第五章和第六章是关于学校管理者的设置和教习的聘任,规定设统率全学的管理大臣一人,总管教工作的总教习一

京师大学堂正门

(来自北京大学档案馆,档号 SXZP1903009)

---

① 《光绪二十四年五月十四日大学堂章程》,载北京大学校史研究室编《北京大学史料 第一卷 1898—1911》,第 81 页。

② 同上书,第 82 页。

人,还规定了各科分教习、教习的数目和国别。第七章和第八章是有关经费及其他事项。7月4日,总理衙门在《奏筹办京师大学堂并拟学堂章程折》中提出:"臣等以事属创始,筹划匪易,当即查取东西洋各国学校制度,暨各省学堂现行章程,参酌厘定,尚未就绪。"①同日,光绪正式批准设立京师大学堂,原设的官书局和新设的译书局并入京师大学堂。孙家鼐被任命为管学大臣,实际上就是近代中国第一任教育部部长和北京大学的第一任校长。

京师大学堂章程

(来自北京大学档案馆,档号 SXZP1903005)

① 《光绪二十四年五月十四日大学堂章程》,载北京大学校史研究室编《北京大学史料 第一卷 1898—1911》,第 45 页。

近代中国第一所国立综合性大学正式诞生,从1898年7月到1912年5月,京师大学堂这个名称使用了近十四年。

京师大学堂从诞生之日起就是以学习世界先进经验和国际化为重要内容,这主要体现在1898年的《奏拟京师大学堂章程》、1902年的《钦定京师大学堂章程》和1904年的《奏定大学堂章程》中。这三个章程在出现的背景、具体内容等方面有很大的差别,但都有学习西方和办学国际化的内容。总的来说,第一,注重分科设置和细化,强调外语和自然科学学习。第二,重视师范生培养,设立了西方式的师范斋。第三,设立了专门机构,编写系统化的教材。第四,在教学仪器和设施方面,参照西方大学建设应有的实验室和图书馆。第五,在考核考试方面,参照西方大学的积分方法,实行升级考试。第六,聘请洋教习。这些是京师大学堂发展的基本底色。

钦定大学堂章程

(来自北京大学档案馆,档号SXZP1903005)

第三章 京师大学堂的洋教习

作为一所现代意义上的综合大学,京师大学堂是中国从传统走向近现代、走向世界的重要载体。它的建立本身就是新旧两种制度、东西方两种文明的相融与碰撞的结果,以后也是在这种相融和碰撞中曲折前行,其直接表现就是它的国际交流与合作。国际交流与合作是京师大学堂办学的重要内容,主要表现是聘请洋教习和向外派遣留学人员。比较起来,京师大学堂聘请洋教习先于向外派留学生,这是借船出海、办学模式快速向西方学习的捷径。

第一节 晚清时期聘请洋教习的缘起

中国人看中国近代史有两个视角,在相当长时间里占主导地位的是历史视角。从这个视角看,中国近代史就是外国列强侵略中国、而中国一步一步走向半殖民地半封建社会的过程。另一个是最近几十年兴起的现代化视角,从这个视角看,中国的近代史是在西方文明的冲击和推动下,中国开始走出封闭走向近代化的过程。在前一个视角下,西方是侵略中国的恶魔。在后一个视角下,西方似乎又是向中国传播近代文明的天使。事实上,中国近代历史的发展和中西关系都是复杂的,不可能是单色调的,站在不同的视角会有不同的观察结果。

在很大程度上,京师大学堂的国际交流与合作从一开始就纠结于西方这两种不同的角色上,后人对这种交流与合作的研究也同样纠结于此。洋教习就是一个非常典型的例子。关于为什么请洋教习和外国为什么会向中国派教习,从历史角度看问题的人强调,清政府为了维护自己的统治而不得已为之,洋教习的主要使命是对中国进行文化侵略。正因如此,洋教习在促进中西文化交流、传播科学知识、举办现代教育等方面虽然起了一定的作用,但总体上说是极为有限的。① 从现代化视角看问题的人,虽然不否认洋教习所起作用有局限性,但充分肯定他们对中国社会发展的积极意义。有学者指出:"'洋教习'的聘用开创了中国官办高等学校聘请外国人任教之先河。通过聘用洋教习传授西方的科学、文化,客观上为中国传统知识体制的转轨,发挥了启蒙与准备的作用,有其鲜明的时代特征和进步意义。"②

洋教习就是近代中国新式学堂聘请的外国教师,始于19世纪后半期的洋务运动,最初的西洋教习多为传教士。西方的教会和传教士在近代中国教育特别是高等教育中起了非常大的作用。"西方教会从培养传教助手和基督徒以及扩张殖民利益出发,在华兴办了大批学校,其中尤以美国在华办学规模最大。据统计,从1830年美国公理会传教会俾治文在广州创办第一所教会学校——贝满学校起,到1898年止,美国传教士在华共建立初等学校10326所,中等学校75所。19世纪末,美国传教士办学重点转向高等教育,创办了一批教会大学。1882年至1912年间,西方教会在华共创办14所大学,其中12所是美国传教士兴办的。"③许多传教士直接参与了中国近代新式学校的建立,客观上有助于中国教育的近代化进程,洋教习就是其中的重要人群。

所以,洋教习是与洋务学堂相伴而生。在洋务运动期间,先后有过三十多所洋务学堂,几乎每个学堂都有数量不等的洋教习。其中,京师同文馆的洋教习最多,他们与后来的京师大学堂联系也最为密切。同文馆的教习分西教习和汉教习。西教习分总教习、教习和副教习三个职级。总教习除了担任教学之外,还负责教务行政、翻译图书和建议馆务事宜。京

---

① 汪向荣:《日本教习》。孙邦华:《简论丁韪良》,《史林》1999年第4期。
② 白燕:《有师,从远方来》,北京大学国际合作部编《北大洋先生》,第4页。
③ 王立新:《美国传教士与近代中国教育变革》,《南开学报(哲学社会科学版)》1993年第5期。

师同文馆到底请过多少洋教习,有不同的说法。有的书说,从1862年6月成立到1898年并入京师大学堂,京师同文馆先后聘请了57名洋教习。① 他们分别教授英文、法文、俄文、德文、化学、天文学、算学、格致(物理)、医学、东文(日文)。有的书说,1862年至1898年,同文馆前后曾聘请过110名正副教习,其中,27位外籍人士分别担任各科教授。② 洋教习在同文馆不仅是语言教学者,还积极尝试引入西方的教育模式和理念,对京师大学堂成立时的机构和课程设置产生了比较大的影响。

京师同文馆的第一任洋教习是包尔腾(J. S. Burdon,1826—1907)。包尔腾生于1826年,是英国苏格兰人。19世纪50年代被大英教会派到中国,在上海、杭州一带传教,1862年初来北京设场传教。此时,正值京师同文馆开办之时,因所设课程而需要中外教习。包尔腾精通中文,在时任英国驻华公使馆参赞威妥玛(Thomas Wade,1818—1895)的推荐下,受聘担任同文馆首任总教习,但他只能讲授语言文字,不得传教。就这样,包尔腾成了同文馆的第一位外国教习,也是近代中国的第一位英语教师。不过,包尔腾在同文馆任教只有一年,而对京师同文馆乃至京师大学堂影响比较大的是另一个洋教习丁韪良。

丁韪良(William A. P. Martin,1827—1916)是美国人,1827年生于印第安纳州的一个贫寒牧师之家。19岁时,丁韪良进入神学院,除了神学之外,还学习了数学、物理、化学、天文、地质和机械学等自然科学知识。1849年11月,丁韪良来到中国,开始了在中国60余年的生活,其中30年是与同文馆紧密相连的。1865年,丁韪良经英美驻华外交官蒲安臣(Anson Burlingarne,1820—1870)和威妥玛的推荐,就任京师同文馆的第三任英文教习。1869年11月,在赫德的举荐下,他又升任同文馆总教习,负责同文馆的日常管理。

---

① 苏精:《清季同文馆及其师生》,1985年,第38—41页。
② 郝平:《北京大学创办史实考源》,第51页。

京师大学堂西学总教习丁韪良

（来自北京大学档案馆，档号 1SX16611899－001）

丁韪良任职同文馆期间，在教学及管理上注入了较新的思维，对同文馆进行了较大改造。在课程设置上，通过八年制和五年制的课表设定，丁韪良将数学、天文、格致（物理）、化学、地理、医学、制造、史地、国际法、富国策（政治经济学）等西方自然科学和社会科学课程与西语学习共同纳入了学生的学习体系。他还亲自担任过英文、国际法、富国策、格物等课程的教习。在教材选择上，丁韪良组织同文馆外国教习、优秀学生编译西学教科书多达二十余种，所译内容涉及国际法、政治经济学、历史、化学、物理、天文、数学、医学、生理学等。丁韪良还亲自翻译了《万国公法》《富国策》《格物入门》等十余部西书。[①] 这些西书既满足了同文馆西学教育的

---

① 朱有瓛编《中国近代学制史料（第一辑上册）》，华东师范大学出版社，1983，第 153—154 页。

需要,也通过广泛流传对晚清社会起了一定的启蒙作用。其中,《万国公法》成为近代中国第一代外交官员的必读书。① 此外,在丁韪良的主持下,同文馆于1876年建立化学实验室和科学博物馆,1888年建立物理实验室和天文台。在完善管理机制方面,丁韪良于1879年开始编撰《同文馆题名录》,前后编了七次,详细记录同文馆的管理及发展。1886年,丁韪良提出同文馆馆务十项改革意见,包括添造馆舍房屋,增加算学教习,建外科医院,延长修业年限,游学各国,咨调粤沪学生,扩展学生出路,奖励洋教习,建天文台及购备机器,增添膏火额缺等。② 经过多年的努力,同文馆进入了相对繁荣的阶段。在建立完善和系统的教育体制方面,丁韪良对同文馆起了重要作用。到1894年,丁韪良因健康原因辞职,前后在同文馆任职30年。③

丁韪良离任后,英国人欧礼斐接任京师同文馆总教习。欧礼斐(Charles H. Oliver,1857—1937)是德贞的女婿。德贞(John Dudgeon,1837—1901)是晚清时期有名的英国人,丁韪良的朋友,也在京师同文馆长期任教习。德贞生于苏格兰,1862年在格拉斯哥大学获外科学硕士,次年受英国伦敦会派遣到中国行医传教,时长达38年。关于德贞在华的评价,有学者写道:"将近40年的时间,德贞一直生活在晚清的政治和文化中心——北京,他经历并参与了晚清政府试图重建中国社会、经济基础和文化力量的洋务运动。他一生最主要的贡献在于推进中国医学近代化的时期进程,致力于西医学科学传播,开展医学教育,向西方展示中国医学文化和医学伦理精神,他推动东西方医学文化交流与互动。"④到北京之后,德贞在英国驻华领事馆当外科医生,同时任美国驻华领事馆的私人保健医生。1865年,德贞在火神庙建立了双旗杆医院,这是中国第一所近代化医院,也是北京协和医院的前身之一。1871年,受京师同文馆总

---

① 孙邦华:《简论丁韪良》,《史林》1999年第4期。
② 苏精:《清季同文馆及其师生》,1985,第26页。
③ 林治平:《基督教与中国近代化论集》,台湾商务印书馆股份有限公司,1993,第254—255页。
④ 高晞:《德贞传:一个英国传教士与晚清医学近代化》,复旦大学出版社,2009,第451页。

教习丁韪良之邀,德贞受聘京师同文馆教习,教授医学和生理学。1895年,德贞辞去京师同文馆教习,同年欧礼斐接替丁韪良出任京师同文馆总教习。

由于丁韪良、德贞和欧礼斐相互之间特殊关系以及和总教习更替时间上的巧合,欧礼斐出任京师同文馆的缘由还被演绎成了一段野史。"传说当年欧礼斐觊觎总教习位置,求助于德贞……面对女婿的请求,德贞设计了'丁韪良受骗'上当,暂时离京回国养病,空出了总教习席位,从而顺利地帮助女婿登上宝座。"① 实际上,这是误传并被添枝加叶地演绎。根据学者的研究,德贞与丁韪良的关系一直不错,不可能做出这种事情。另外,欧礼斐早在1879年就受聘为京师同文馆的教习,他与德贞次女讷力(Helen)1889年才结婚。也就是说,欧礼斐出任总教习时还不是德贞的女婿。②

欧礼斐虽然也非平庸之辈,但对京师同文馆的贡献无法与丁韪良相比。因此,京师大学堂创建后,有关欧礼斐任总教习的信息流传不多。

第二节 京师大学堂的西方教习

京师大学堂继承了洋务运动以来日渐成熟的做法,聘请西方人参与教学与管理。然而,由于受守旧势力和外国列强的双重压力,京师大学堂聘请外国教习特别是总教习也并非一帆风顺。

在京师大学堂设立中西总教习的建议是孙家鼐提出的。光绪二十二年(1896)七月,孙家鼐在给光绪皇帝的《议复开办京师大学堂折》中陈述了六条开办京师大学堂的建议,其中第四条是有关聘请洋教习的。他写道:"四曰教习宜访求也。大学堂内应延聘中西总教习各二人,中国教习,应取品行纯正,学问渊深,通达中外大势者,虽不通西文可也。外国教习,

---

① 李岳瑞:《春冰室野乘》,文海出版社,1967,第389—393页。
② 高晞:《德贞传:一个英国传教士与晚清医学近代化》,第291—292页。

须深通西学,兼识华文,方无扞格。"①可是,朝野有许多人并不认同孙家鼐设立中西总教习的主张。比如,梁启超提出,不设总教习,如果要设的话,也"必择中国通人,学贯中西,能见其大者为总教习"②。

大学堂西总教习之钤记

(来自北京大学档案馆,档号 SXZP1901001)

正因如此,1898年京师大学堂开办之际,《总理衙门奏拟京师大学堂章程》第五章"聘用教习例"在总教习问题上明确规定,总教习须由中国人

---

① 孙家鼐:《议复开办京师大学堂折》,北京大学校史研究室编《北京大学史料 第一卷 1898—1911》,第24页。

② 转引自郭卫东:《西方传教士与京师大学堂的人事纠葛》,《社会科学研究》2009年第1期。

出任。"同文馆及北洋学堂等，多以西人为总教习。然学堂功课，既中西并重，华人容有兼通西学者，西人必无兼通中学者。前此各学堂于中学不免偏枯，皆由以西人为总教习故也。既专就西文而论，英法俄德诸文并用，无论聘何国之人，皆不能节制他种文字之教习，专门诸学亦然，故必择中国通人，学贯中西，务以得人为主，或由总理衙门大臣保荐人才可任此职。"①除总教习之外，这个章程还规定设立中西分教习。"设溥通学分教习十人，皆华人。英文分教习十二人，英人、华人各六；日本分教习二人，日本人、华人各一；德俄法文分教习各一人，或用彼国人，或用华人，随所有而定。专门学十种分教习各一人，皆用欧美洲人。"②

1899 年京师大学堂教职员合影

（来自北京大学档案馆，档号 1SX16611899－001）

但是，孙家鼐出任管学大臣后力排众议，在给光绪皇帝奏文中不仅重提设立西学总教习的主张，而且提名丁韪良为大学堂西学总教习。"西学宜

---

① 转引自郭卫东：《西方传教士与京师大学堂的人事纠葛》，《社会科学研究》2009 年第 1 期。
② 北京大学校史研究室编《北京大学史料 第一卷 1898—1911》，第 84 页。

设总教习也。查原奏中有中总教习,无西总教习。立法之意,原欲以中学统西学,惟是聘用西人,其学问太浅者,于人才无所裨益,其学问较深者,又不甘小就。即如丁韪良曾在总理衙门充总教习多年,今若任为分教习,则彼不愿。臣拟用丁韪良为总教习,总理西学。"光绪皇帝当天就准奏:"派充西学总教习丁韪良,据孙家鼐面奏,请加鼓励,著赏给二品顶戴,以示殊荣。"①由于《总理衙门奏拟京师大学堂章程》强调要由中国人出任总教习,孙家鼐在奏折中也限定了西学总教习在大学堂总体教学管理的权力范围,即"总理西学",而不能干涉大学堂的其他事务。

京师大学堂设立总教习和教习不仅直接引起清廷内部改革者与保守派之间的辩论,还间接地引起了中外纷争。晚清时期入华的西方国家不止一两个,欧洲的主要列强和亚洲的日本入华虽有先后,在中国都有各自的势力范围,但有大小差别。各国列强势力范围上的差别也反映了它们在中国影响力的大小。京师大学堂聘请洋教习在数量上英国人显然占优,引起了其他列强的不满,意大利和德国就试图通过驻华使节进行干预。

在详细研究了北京大学的相关历史档案后,有学者对此是这样描述的:

> 于此,多国表示不满,除"俄、法使已屡言之"外,意大利驻华署理公使萨尔瓦葛(Marquis Ciuseppe Salvago—Raggi)于8月5日照会中方"诋该章程,各国言语教习内,并未载义国言语教习。此系遗忘无遗",要求承续明末清初延请利玛窦等教士的传统,聘用意籍教习。10日,德国驻华公使海靖(Herr von Heyking)也"龂龂辩争","不得以学校偏重英国,使其余各国向隅",并语带威胁地提出"大学堂须聘请德国德文教习者三,专门教习二。于中国大局,实为幸甚"。26日,孙家鼐咨复:"中国开设大学堂,乃中国内政,与通商事体不同,岂能比较一律。德国、意国大臣,似不应干预。"但意大利使臣仍"咒渎不休",9月7日,为此事特与总理衙门大臣张荫桓当面交涉,提出不得"免用义国教

---

① 转引自郭卫东:《西方传教士与京师大学堂的人事纠葛》,《社会科学研究》2009年第1期。

习",还直接攻击丁韪良"为老年传教,并无学问之人,实未得欧洲开教之据。此人前次误派同文馆,因其无能,则同文馆创设多年,至今并无成效之势。兹又闻此人管理新设大学堂"。16日,意方再发照会"义国原属近世学文之兴起之国",并说对丁韪良的任命,"北京洋人无不甚诧",要求"添设义语",还称此事意政府也同样关注。①

1898年9月24日,也就是在慈禧发动政变第四天,孙家鼐就意大利大使推荐教习的事情回复总理衙门:

> 本月初八日,准贵衙门来咨。并钞录意国萨署大臣照会一纸。查本大臣办理大学堂,皆遵照贵衙门原奏章程,期于中外交涉语言文字相通而已,非必各国皆有教习也。且中外交涉者,共十有余国,若各国皆荐教习,贵衙门何以应之,仍请贵衙门斟酌回复可也。②

事已至此,外使干预大学堂教习之事也不了了之。

京师大学堂在聘请洋教习问题上波折虽然不大,但反映了走向近代化的中国高等教育受到内部守旧派和外部列强的双重制约。无论如何,京师大学堂走出了这一步,不仅请了洋教习,而且还请了洋人做总教习。但也正是由于这种双重制约以及其他一些具体原因,来自欧洲的洋教习在晚清时期的京师大学堂的任教并不顺畅。

京师大学堂是戊戌变法的产物,可戊戌变法仅仅百余日就被慈禧发动的政变给扼杀了。京师大学堂虽然存留下来并于年底开学,但招收的学生多为八至五品的下级官员和旧体制培养出来的举人、秀才。他们的居所为"诗书礼易"和"春秋"二馆,所学课程虽然还有几门西学,但以中国古籍经典为主,总之,京师大学堂的变革求新色彩大大地淡化,与旧式书院相差不多。1899年7月,孙家鼐借病请辞,管理京师大学堂的职务由吏部右侍郎许景澄接任,黄绍箕为督办,刘可毅、骆成骧为教员,大学堂只设史学、地理、政治

---

① 郭卫东:《西方传教士与京师大学堂的人事纠葛》,《社会科学研究》2009年第1期。相关的档案文献参见北京大学校史研究室编《北京大学史料 第一卷 1898—1911》,第322—327页。
② 北京大学校史研究室编《北京大学史料 第一卷 1898—1911》,第325页。

三堂。① 1900年2月,许景澄在上奏中说:"大学堂创办仅年余,现分教经史、政治、舆地、算学、格致、化学、英法德俄日各国文字等科,宽以时日,必能成材。"②然而,没过多久,京师大学堂因义和团运动和八国联军攻占北京而难以为继,许景澄于7月初奏请暂时裁撤大学堂,他本人也因反对借用义和团和对外国宣战而在同月28日被慈禧处死。9月,京师大学堂被"暂行裁撤",直到1902年初才恢复。

庚子之乱、八国联军入侵北京以及随后签订《辛丑条约》后,丁韪良1901年9月20日在致主持北京朝政的庆亲王奕劻的函中说:"窃以和局大定,回銮在即,学堂为中外注意,亟应振刷精神,从速规复,用以鼓舞,况科举已改,学堂乃中兴储才根基,京师首善,更宜急起,为天下昌率。"除提出尽快恢复京师大学堂的建议,丁韪良还"情真意切"地表明为中国教育近代化而奉余生的"心迹"。他说:"本总教习日薄桑榆,尤冀焚兵之余重瞻维新景象,以酬国家历来知遇之深恩,籍慰四十载效力兴学之苦衷。"夹在中国古代与现代、中国与西方矛盾与冲突的挤压当中,丁韪良等洋教习们在京师大学堂里也难有作为。

1901年,在慈禧的默许下,清政府开始实行新政。这个新政有庚子新政、庚子后新政、遮羞变法、晚清改革、光绪新政等不同说法。无论如何,新政是一场比戊戌变法更为深刻、内容也更为广泛的经济和政治改革运动。其中,在教育方面,清末新政陆续采取的措施有兴办学堂、派生留学、废除科举等。

在这样的背景下,1902年1月10日和11日慈禧连颁两道上谕。除了讲"兴学育才,实为当务之急。京师首善之区,尤宜加意作养",这两道上谕还有三方面的实际内容:一是重新开办京师大学堂;二是任命张百熙管学大臣并负责制定大学堂的章程;三是原从属总理衙门的同文馆并入京师大学

---

① 陈学恂主编《中国近代教育大事记》,上海教育出版社,1981,第104页。
② 王学珍、王效挺、黄文一、郭建荣主编《北京大学纪事(一八九八——一九九七)》,第9页。

堂。① 12月17日,复办的京师大学堂正式开学。时设速成、预备两科。速成科又分仕学和师范两馆,预备科则分政科和艺科。

张百熙(1847—1907),湖南长沙人,清末著名的教育家。他为臣三十余载,先后担任多个重要官职,被任命为管学大臣时是户部尚书。张百熙主张变法自强、改革教育。1901年,他提出"增改官制,整理财政,变通科举,广建学堂,创立报馆""将京师大学堂改隶国子监,正名大学,以一学术而育真才",将总理衙门附设的同文馆归于大学堂。就任京师大学堂管学大臣后,他主持拟订了中国第一部以政府名义颁布的完整学制——《钦定大学堂章程》。1904年1月,清廷改制,管学大臣只总理全国的学务,由张百熙担任。另设专管京师大学堂的总监督,由致力于经学的保守派大理寺少卿、原浙江学政张亨嘉担任。

京师大学堂复办后,原来的洋教习非但没有获得执教的机会,还与京师大学堂发生薪酬纠纷。晚清时期聘请洋教习,除了双方的政治性目的之外,洋教习也有利益上的好处,享有非常优厚的待遇。洋务派主张"重金聘请"的政策,薪水和生活待遇的具体情况十分复杂,但"十分优厚"是毫无疑问的。② 比如,1862年奕䜣在京师同文馆聘请洋教习时就说:"外国教习,非厚给薪水,亦无人愿来充当。"有学者写道:"包尔腾最初一年的待遇是银三百两,第二年与增设的法俄文两馆教习均加到一千两,丁韪良初任总教习时薪水也是一千两。据光绪二十三年修成的《大清会典》所载,教习的薪水仍是千两,总教习则是随时酌定……另一位德文教习阿森玛,在光绪二十二年的待遇包括薪水、津贴、车资三项,每月共一百一十两,则全年银一千三百二十两。"③ 在康乾时代,北京的普通百姓一年平均收入三两银子左右,到光绪年间白银的购买力有比较大的下降,但千两白银绝对是超高的收入。

京师大学堂同样是以高薪聘用洋教习。孙家鼐在筹建京师大学堂时

---

① 北京大学、中国第一历史档案馆编《京师大学堂档案选编》,北京大学出版社,2001,第93—94页。

② 向中银:《晚清时期外聘洋员生活待遇初探》,《近代史研究》1998年第5期。

③ 苏精:《清季同文馆及其师生》,1985,第37页。

就明确提出"专门西教习薪水宜从优也",因为"阅日本使臣问答,谓聘用上等西教习,须每月六百金,然后肯来,丁韪良所言亦同"①。丁韪良明确说:"情愿照从前同文馆每月五百金之数,充大学堂西总教习。"②京师大学堂建立之后,命运多舛,洋教习的薪水也无法按时足额拨付。所以,京师大学堂复办后,丁韪良就提出补薪的要求,12日将西学教习名单提交张百熙和清政府。张百熙称西学教习往日的薪水问题应由原来的管学大臣和外务部负责。不仅如此,由于大学堂停办,洋教习也没有担任相应的工作。丁韪良则认为大学堂停办与他们无关,清政府应当补发他们的薪水。由于争议比较大,丁韪良不仅以公文方式进行沟通,还与英、法、德、俄等国的七个西学教习一起直接到清政府外务部进行交涉,要求补发欠薪和商谈续聘,几乎升级为外交事件。与此同时,张百熙向朝廷提出,不仅不续聘而且要辞退所有的洋教习,因为这些传教士出身、具兼职性的教习不能专致掌握日新月异的新知,也就不能胜任大学堂的教职。所以,他建议大学堂不分中学、西学,只设一个总教习,由中国人担任。

经过洋教习同清政府的反复交涉和张百熙同外务部的沟通协商,最终按合同补发洋教习的欠薪,同时解聘所有洋教习,发给他们三个月的修金和川资百两。③ 京师大学堂的成立是革新求强的产物,守旧势力的退场需要一个过程。西方虽然力推中国教育走向近代化,但主要目的是干预与控制中国。所以,京师大学堂的近代化每向前走一步都不容易,充满曲折。洋教习"讨薪"事件不过是一个例子。因此,国内学界从不同角度对洋教习的评价也不同。以对丁韪良的评价为例,有的学者虽然不完全否认他在中国高等教育近代化方面起的积极作用,但认为他所做的一切都带有殖民者的心态,"极力为美国在中国的殖民侵略效劳和辩护"④。也有学者虽然不完全否认他的局限性,但认为"丁韪良以京师同

---

① 朱有瓛主编《中国近代学制史料(第一辑下册)》,第667页。
② 同上。
③ 有关洋教习解聘的过程,参见郭卫东:《西方传教士与京师大学堂的人事纠葛》,《社会科学研究》2009年第1期。
④ 孙邦华:《简论丁韪良》,《史林》1999年第4期。

文馆和京师大学堂为基地,培养了近代中国第一批外交官和翻译人才,同时通过对西学的传播影响到中国近代许多先进的知识分子,对渴求进步的他们起到一定的启蒙作用"①。

在历史潮流的推动下,中国教育总要走向近代化,而近代化就离不开学习西方。但是,学习西方与中外关系的走向密切相关。随着中日关系的升温,西洋教习的地位逐渐为东洋教习所取代。有学者认为:"对洋教习的全盘解聘委实是重大举动,自此,西学总教习一职被取消,西方传教士对大学堂的直接介预,或从同文馆起对中国最高官办教育机构的直接干预至此告终。此举并非完全因为经费问题,因张百熙在解聘洋教习的同时又聘请了新教习。"②正因如此,"此举意义匪浅,不仅实现了京师大学堂摒除西人直接干预的局面,而且初步开始了京师大学堂聘请外国教习和学习外国路径由欧美而日本的转变。自此,西人在京师大学堂中的地位不再,转而由日本教习担纲,日本文学博士服部宇之吉和法学博士岩谷孙藏等被聘为教习"③。对此,有学者指出:"这并非京师大学堂独然,而是那个时代日本对华影响渐行渐大的趋势实录,是20世纪初叶西学东渐由日本转手的时代背景的表现。"④

第三节 京师大学堂的日本教习

在张百熙提出解聘洋教习和聘请新教习的过程中,有一个人起了非常大的作用,他就是严复。严复(1854—1921)生于福建侯官县,是近代中国影响比较大的启蒙思想家、翻译家和教育家。19世纪90年代,严复积极主张变法维新,参与创办新式学堂和宣传维新变法的报刊,介绍西方社

---

① 韩笑:《丁韪良:晚清教育近代化改革的风云人物》,北京大学国际合作部编《北大洋先生》,第14页。
② 郭卫东:《西方传教士与京师大学堂的人事纠葛》,《社会科学研究》2009年第1期。
③ 郭卫东:《严复与京师大学堂辞退洋教习事件》,《福建论坛(人文社会科学版)》2009年第6期。
④ 同上。

会学、政治学、哲学和自然科学。戊戌变法失败后,他办的报刊都被禁止,1900年八国联军入侵后离开天津到了上海并创办了名学会。1901年,严复应开平矿务局总办张冀之邀担任该局的总办。京师大学堂复办不久,严复1902年2月进京参与大学堂复办事宜。学者郭卫东认为,解聘所有西方洋教习表面上是张百熙提出来的,实际上,严复才是幕后的推动者。严复之所以如此有两个原因:一是限制西方人对中国教育的干预;二是他有意出任京师大学堂总教习。但是,严复的办学主张与张百熙在侧重点上有分歧。张百熙偏重于西学,以西文沟通中文。严复强调中体西用,以中文沟通西文。所以,在京师大学堂人事改组中,张百熙不专设西学总教习,只设一个通晓中学和西学的总教习。以"学问纯粹,时事洞明,淹贯古今,详悉中外"为由推荐直隶知州吴汝纶为总教习,以"学识宏富,淹贯中西"为由保举湖南试用道张鹤龄为副总教习。① 因长于"通晓译事",严复被委任为京师大学堂附设的译书局的总办。但仅一年多,严复就辞去译书局总办一职,回上海了。

在京师大学堂对外合作与交流史上,吴汝纶是一个非常重要的人物。

吴汝纶(1840—1903),安徽桐城人,是中国近代文学家和教育家,与曾国藩、李鸿章等洋务派关系密切,主张"中学为体,西学为用",教育强国。吴汝纶与严复交往密切,曾为严复译的《天演论》作序。1902年2月13日,管学大臣张百熙奏陈筹办京师大学堂情形中,举荐吴汝纶为大学堂总教习②。不久,吴汝纶任京师大学堂总教习并被朝廷加五品衔。在赴京之前,吴汝纶早已弃官从教,在保定莲池书院当院长。莲池书院又称直隶书院,1733年由直隶总督李卫奉旨创办,后来成为中国北方最高的学府,到1903年存在了170年。张百熙请吴汝纶当京师大学堂总教习时,吴汝纶并不情愿,在百般推辞不成之后才勉强接受。但是,吴汝纶就任总教习之后,首先就以"一求要领"为由要求到日本考察教育,并于6月

---

① 郭卫东:《严复与京师大学堂辞退洋教习事件》,《福建论坛(人文社会科学版)》2009年第6期。

② 陈学恂主编《中国近代教育大事记》,第115页。

成行,8月回国。

大学堂总教习吴汝纶

(来自北京大学档案馆,档号 SXZP1949001)

吴汝纶到日本考察教育也不是偶然的。甲午战争之后,中国笼统学习西方已转为"以日为师"。许多中国人认为,小小的日本之所以能打败泱泱的中华帝国,主要因为日本在明治维新之后学习西方的教育经验、颁布新的学制、大力发展和普及教育。康有为说:"近者日本胜我,亦非其将相兵士能胜我也,其国遍设各学,才艺足用,实能胜我也。"①

---

① 朱有瓛编《中国近代学制史料(第一辑下册)》,第690页。

京师大学堂虽然是戊戌变法时学习西方的产物,但就直接影响而言,更是学习日本的产物。京师大学堂筹建时,总理衙门《遵筹开办京师大学堂折》附呈的《京师大学堂章程》,是梁启超参考日本教育制度草拟的。梁启超后来在《戊戌政变记》中写道:"皇上既毅然定国是,决行改革,深知现时人才未足变法之用,故首注意学校,三令五申。诸大臣奉严旨令速拟章程。咸仓皇不知所出,盖中国向未有学校之举,无成案可稽也。当时军机大臣及总署大臣咸饬人来,属梁启超代草。梁乃略取日本学规,参以本国情形,草定规则八十余条,至是上之,皇上俞允,而学校之举乃粗定。"①1898年8月30日,京师大学堂管学大臣孙家鼐在"派大学堂办事人员赴日考察学务"的奏文中说:"迭次奏定章程,均系参考东西洋各国之制,但列邦学校,日新月盛,条目繁多,必须详考异同,庶立法益臻美备。"②因此,他提出:"拟派江南道监察御史李盛铎、翰林院编修李家驹、庶吉士宗室寿富、记名御史工部员外郎杨士燮前往日本游历,将大学中学小学一切规制课程并考试之法逐条详查,汇为日记,缮写成书,由臣进呈御览,仍发交大学堂存储,以备查考。"③

由于戊戌政变,他们赴日考察没能成行。但是,京师大学堂是通过出使日本大臣裕庚和日本驻京使馆,获得了《日本大中小学堂现行章程》《东京帝国大学一览》《京都帝国大学一览》《近世日本教育概览》等资料。"日本这两所重要大学的概况介绍,为之后的《钦定京师大学堂章程》和《奏定大学堂章程》提供了重要的参考资料。"④1902年,京师大学堂复办后,张百熙拟定的《钦定大学堂章程》(即"壬寅学制")和1904年张百熙、张之洞、荣庆等在《钦定大学堂章程》基础之上修订而成的《奏定大学堂章程》(即"癸卯学制")都是以日本的学制为蓝本,规定了各级各类学校的性质和育人任务,学生的入学条件和学习年限,实施教育的组织体系等。有学

---

① 梁启超:《戊戌政变记》,《饮冰室合集》专集之一,广西师范大学出版社,2010,第27页。
② 王学珍、张万仓编《北京高等教育文献资料选编:1861—1948》,第91页。
③ 同上。
④ 茹宁:《中国大学百年:模式转换与文化冲突》,知识产权出版社,2012,第34页。

者甚至认为:"1904年清政府颁布的'癸卯学制'几乎是对日本教育制度的全面照搬;而当时设立的几乎每一所高等学堂,也无不受到日本的影响。"①正因如此,京师大学堂在一定程度上是仿照日本的东京大学而建的。②

在这样的背景下,作为京师大学堂总教习的吴汝纶要求到日本去考察就不奇怪了。在日本的四个月期间,除了幼儿园到小学、中学之外,吴汝纶重点考察了东京帝国大学和京都帝国大学。"6月26日参观了京都大学后,吴汝纶深感京都大学'学制精覆,用款节省',可以仿办。他特地请求校长本下广次博士把京都大学的校舍做一个木制的模型寄到北京以作借鉴,并'愿照付工料价格'。木下校长则表示'不须付价,作为西京大学赠北京大学之物可也'。在东京大学他听取了山川健次郎的介绍,并分别仔细参观了法科、工科、理科、医科和农科,还出席了学生的毕业典礼。吴汝纶还多次到日本文部省听取官员讲述日本教育制度、学校沿革与管理,当场由留日学生口译,他亲自笔录,并收集了大量有关文件、深入探讨日本教育改革的经验教训,为京师大学堂和中国教育的发展提供借鉴。"③吴汝纶访日期间写成《东游丛录》和回国后其弟子集成的《东游日报译编》详细地介绍了日本的学制。

吴汝纶考察日本教育对京师大学堂的发展产生了多方面的影响,进一步推动了清政府为新式学堂聘请日本教习。在吴汝纶去日本考察之前,管学大臣张百熙就正式向日本驻华公使内田康哉提出要求,为京师大学堂仕学馆招聘日本法学博士和学士各一名,为师范馆招聘日本文学博士、学士各一名。吴汝纶到日本后,又通过日本教育界的人士向日本文部省和帝国教育会提出要求,委托他们帮助挑选和培训一批到中国任教的日本教习。收到吴汝纶的请求后,日本文部大臣菊池大麓答复说,日方同

---

① 茹宁:《中国大学百年:模式转换与文化冲突》,知识产权出版社,2012,第24页。
② [加]许美德:《中国大学1895—1995 一个文化冲突的世纪》,许洁英译,教育科学出版社,2000,第64页。
③ 王晓秋:《京师大学堂与日本》,《日本学(第10辑)》,北京大学出版社,2000,第250—251页。

意选派,但不作为政府的工作,而由帝国教育会承担,原则上是从日本的师范毕业生及现任中学、师范教员中选拔,由帝国教育会短期训练后派到中国。① 在随后的几年里,中国不仅仅京师大学堂,几乎所有的新式学堂都大量聘请日本人或当教习,或任学务顾问,在1905年至1906年形成了一个小高潮。1901年至1911年的清末新政时期甚至被日本学者实藤惠秀称为"日本教习时代"②。

　　日本教习对中国近代教育的影响无疑是非常大的,深受学术界所关注。③ 其中,京师大学堂的日本教习尤其引人关注,北京大学等高校有以此为题的学位论文④。接到张百熙的请求后,内田康哉在致外务大臣小村寿太郎的信中说,考虑到中国政府希望"本邦助力实行教育改革",日本应予满足中国政府的要求,从两所东京和京都帝国大学中选拔教习。⑤ 根据内田康哉的建议,日本文部大臣菊池大麓同东京和京都两所帝国大学校长进行了协商,决定派东京大学教授、文学博士服部宇之吉和京都大学教授、法学博士岩谷孙藏前往中国应聘。这样,复办伊始,京师大学堂就聘请了四位日本教习,其中,服部宇之吉受聘为师范馆的总教习,岩谷孙藏受聘为仕学馆的总教习。另外两位是文学士太田达道和法学士杉荣三郎,分别被聘为师范馆副教习和仕学馆的副教习。

　　1904年之后,随着京师大学堂招生规模的扩大和分科发展,对日本教习的需求量也越来越大,到京师大学堂任教的日本教习也越来越多。

---

① 汪向荣:《日本教习》,第70页。
② [日]实藤惠秀:《中国人留学日本史》,谭汝谦、林启彦译,生活·读书·新知三联书店,1983。
③ 相关的学术文章有:汪向荣的《日本教习》(《社会科学战线》1983年第3期),刘艳玲《近代日本对中国高等教育发展的影响初探》(《日本问题研究》2007年第1期),侯建兵的《浅析清末日本教习在中国的兴衰》(《乌鲁木齐职业大学学报》2011年第1期),咏梅、冯立昇的《日本教习与中国近代物理学教育》(《物理教学》2012年第5期),杜莹、徐燕的《清末日本教习与中国近代教育学术的发端》(《濮阳职业技术学院学报》2013年第5期),汪帅东的《晚清日本教习新论》(载《东北亚外语研究》2017年第1期)。
④ 王俊云:《日本教习与京师大学堂师范馆:以服部宇之吉为中心》,硕士学位论文,北京大学历史系,2009。
⑤ 转引自王晓秋:《京师大学堂与日本》,《日本学(第10辑)》第255页。

根据学者们的研究,这些日本教习差不多都是在教授日语的同时,还教授物理、化学、外国历史地理、生物、矿物、美术、手工、制作标本等专业课程。比如,高桥勇兼教图画,氏家谦曹兼教物理和算学,坂本健一兼教世界历史、外国地理,桑野久任兼教植物学和矿物学,法贵庆次郎兼教伦理学和教育学,森冈柳藏兼教图画和做标本处助手,芝本为一郎兼教手工等。1907年7月,京师大学堂增设博物馆实习科后,聘请了野田昇平、永野次庆郎、松野藤吉和杉野章四名日本教习。1910年,京师大学堂参照日本帝国大学开办分科大学后,又聘请了一些日本教习,如法政科的冈田朝太郎,农科的藤田丰八、橘义一、小野孝太郎和三宅市郎,商科的切田太郎等。

在晚清新政期间,京师大学堂到底有多少日本教习,说法也不同。有学者说:"根据《国立北京大学二十周年纪念册》,京师大学堂历年任用的日本教习共25名。"[1]也有学者认为,1902年以后,有"30余名日本教习陆续受聘大学堂"[2]。根据学者的专门研究,日本教习在师范馆是个特殊群体,京师大学堂师范馆总计的14门课中,最被重视的10门西学课程主要是由日本教习担任的。他们既上日文课又负担西学课程,一周的大部分时间不是给学生上课就是同学生交流。[3]

日本教习对京师大学堂乃至近代中国教育的发展起了很大的作用。其中,最典型的是服部宇之吉。服部宇之吉(1867—1939)是日本近代著名的教育家和新儒学的创始人之一。服部宇之吉是福岛县人,1883年入东京帝国大学预备科,1887年入该校哲学科,1890年毕业后担任过东京高等师范学校教授、文部大臣秘书、东京帝国大学助教授。1899年秋天,为了培养汉学人才,东京帝国大学派服部宇之吉到中国留学。"庚子之乱"虽然增加了他对中国的兴趣,也使他无法在中国顺利完成学业。1900

---

[1] 转引自王晓秋:《京师大学堂与日本》,《日本学(第10辑)》第255页。
[2] 郭卫东:《西方传教士与京师大学堂的人事纠葛》,《社会科学研究》2009年第1期。
[3] 王俊云:《日本教习与京师大学堂师范馆:以服部宇之吉为中心》,硕士学位论文,北京大学历史系,2009。

年9月,服部宇之吉回到日本,不久前往德国研修汉学,1902年8月被日本文部省召回国,9月就以东京帝国大学文学博士的身份来到中国,被聘为京师大学堂师范馆教习,先是称总教习后叫正教习。服部宇之吉与京师大学堂的关系主要体现在他执掌师范馆的六年中,在这期间除了教授课程和编写讲义之外,还负责"筹议规制、审定学科",帮助大学堂购买图书、仪器和标本等方面的工作。

京师大学堂1902年复办时,师范馆是速成科的两馆之一,不仅是北京师范大学的开端,也是中国现代师范教育的源头。师范馆的前身是1898年12月30日成立的师范斋,"于前三级学生中选其高材生作为师范生,专讲求教学之法,为他日分派各省学堂充当教习之用"①。1904年,京师大学堂师范馆改称大学堂优级师范科。1908年,京师大学堂优级师范科改称京师优级师范学堂,实际上已独立成校,后来发展为北京师范大学。

作为京师大学堂重要组成部分的师范馆前后存在了六年多。在这期间,它的发展与服部宇之吉有密切关系。根据服部宇之吉自述,他就任大学堂师范馆的总教习之后,把全部精力投入师范馆的各项工作上,特别是学科建设与人才培养、图书和器材的购置方面。在学科建设方面,服部宇之吉任总教习期间,师范馆开设了伦理、经学、教育学、习字、作文、算学、中外史学、中外舆地、博物、物理、化学、外国文、图画、体操14门课。1904年更名为优级师范科后,这14门课分成公共科目、分类科目和加习科目。服部宇之吉不仅在师范馆课程建设上做了大量工作,还亲自讲授"教育学""心理学""东文"等课程。"在北京大学图书馆现存的《京师大学堂》讲义中,还保存着服部宇之吉讲述编撰的《京师大学堂心理学讲义》和《京师大学堂万国史讲义》,共四册。在《京师大学堂心理学讲义》中,服部宇之吉利用多种平面几何图案讲述了心理学的基本内容,同时他还大胆地用较大篇幅讲解'异性相爱之情'。他说:'男女之欲,其发现独后于而余一

---

① 转引自陈学恂主编《中国近代教育大事记》,第101页。

切本能,而为爱情所由而之本根。古今东西诗歌,以男女相爱之事,为其题目者甚多,小说戏曲中,亦多有之,心理者论此事,乃未甚多。'这样的讲解颇出乎理学传统观念的意料,在当时可谓创新之举。"①

京师大学堂复校之初重视师范馆,主要是为新式学堂和新式教育培养师资力量。比如,1902 年招收的第一批学生,仕学馆是 57 名,而师范馆是 79 名。京师大学堂师范馆改为优级师范科后,学生招收数扩大到 200 名。在第一批聘请的日本教习中,仕学馆只有岩谷孙藏和杉荣三郎两人,而师范馆则有服部宇之吉等十人。为了满足教学的需要,服部宇之吉一方面协助京师大学堂师范馆从日本聘请教习,另一方面又选派学生到日本留学,学成回国后充实京师大学堂师范馆的师资力量。1903 年底,京师大学堂选送 39 名学业优秀学生赴日本、欧美留学,其中师范馆的学生 31 名。这是京师大学堂首次派出留学生。1904 年 8 月,服部宇之吉回到日本,在一次讲演会上专门提及了京师大学堂师范馆的发展计划。他说:"其中有三十名将送到日本留学,进第一高等学校,八名送到欧洲。这些人将来都将担任各分科大学的教授。现在学校中实际在学的有一百二十八名左右,经过七八年之后,每个人都将就其所学专科出外留学。现在还准备招生二百名左右,目下正在用和过去相同的方法招募中。"②正因如此,"在将学生派出留学的过程中,服部请日本当局和东京大学给予这些学生特别庇护。日本文部省也很重视这些中国留学生,专门委托东京第一高等学校负责这些留学生的教育,东京第一高等学校专门为这些学生开设了预科。但是由于种种原因,这些学生回国后,很少有人担任大学教授,让服部感到很遗憾"③。

服部宇之吉对京师大学堂师范馆做出的贡献还表现在他帮助购置了许多图书、仪器和标本。图书是兴办大学的重要物质基础,京师大学堂委

---

① 韩笑:《服部宇之吉 京师大学堂师范馆的"设计师"》,北京大学国际合作部编《北大洋先生》,第 18—19 页。
② 汪向荣:《日本教习》,《社会科学战线》1983 年第 3 期。
③ 韩笑:《服部宇之吉 京师大学堂师范馆的"设计师"》,北京大学国际合作部编《北大洋先生》,第 19—20 页。

托服部宇之吉帮助购买图书,服部宇之吉也竭尽全力,协助京师大学堂购进了《百科全书》《世界地图》等教学需要的基础性图书和教育学、数理学、动物学、地理学等领域的专业书籍。根据1903年11月13日的《大学堂教习服部宇之吉之采购外国图书价目单》,仅从德国购买的图书就有145部共344册。1905年2月,《京师大学堂经费报销册》上所附服部宇之吉开具的书单,共有教育、数学、动物、物理和历史五科的书目。其中,教育学方面有关各国语词典、教育理论、教育方法和教育史等方面书籍105册,数理学方面书籍26册,动物学方面书籍7册,物理学方面书籍19本,历史学方面书籍65本。① 仪器和标本主要是动植物学、物理化学和博物等学科所用的仪器、药水和动植物标本等,也都是由服部宇之吉代买的。

  包括服部宇之吉在内的日本教习对京师大学堂复办后的发展起的作用,受到了京师大学堂的肯定。1908年3月,京师大学堂专门上折为他们请赏。此时京师大学堂师范馆改为实际上已独立成校的京师优级师范学堂,所以,这个折子奏请奖赏的名单主要是法政学堂的日本教习,但首位的仍是服部宇之吉,也提及了日本教习对师范馆的贡献。"现在京师大学堂正教员、日本文学博士服部宇之吉,法政学堂正教员、日本法学博士严谷孙藏,教员、日本法学士杉荣三郎均届五年,成材甚多,洵属异常出力,自应照章准奖。查外务部奏定宝星章程,各学堂教习给与三等第一宝星。兹查……二员经前管理大臣延聘来华,正值师范、仕学两馆甫经开办,当时筹议规制审定学科,该员等多所赞助,较之各学堂正教员专授学科者尤为勤劳卓著。"② 另有一些日本教习被建议奖赏二等第二宝星和三等第一宝星。6月,京师大学堂又专门上折请赏服部宇之吉文科进士。奏折写道:"大学堂正教员,日本文学博士服部宇之吉,在堂六年授课勤勉,成材甚众,洵属异常出力之员。前于光绪三十四年三月,由臣部奏请

---

① 王俊云:《日本教习与京师大学堂师范馆:以服部宇之吉为中心》,硕士学位论文,北京大学历史系,2009。
② 北京大学校史研究室编《北京大学史料 第一卷 1898—1911》,第311页。宝星,也称勋章,最初是专门用来奖赏那些在帮助清政府镇压农民起义过程中出力的在华洋人。光绪七年(1881),清政府正式颁布了《宝星章程》,将宝星分为五等十一级。

赏给二等第二宝星,业经奉旨允准钦遵在案。此次该学堂师范科第二班学生毕业,该员教授之功最著,自应奏请奖励。惟前次已得二等第二宝星,实属无可再加,而该员在大学堂训迪勤恳,此次新班毕业,又未便没其劳勋。查山西大学堂译书院英国文学博士窦乐安,由臣部奏请奖给译科进士,奉旨允准在案。兹服部宇之吉原系日本文学博士,谨援照山西成案奖以文科进士,以示优异之处。"①当然,京师大学堂奏请奖励的不仅仅是日本教习,也包括同期在京师大学堂任教的西方教习。在1909年6月的奏折中,京师大学堂提出,除日本文学博士服部宇之吉一员另奏请奖励外,还奏请奖励法文教员、法国法学毕业生贾士蔼,英文教员、英国伦敦圣约翰书院毕业生聂克逊和另外六个日本教习。② 这些奏折都获得了光绪皇帝的批准。

但是,日本教习受奖的直接缘由是他们的聘期已满,开始回国。到1909年成立分科大学时,京师大学堂的日本教习只有10个了。

大量日本教习回国也受中日两国国内和国际局势多种因素的影响。京师大学堂1903年至1904年派出的四十多名留学人员学成后陆续回国任教,成为分科大学的各科教学的主干力量。除此之外,一个更为深层的政治原因也需考虑。前文提及过,京师大学堂的产生与发展就是中国与西方,中国自身新与旧交融与冲突的过程,而洋教习就是一个非常典型的载体。日本教习回国正值中国从西方资本手中"收回利权"运动兴起之时,他们对京师大学堂乃至中国教育近代化所做的一切既不能与清政府追求的自主强国相左,还要服务于日本政府的对华和对外政策。这样一来,他们就很难继续维系"两面讨好"的局面,回国无疑是最佳选择。与此同时,西方国家特别是美国也加强了对华的文化联系。1908年,美国提出退回部分庚子赔款充作中国派遣留美学生的经费,推动中国文化教育转向美国。美国总统罗斯福在国会咨文中宣称,美国要不惜任何代价,尽最大力量帮助中国发展教育。

---

① 北京大学校史研究室编《北京大学史料 第一卷 1898—1911》,第312—313页。
② 同上书,第313页。

第四章　京师大学堂外派的留学生

晚清时期,以先进的科学文化为主要内容的西学主要途径除了聘请洋教习之外,另一种途径就是中国外派留学生。晚清到国外学习的留学生最早出现在19世纪40年代,但与政府没有关系。属于官派的留学生始于19世纪70年代,京师大学堂首批外派留学生更是在它复办之后。晚清时期的留学生在出国前的选派和出国后的学习往往受制于新旧时代交替和中外关系的变化。报效国家与追求功名,学习西方与抵御西方等不同的动机都叠加在京师大学堂派出的留学生身上。

第一节　晚清时期出国留学的开端

留学通常是指一个人到母国之外的国家接受为期长短不一的各种教育,受到这种教育的人被称为留学生。国内学术界通行的说法是,"留学"一词源于留学生,而"留学生"一词是日本人在中国唐朝时最先使用的。从公元7世纪开始,日本出现全面学习中国文化的热潮,不断派遣唐使到中国。但是,作为外交使节的遣唐使在中国逗留时间有限,于是,在第二次派遣唐使的同时也派了数十名"留学生"和"还学生"。前者不随使团回国,而是留在中国继续学习儒家经典、佛典、典章制度、诗赋文艺、美术工艺等,后者则随使团回国。显而易见,这时候的留学生专指日本来唐朝的学习者。在后来的一千多年中,由于来中国学习的人比较少,"留学生"一词也少有人提及。直到近代,日本在明治维新之后为了学习西方而大量向西方派人学习,"留学生"一词又重新出现。在近代中国,民间把到国外学习称为"留学",而官方和社会上层则把它称为"游学"。1905年12月,清末作为全国最高教育行政机构的学部成立后,"游学"成为它制定各种有关留学的制度、政策中统一使用的规范词。虽然有"游学"之说,也有被派出的学子,但是,这里还没有"游学生"之谓。不过,"以常理推测,从形式上看,近代的留学教育主要是指在国外特定一地居留一定的年限,系统学习各类专门知识的一种教育行为。这与古时含义较泛的游学不同,游学多指在学初有所成后,便外出游历各处,请益多师,还含有切磋问学之意,而且并不固定在一处问学。因此,从字面上看,同样是学,'留学'之'留'就可能要比'游学'之'游'更准确体现近代的这种新型的教育类型"。因此,"民国成立后,无论政府与民间,均采用'留学'一词,从此'留学''留学生'成为通行专有名词"①。

近代中国大规模外派留学人员是在清末新政之后,京师大学堂首派留学生是在 1903 年。近代中国留学教育早在此前三十多年就开始了,先有 19 世纪 70—80 年代选派幼童留美,接着是戊戌变法时期派生留学日本,然后清末新政时期大规模派生留学欧美。

1847 年 1 月,容闳、黄胜和黄宽等广东青年赴美国留学。他们赴美不是学制意义的留学,而属于外国教会和中国民间的行为,但开了中国青年留学国外之先河。容闳(1828—1912)出生于广东香山县的农民家庭,7 岁时随父亲到了澳门并就读于马礼逊纪念学校。这是一所教会学校,先是由欧洲教会的宣教士郭士立(Karl Friedrich August Gützlaff,1803—1851)的夫人负责。1839 年郭夫人回国后,美国教士勃朗(Samuel Robbins Brown,1810—1880)接手,1842 年将学校迁往香港,容闳也跟着到了香港。1846 年,布朗夫妇因病返美时提出可以带几名中国学生到美国留学,其费用由布朗的教会朋友提供。于是,容闳与黄胜(1827—1902)、黄宽(1829—1878)②三人在 1847 年随布朗夫妇去了美国,就读于马萨诸塞州的孟松学校。黄胜因病于 1849 年中断学业回到香港,此后从事出版工作。容闳和黄宽毕业后,容闳 1850 年考入耶鲁大学,1854 年毕

---

① 李喜所主编、刘集林等:《中国留学通史 晚清卷》,广东教育出版社,2010,第 5—6 页。
② 黄宽是珠海唐家湾人,黄胜是珠海南县人,他们并无血缘关系。

业并获文学学士学位,是第一个进入耶鲁大学并顺利毕业的中国人。黄宽转学英国,成为中国近代第一位留学英国的人。他在教会的支持下就读于爱丁堡大学医学院,1856年获得医学博士学位,1857年回国行医。然而,在他们三人中间,后来名气最大的当属容闳,他成为中国近代著名的教育家、外交家和社会活动家,有"中国留学生之父"之誉。

1854年返回中国之后,容闳做过许多从政经商的事,但最重要的是投身洋务、参与维新和孙中山领导的革命,是"见证过中国整个近代史的人"。抱着"以西方之学术,灌输于中国,使中国日趋于文明富强之境"的理想,容闳在这过程中做了两件对中国近代社会发展影响非常大的事情,一是参与筹创中国近代第一座完整的机器厂——江南机器制造局,二是组织了第一批幼童官费赴美留学。

1863年,容闳通过曾国藩的幕客李善兰到安庆大营见了曾国藩,与其商讨"近代化大计"。曾国藩接受了容闳设立机器制造局的建议,委派他到美国采购制造军火和造船的设备。容闳1864年回国时,带回了从美国纽约购买的一百多台机器,这些机器是1865年9月建立的江南机器制造局(也称江南机器制造总局)初期的主要设备。江南机器制造总局是洋务派建立的近代军事工业生产机构,也是晚清时期中国最重要和最大的军工厂。江南机器制造局由李鸿章实际负责,但规划者是曾国藩,而容闳在它规划和筹建过程中起了重要作用,因此被曾国藩保举为五品候补同知衔并担任江苏巡抚丁日昌的译员。

开办近代企业,需要懂西方知识和技术的人才。因此,容闳不断地向曾国藩提出培养人才的建议。根据他的建议,1865年江南机器制造局设立培养工程技术人员的兵工学校和翻译局。1868年,容闳通过丁日昌向朝廷上了一个条陈,其中说道:"政府宜选派颖秀青年,送之出洋留学,以为国家储蓄人材。派遣之法,初次可以选定一百二十名学额以试行之。此一百二十人中,又分四批,按年递派,每年派三十人。留学期限,定为十五年,学生年龄,须以十二岁至十四岁为度。视第一第二批学生出洋留学,著有成效,则以后即永定为例,每年派出此数。派出时并须以汉文教习同往,庶幼年学生在美仍可兼习汉文。至学生在外国膳食等事,当另设留学生监督二人以管理。"①1869年,容闳又通过主张"洋务新政"的江苏巡抚丁日昌说服曾国藩实施留派教育计划,官费派学生赴美学习。

经过反复游说,曾国藩和李鸿章采纳了他的建议,1871年8月在上海建立了"幼童出洋肄业局",同时在美国设立了中国留学生事务所。经曾国藩推荐,陈兰彬任委员,容闳任副委员②。在具体职责上,陈兰彬负责留学生在美期间的中文学习,而容闳负责留学生在美国的教育。陈兰彬(1816—1895)是广东吴川黄坡镇人,1853年中进士,晚清大臣、学者和第一任驻美公使。"幼童出洋肄业局"成立后,容闳和陈兰彬专门为它起草《挑选幼童前赴泰西肄业章程》。这个章程规定:"选送幼童,每年以三十名为率,四年计一百二十名,驻洋肄业。十五年后,每年回华三十名,由驻洋委员胪列各人所长,听候派用,分别奏赏顶戴、官阶、差事。此系官生,不准在外洋人籍逗留,及私自先回,遽谋别业。"③9月3日,曾国藩和李鸿章联名上"奏选派幼童赴美肄业酌议章程折"并附容闳和陈兰彬起草的章程。获得朝廷的批准之后,从1872年起,清政府陆续选派幼童4批共120人赴美学习。为了更好管理留学幼童和保证留学质量,曾国藩和李鸿章1872年2月27日专门上"奏遴选派委员携带幼童出洋肄业兼陈应办事宜折":"挑选幼童不分满汉子弟,俱以年十二岁至二十岁为率,收录入局,由沪局委员查考中学、西学,分别教导,将来出洋后,肄习西学仍兼讲中学,课以孝经、小学、五经及国朝律例等书,随资高下,循序渐进,每遇房、虚、昴、星等日,正副二委员传集各童宣讲圣谕广训,示以尊君亲上之义,庶不至囿于异学。"④

1872年8月11日,陈兰彬率领第一批学童30人离开上海,9月16日到达美国东北部的康涅狄格州的哈德福城。容闳提前来到美国安排学

---

① 容闳:《西学东渐记》,王蓁译,中国人民大学出版社,2011,第100页。
② 委员、副委员,也称留学监督和副监督。
③ 陈学恂、田正平编《中国近代教育史资料汇编·留学教育》,上海教育出版社,2007,第93—94页。
④ 陈学恂、田正平编《中国近代教育史资料汇编·留学教育》,第95—96页。

生们的住宿和就读的学校。经过与耶鲁大学校长波特（Noah Porter，1811—1892）和康涅狄格州教育部门的协商，这些学生被安排到当地牧师、教师或医生家庭中居住。他们学习非常勤奋，在短短几个月内就适应了美国的生活方式，学会了西方的礼仪，掌握了英语和汉语的基础知识。几年之后，他们读完了小学考入中学，中学毕业后进入大学。不过，幼童留美计划进行得并不顺利，而是中途而废了。原计划这120名留学生用15年的时间从小学到大学系统地接受美国的教育，但只过了9年清政府就将留美的学生全部撤回来了。

之所以如此，原因是多方面的。

从美国角度看，19世纪70—80年代美国经济危机不断，生产萧条，工人大量失业。许多美国人认为是华工抢了美国工人的饭碗，于是美国社会出现排华浪潮，国会也通过"限制华人法案"。在这种情况下，这些中国留学生也受到了牵连，遭遇歧视和排斥。当初洋务派送这些幼童留美时，曾与美方商定等他们中学毕业后可以进入美国"西点军校""海军学校"深造。1868年中美签订的《天津条约续增条约》规定："两国公民都可以到对方的政府公立学校求学，并享有最惠国民待遇。"可是，当这些学生以优异成绩从中学毕业时，容闳根据李鸿章的指示准备将他们送进美国陆海军专科学校深造的时候，美国方面却改变初衷，声称"此间无地可容中国学生也"[①]。

从中国角度看，幼童留洋是洋务运动学习西方的重要举措之一，从一开始就受到保守势力的掣肘。不用说顽固守旧的官僚士大夫竭力攻击和阻挠，就是像陈兰彬这样参与洋务活动的人，也因根深蒂固的封建意识在把留美学生培养成什么人的问题上与容闳有重大分歧，甚至与留学生们也常有冲突。容闳希望将留学生培养成为掌握西方科学技术的新型人才，支持留学生接受西方文明和习俗。陈兰彬则坚持"中体西用"，学生可以学习西方科学技术但不能离开传统文化的轨道。由于理念上的分歧，

---

① 陈学恂、田正平编《中国近代教育史资料汇编·留学教育》，第95—96页。

陈兰彬不仅在管理留美学生上处处与容闳作对,还同留学生监督区谔良(1839—?)、吴子登(1818—1885)等一起指责容闳,称在他的纵容下,学生们放荡淫佚,适异忘本,离经叛道,背叛朝廷。区谔良回国后,到处散布幼童留美"利少弊多,难得资力",声称"他日纵然能学成回国,非特无益于国家,亦且有害于社会"①。

这样一来,李鸿章无法再继续支持容闳完成幼童留学美国的计划,转而支持派遣学生到接收中国留学生入军校学习的英国、法国和德国。清政府于1881年5月下令撤销"幼童出洋肄业局"。7月初,94名学生分四批撤离美国康涅狄格和马萨诸塞州,被遣送回国。当初赴美的120人中,有26人中途辍学或去世,32人在中学读书,60人进入大学或技术学校开始学习专业。根据洋务派办洋务的需要,这些升入大学或技术学校的学生多半选择了机械、矿冶、造船、邮电、军事、工业技术等专业,学习西方先进的科学和文化。在这60名学生中只有詹天佑(1861—1919)和欧阳赓(1858—1941)两人完成了大学学业。其他人有的学习了一两年,有的甚至刚刚进入大学,没能在美国完成学业。但是,他们大多都具备了良好的知识基础,其中一些人后来又通过其他方式进一步深造。这些留学生中的许多人在不同领域为中国的近代化做出了突出的成就,如主持修建京张铁路的著名的铁道专家的詹天佑,在唐山煤矿工作的近代中国首批矿业工程师祁荣光和陈荣贵,当过交通部副部长的朱宝奎(1861—1926),主持架通北京到内蒙古电报线的程大业,出任过山东大学第一任校长和中华民国首任内阁总理的唐绍仪(1862—1938)等。

幼童赴美留学中途夭折了,但是,清政府向外派留学生的行为并没有停止。除了洋务派向欧洲派留学生、清政府在甲午战争之后大量向日本派留学生之外,中国还出现了大量自费留学日本的人,形成留学日本的高潮。

向欧洲派出留学生的时间与向美派留学幼童的时间差不多,目的也

---

① 容闳:《西学东渐记》,岳麓书社,2015,第138—140页。

是为了兴办实业培养人才。第一批赴欧的留学生是1877年由左宗棠办的福州船政局及附属船政学堂派出的,加上翻译和秘书共33人,后又增派了5人。第二批1881年也是由船政局派出的,共有10人。第三批1886年是由清政府派出的,也是10人。除了船政学堂外,北洋水师学堂也选派了少量留学生。① 这三批留学生主要在德、英、法等国学习制造、矿业、舰船驾驶等洋务运动急需的专业。他们刻苦努力,不仅掌握了相关的课本知识,而且观摩实习,有了初步的实践经验。回国之后,他们中的许多人成为中国近代造船业、矿业、钢铁冶炼和北洋水师的指挥人才。前者中有主持制造出中国当时最大的一艘巡洋舰"开济"号和其他舰只的魏瀚(1851—1929)、李寿田,发明新式轮船车叶和抽水机器的陈兆翱(1854—1899),在水雷制造方面做出巨大贡献的李芳荣、王桂芳、陈才鍴。就后者而言,北洋水师一半的要职都是留欧学生担任的,如右翼总兵刘步蟾、左翼总兵刘泰曾、海军副将叶祖珪、海军帮统萨镇冰(1859—1952),北洋海军各主力舰的管带也都是这些留学生。被称为中国"精通西学第一人",后来任北京大学校长的严复(1854—1921)也毕业于英国格林威治海军大学。甲午战争之后,福州船政局又于1897年向欧洲派了第四批留学生,但因世态变故,没完成学业就于1900年回国了。

在甲午战争中,偌大的中国溃败于从没被看上眼的小国日本。在屈辱和震惊的同时,一些有识之士开始探究日本崛起的原因。他们认为,日本的崛起在于学习西方的维新,在于教育,在于育人。于是,他们主张"以日为师",除了聘请日本的教习之外,还应向日本大量派留学生。在这方面,张之洞1898年写的《劝学篇》最具代表性。他说:"出洋一年,胜于读西书五年,此赵营平'百闻不如一见'之说也。入外国学堂一年,胜于中国学堂三年,此孟子'置之庄岳'之说也。"②出洋到哪国?张之洞强烈推荐日本。"日本,小国耳,何兴之暴也?伊藤、山县、榎本、陆奥诸人,皆二十年前出洋之学生也,愤其国为西洋所胁,率其徒百余人,分诣德、法、英诸

---

① 留学生丛书编委会编《中国留学史萃》,中国友谊出版公司,1992,第8页。
② (清)张之洞:《劝学篇》,人民教育出版社,2017,第85页。

国,或学政治工商,或学水陆兵法。学成而归,用为将相,政事一变,雄视东方。"①不仅如此,他还力陈到日本留学的好处:"至游学之国,西洋不如东洋:一、路近省费,可多遣;一、去华近,易考察;一、东文近中文,易通晓;一、西学甚繁,凡西学不切要者,东人已删节而酌改之。中东情势风俗相近,易仿行,事半功倍,无过于此。若自欲求精求备,再赴西洋,有何不可?"②正因如此,张之洞的《劝学篇》在学术上有"留学日本宣言书"之谓。③

在实践上,清政府早在1896年就派出13名学生赴日留学,拉开了中国人留学日本的帷幕。建议被清政府采纳后,张之洞挑选了10名两湖子弟到日本留学,主要学习武备、格致、农、商、工艺等并兼通各门专业。总理衙门也张榜招考"赴东游学生",选中者给予全额公费,同时鼓励自费到日本留学。不过,促成中国人留日高潮还有一个重要原因,那就是清政府实行"留学功名制",许诺给予学成回国人员以功名。1901年9月17日,光绪帝在上谕中说:"造就人才,实系当今急务。前据江南、湖北、四川等省选派学生出洋肄业,著各省督抚一律仿照办理……如果学成得有优等凭照回华,准照派出学生一体考验奖励,候旨分别赏给进士举人各项出身,以备任用而资鼓舞。"④1903年10月6日,清廷转发了张之洞拟定的《奖励游学毕业生章程》。根据这个章程,从日本普通中学堂五年毕业并获得优等文凭者给拔贡出身,从日本文部省直辖高等各学堂或程度相当于各项实业学堂三年毕业并获得优等文凭者给举人出身,从日本国家大学堂或程度相当于官设学堂三年毕业并获得学士文凭者给翰林出身,从日本国家大学院五年毕业并获得博士文凭者,除奖翰林出身之外,还予翰林升阶。依照这些不同的出身,朝廷委以他们不同的官职。另外,1905年,日本在日俄战争中打败了俄国,令中国人对日本刮目相看。

正是在这样的背景下,在晚清最后十余年中,中国出现了一股据称是

---

① (清)张之洞:《劝学篇》,第85页。
② 同上书,第86页。
③ 魏善玲:《清末出国留学生的结构分析(1896—1911)》,《历史档案》2013年第2期。
④ 《清帝广派游学谕》,陈学恂、田正平编《中国近代教育史资料汇编·留学教育》,第4页。

"到此为止的世界史上最大规模的学生出洋运动"①。"从京师同文馆的选派生到各省保送的望族子弟,从在任知府知县到一般小富百姓,纷纷联袂东渡。"②关于具体留学人数,中外学者们统计的时间不一样,数目也不同甚至差别较大。比如,关于1900年至1909年间的留学日本的人数,有的说是三万四千人左右,有的说约两万六千人。又如,关于1896年至1911年间留学日本的人数,有的说四万到五万人,有的说四万五千多人。再如,关于1906年留学日本的人数,有的说六千余人,有的说一万两千多人,还有的说只有八千人。③ 无论如何,这时期到日本留学的人之多是毫无疑问的。

在学习内容上,与留学美欧的学生相比,留日学生有两个特点:第一,留日学生所学专业要宽泛得多,几乎涵盖了当时留学生所入日本学校的全部学科。第二,学文科的留学生越来越多。此前留学美欧的学生学习服务于洋务运动,专业范围有限。戊戌变法之后,国人对社会政治制度的研究尤其感兴趣,留学日本的学生也出现了学习文科热潮。"与欧美留学生不同,清末留日学生绝大多数选学文科。据留日学生监督杨枢奏报,1904年日本'各学校共有中国学生一千三百余人,其中学文科者一千一百余人,学武科者二百余人'。当时的文科即师范、政法与普通科,属于大范围的文科。1906年,留日学生习速成者居60%,速成科主要就是法政和师范两科。1907年在东京帝国大学学习的35名中国留学生中,习法科者18名,习文科者3名,总计习人文、社会科学者21名,占60%。'政法热'是清末留学教育的一个重要特点。"④

此时正处于中国社会大变革前夕,留学日本的学生热心于政治变革,广泛地接触了西方的自由、平等、民权、阶级斗争、无政府主义、社会主义等各种政治思潮,通过创办刊物和翻译书籍将这些思潮介绍到中国。不

---

① [美]费正清编《剑桥中国晚清史1800—1911(下卷)》,中国社会科学出版社,1985,第393页。
② 李华兴、陈祖怀:《留学教育与近代中国》,《史林》1996年第3期。
③ 魏善玲:《清末出国留学生的结构分析(1896—1911)》,《历史档案》2013年第2期。
④ 同上。

仅如此,留日学生还积极参加政治斗争,成为中国资产阶级革命的主力军。"据统计,1905—1907年同盟会为数可考的会员有379人,其中354人为留学生;尤其是留日生,占同盟会会员的93%。"①日本学者实藤惠秀甚至认为:"在辛亥革命(1911)以前的革命活动,与其说是留日学生起了重大的作用,毋宁说是以留日学生为主体而实践了革命。"②中国民主革命的先行者孙中山、胡汉民、宋教仁、秋瑾、廖仲恺等都是留日学生。

第二节　京师大学堂的外派留学生

京师大学堂成立之初外派人员主要去日本或欧美考察如何办学,与留学无关。但是,1898年《总理衙门奏拟京师大学堂章程》第八章(暂章)第九节是关于学生留学的,它规定"学生卒业后,选其高才者出洋游学,其章程俟临时由总教习会同总理衙门详拟"③。可以看出,外派留学生从开始就被列入京师大学堂的规划之内,但还没有提到日程上来。京师大学堂真正向外派留学生是从20世纪初留学浪潮中开始的,其目的是培养具有现代知识结构的人才,重点在于解决京师大学堂的师资问题。

1903年京师大学堂复办之后,管学大臣张百熙于年底上"奏派学生前赴东西洋各国游学折"。他在奏折中写道:

> 上年臣百熙于召对时,曾蒙懿训,深以教习乏才为念。当经奏陈京师大学堂,宜派学生出洋,分习专门,以备教习之选。计自开学以来,将及一载。臣等随时体察,益觉咨遣学生出洋之举万不可缓,诚以教育初基,必从培养教员入手。而大学堂教习尤当储之于早,以资任用。查日本明治八年,选优等学生留学外国,至明治十三年,留学毕业归国,多任为大学堂教员。迄今博士学士,人才众多,六科大师,取材本国。从前所延欧美教员,每科不过数人,去留皆无足轻重。而

---

① 赵燕玲:《试论近代中国留学生与西学东渐》,《求索》2002年第2期。
② [日]实藤惠秀:《中国人留学日本史》,谭汝谦、林启彦译,第350页。
③ 北京大学校史研究室编《北京大学史料 第一卷 1898—1911》,第87页。

日本之留学欧美者尚源源不绝,此其用心深远,可为前事之师。①

光绪看了这个奏折,表示赞同。当日通过军机转达了谕旨。"本日张百熙等奏选派学生前赴东西洋各国游学一折,师范学生最关紧要,著管学大臣择其心术纯正、学问优长者详细考察,分班派游学。余依议。"②

在上折的同时,张百熙还递交了一份47人的留学名单。由于此时正处于学习日本的热潮当中,所以,这47人中赴日留学的有31人,其余16人被派往欧洲。

京师大学堂复办后,管理体制也发生了比较大的变化。张之洞、张百熙和荣庆等修订了《奏定学堂章程》,增加了经学科,由原来的七科变成经学科、文学科、医科、格致科、农科、工科、商科等八科,同时提倡派学生前往日本和西方国家留学。由于京师大学堂是中国官办的最高学府,有学者指出:"这是京师大学堂首次大规模派出留学生。当时京师大学堂不但是中国的最高学府,也是最高的教育行政机关。这一举措无疑促成了20世纪初中国的海外留学大潮,无论在中国留学史上,还是教育史上都是引人注目的事件。"③还有学者认为:"中国各省派公费生留学即是从这时开始的。"④

中国近代留学史是中国近代史的重要分支,在这个领域已经出版了许多史料和专著,也有大量的学术文章,相关研究不可谓不细不全。虽然如此,具体到京师大学堂外派留学生的文献却不过两三篇,其中对京师大学堂留学生进行比较详细考证研究的只有冯立昇、牛亚华的《京师大学堂派遣首批留学生考》。在这篇论文中,作者依据大量的文献资料,不仅考证了每一位留学生的籍贯、生卒年月、出国和归国时间,而且简述了他们留学期间的学习、生活和社会活动以及归国后的情况。

京师大学堂首批外派的47名留学生都来自速成科的师范馆和译学

---

① 北京大学校史研究室编《北京大学史料 第一卷 1898—1911》,第441页。
② 北京大学、中国第一历史档案馆编《京师大学堂档案选编》,第208页。
③ 冯立昇、牛亚华:《京师大学堂派遣首批留学生考》,《历史档案》2007年第3期。
④ 郝平:《北京大学创办史实考源》,第165页。

馆,其中,尤以师范馆的学生为最多。在1908年改称京师优级师范学堂之前,师范馆(1904年改称优级师范科)是京师大学堂的重要组成部分,肩负着为推动革新和学习西方培养师资人才的重任。正因如此,这47名留学生才多半来自师范馆。译学馆是晚清储备政事人才的重要机构,前身是1862年建立的京师同文馆。京师大学堂复办的时候,京师同文馆并入大学堂,后改为翻译科,1903年成立译学馆。它是京师大学堂的三大馆之一,主要是为清廷培养外交翻译人才。总理学务大臣设立后,译学馆由他直接管理,以后逐渐从京师大学堂的附属机构变成了一个独立的教育机构。1910年京师大学堂分科大学规划完成后,译学馆停止招生。1911年学生全部毕业后,译学馆外语师资并入京师大学堂文科大学,至此前后存在了八年时间。

当时正处于学习日本、留学东洋的热潮之中,所以,京师大学堂首批外派的47名留学生中有31人去了日本并于1903年底到达。到日本之后,这些学生先进入东京第一高等学校学习,经过一年左右的时间,陆续进入日本东京和京都两所帝国大学。其中,15人进入政法科学习,3人进入理科学习,2人进入工科学习,5人进入农科学习,2人进入医科学习,4人学科不详。赴欧洲留学的16名学生中,8人去了英国,去法国和俄国的各有3人,1人去了德国,另有一人因病没有成行。所以,实际赴欧留学的只有15人。在这15人中,学政法科的有6人,学商科和理科的各有2人,学工科的有4人,学科不详的有1人。"留日、留欧学生总计,学习人文社会科学者24人,以政法专业的人数最多,达21人;理、工、农、医科4人共计18人。文科生略多于理科生,学习法政的人数多,与中国当时预备立宪,以及外交事务中急需法律人才有关。"①这些留学生回国的时间差别比较大,少数人1908年至1909年就回来了,多数人是1911年至1912年回来的,也有其他时间回国的,个别人到1914年至1915年才毕业回国。由于专业不同,他们的修业时间也从4—5年到8—9年不等。

---

① 冯立昇、牛亚华:《京师大学堂派遣首批留学生考》,《历史档案》2007年第3期。

除首批外派的留学生之外,京师大学堂还派过一些进士馆的学生赴日留学。进士馆1903年2月设立,属于京师大学堂的附属机构。根据清廷的规定,凡新考取进士年在三十五岁以下者,一律入学肄业,学习三年。1902年,京师大学堂附设的速成科中有一个仕学馆,也专门招收已入仕途的学生。由于目的都是"人才速成"和"冀收实效",招收对象和学习内容、年限都差不多,仕学馆1904年5月并入了进士馆。入馆者要学习博物、物理、外文、舆地、史学、掌故、理财学、交涉学、法律学、政治学等门课程,英、德、法、俄、日等国文字任选学习。三年毕业后,考试合格者择优保奖,或给虚衔加级,或咨送京外各局所当差。进士馆的学员分内外两班,翰林中书为内班,分部各员原在本衙门当差者为外班。癸卯(1903)招进士内班八十余人,甲辰(1904)进士内班三十余人。根据学制,癸卯进士内班学员1906年毕业,而甲辰内班进士预计要到1907年毕业。由于科举制度废除,进士馆的学生无法按原计划培养,需要改变方式。1906年,学部就上奏朝廷,请求变通进士馆办法,派学员到日本法政大学留学。同一年,进士馆也更名为"京师政法学堂"。这份奏折提出:"所有甲辰进士现在馆肄业之内班,均送入政法大学补修科,其外班之分部各员,有志游学者,分别选择送入法政大学速成科。"① 补修科一年毕业,而速成科一年半毕业,在日学习时间与在馆学习时间合并,可达到进士馆学习三年的要求。

法政大学是日本最早的私立法律学校,其前身是1880年建立的东京法学社,1889年与东京法国学校合并,1903年改称"财团法人和法律学校法政大学"。1904年5月至1908年4月间,在中日双方有识之士共同努力下,法政大学设立了专门培养中国留学生法政速成科,先后举办了五期,学制一年。没有复杂的考试程序,日本老师讲课时配中文翻译,讲授内容紧扣中国教育改革的需要。所以,在这期间有多达2117名中国留学

---

① 《学部奏进士馆变通办法遣派学员出洋游学折》,北京大学校史研究室编《北京大学史料 第一卷 1898—1911》,第443页。

生就学于法政大学速成科,其中学完所有课程毕业的有 986 人。① 有学者评价说:"法政速成科是中方主动提起,并与日方一同以培养中国留学生为目标的跨国教育产物。中日双方通过合作,创设和运营法政速成科,积极开展了学生的教育活动,培养出众多清末民初,法、政、舆论、教育等领域的精英。"② 与师范馆和译学馆的学生主要到东京和京都两所帝国大学留学不同,1904 年的所有在馆学习的进士都被送入日本法政大学速成科,进士馆的"其外班之分部各员有志游学者",也分别先择送入日本法政大学速成科。

除了上述成批地外派学生出国留学之外,京师大学堂在不同年代还有数量不同的外派留学生。其中,比较多的是译学馆。根据 1907 年外务部使臣核查和学生自报而制定的译学馆出洋学生表册,译学馆 1903 年外派 6 人,分别前往英国、捷克、法国、德国和俄国;1904 年外派 2 人,分别前往英国和法国。从时间上看,这 8 人应属京师大学堂首批外派学生之列。1905 年,译学馆外派 16 人,其中去英国 4 人,法国 5 人,德国和日本各 3 人。另外,译学馆还有几个没有收到使臣核查回复和自报的留学生。1905 年还有一名留德和一名留日的两个官费生,一名留英和一名留日的自费生,1906 年有一名留日的自费生。③ 译学馆在其存在的八年中,共招收到五届学生,分甲、乙、丙、丁、戊,人数分别为 42、69、37、140、59 人。他们毕业后,有的通过实官奖励去相关部门任职,有的自谋出路,剩下的就是出国留学。根据学者的研究:"出国留学者,除学生毕业后自行或考职官费留学生外,译学馆前后分四次派遣学生出国留学,共派出 50 人前往 8 个国家留学,分别为英国 9 人,法国 14 人,德国 5 人,比利时 3 人,奥地

---

① 王敏:《关于日本法政大学清国留学生法政速成科与辛亥革命志士的考察》,《徐州师范大学学报(哲学社会科学版)》2012 年第 2 期。不过,日本法政大学的说法是总共有 1885 名中国学生求学于此,修完课程毕业的有 1215 人(参见尹虎:《清末中日两国的跨境合作办学活动——以日本法政大学中国留学生法政速成科为中心》,《日语学习与研究》2017 年第 2 期)。

② 尹虎:《清末中日两国的跨境合作办学活动——以日本法政大学中国留学生法政速成科为中心》,《日语学习与研究》2017 年第 2 期。

③ 《咨呈外务部译学馆出洋学生表册请查照文》,北京大学校史研究室编《北京大学史料第一卷 1898—1911》,第 444—446 页。

利1人,美国6人,日本9人。"①

1907年2月,京师大学堂公示了8名出国留学生,他们都是从师范馆毕业生中挑选出来的,英国和法国各2人,美国4人。其中,去美国留学的4名学生还"兼尽华侨教育义务"②。

在京师大学堂外派留学生这个时期,清朝的教育体制和留学政策也进一步发生了变化。

在教育体制方面,1905年12月,清政府仿效日本正式成立了学部。学部是全国最高教育行政机构,下设总务、专门、普通、实业、会计5司及司务厅,每司分设数科。第二年,国子监并入学部,编译图书局、京师督学局、学制调查局、高等教育会议所、教育研究所也都成了学部的附属机构。辛亥革命后,学部为民国政府教育部取代。学部是中国历史上第一个正式、独立和专门的中央最高教育行政管理机构,是晚清教育变革的产物,标志着近代中国中央教育行政的确立,在中国教育史上具有里程碑的意义。

在留学政策方面,随着出国留学的人越来越多,特别是随着学成回国的人越来越多,清政府也不断地出台和完善有关留学教育的规章制度,主要有1903年湖广总督张之洞拟定、清政府颁布的《出洋学生约束章程》《奖励章程》《自行酌办立案章程》,1904年管学大臣张百熙、荣庆、张之洞奏定的《内外职官出洋游历游学之奖励规程》,外务部、学务大臣奏定的《西洋游学简明章程》,1906年学部奏定的《考验游学毕业生章程》《奖励留学生章程》《管理日本游学生监督处章程》,1907年学部、外务部奏定的《贵胄学堂游学章程》,1908年宪政编馆、学部奏定的《游学毕业廷试录用章程》,1910年学部奏定的《各省考选游美学生办法》《管理欧洲游学生监督处章程》等。③

---

① 蔡璐:《京师译学馆始末》,中国人民政治协商会议全国委员会文史资料委员会编《文史资料选辑(第四十辑)》,中国文史出版社,2000,第198页。
② 《大学堂告示出国游学事》,同上书,第444页。
③ 陈绍方:《晚清留学教育及其立法》,《社会科学辑刊》1998年第1期。

这些规章制度涉及留学教育的各个方面,包括留学前选派的标准和方式,留学过程中的学习和品德的管理,留学后的考试与录用等。到京师大学堂复办的时候,早年留学的学生也陆续学成,如何吸引他们回国、如何使用他们的问题凸显出来。1903年之前,留学回国者都由朝廷给予顶戴和官职,没有名分。但在那个科举制度还存在的年代,出国留学者既要谋官职也看重名分。所以,1903年10月颁布的《奖励游学毕业生章程》明确了通过考试给予留学人员官职与名分的办法,即留学生的科名分为拔贡、举人、进士和翰林,在给予科名的同时分别录用或者给予相应的官职。当时,"清政府对归国留学生使用的基本原则是'考试及格,应随时就职'。并按成绩给予功名,加以录用。特别自1905年正式废除科举制度之后,留学生的考试制度逐渐健全"①。

当然,考试的制度化也有一个过程。1901年,根据光绪的谕令,由督抚、学政以及外务部对留学生朝廷初试、复试,然后再给以进士、举人等各种出身以备任用。直到1905年,学务大臣根据袁世凯的对留学生按照《奖励游学毕业生章程》分别考验的奏折,制定了《奏定考验出洋毕业生章程》。学部成立时,科举制度已经废除。在这种背景下,学部仿效国外文官考试制度,将学成考试和入官考试分开。其中,学成考试从1905年至1911年先后举办了七届。其中,第二到第七届共有1374人参加,最优等的161名,优等的315名,中等的898名。② 入官考试8月在保和殿举行,也称廷试。廷试始于1907年,学部还专门制定了《廷试游学毕业生章程十一条》,按成绩分为一、二、三等,对于已有进士、举人出身的人,以廷试结果为准并参照部试等次,分别给翰林、主事、内阁中书、小京官、知县等职。1908年至1911年,学部先后举办了四届廷试,录取留学生820人。③

京师大学堂首批外派的留学生回国时学业基本完成,为取功名和官职,多半参加了学部举行的留学生考试,成绩优等者直接为官或候补为

---

① 留学生丛书编委会编《中国留学史萃》,第31页。
② 谢青:《论清末留学毕业生考试》,《历史档案》1995年第2期。
③ 冯开文《论晚清的留学政策》,《近代史研究》1993年第2期。

官。冯立昇、牛亚华在其考证文章中,明确考证出参加考试并获得相应功名的共有 15 人:

    在留日学生中,黄德章、朱献文 1908 年归国留学生考试中名列最优等,被赐法科进士。黄德章入翰林院当编修,朱献文成了翰林院检讨。① 唐演 1909 年回国并参加学部考试,列优等,赐法政科举人,廷试优等,以内阁中书补用。钟赓言 1911 年回国参加学部考试,列最优等,被赐法科进士。刘成志 1908 年毕业回国参加廷试,列优等,被授法科举人。顾德邻 1908 年回国参加学部考试,列最优等,被赐法科进士,在廷试中列一等,以主事按照学科目分部录用。黄艺锡 1911 年毕业回国,参加学部考试,被赐农科举人。刘冕执 1909 年毕业回国,在学部的考试中列最优等,获得法政科进士,1911 年廷试二等,受翰林院庶吉士。席聘臣 1910 年毕业回国,在学部考试中列最优等,廷试二等,授翰林院庶吉士。蒋履曾 1910 年毕业回国,在学部考试中列最优等,赐医科举人,1911 年廷试一等,以主事补用。在留欧学生中,从英国留学回国的俞同奎在 1910 年学部考试中列最优等,赐格致科进士,廷试一等,受翰林编修。从英国留学回来的何育杰,在 1910 年学部考试中列最优等,赐格致科进士,廷试一等,授翰林院编修。从英国留学回国的周典 1911 年参加学部考试,列最优等,赐商科进士。从英国留学回国的潘承福在 1909 年的学部考试中列优等,廷试优等,赐商科举人,以主事补用。从法国留学回国的陈祖良,在 1910 年学部考试中列最优等,赐工科进士,在 1911 年的廷中一等,授翰林院编修。从法国留学回国的华南圭,1910 年回国,在 1911 年学部考试中列最优等,赐工科进士。从俄国留学回国的魏渤 1911 年参加学部考试,列中等,赐法政科举人。从俄国留学回来的柏山,1910 年毕业回国,在学部的考试中列中等,赐法政科举人。②

---

① 翰林编修和翰林检讨都是清代翰林院的官名,主要从事诰敕起草、史书纂修、经筵侍讲等朝廷的日常工作,前者为正七品,后者为从七品。
② 冯立昇、牛亚华:《京师大学堂派遣首批留学生考》,《历史档案》2007 年第 3 期。

进士馆的留学生回国,也同样要经过考试分级录用。就在他们快学完回国时,1908年6月20日,学部"奏进士官游学毕业请照章会考折"提出这些留学人员"毕业回京时一律考验"。7月4日,学部又上奏"会考进士官游学及外班各员毕业情形折",提出了阅卷大臣、考试时间和科目、总考人数以及分级名额。当时,"共计应考者五十七员,拟列最优八名,优等十八名,中等三十名,下等一名"①。10月15日,上谕为进士馆游学毕业学员给奖。其中,进士馆游学毕业学员,所有考列最优等之翰林庶吉士叶先圻着授职编修,并赏加侍讲衔。考列中等之翰林庶吉士吴德镇等三人均着授职编修。考列最优等之法部主事周之祯着以原官留部,遇缺即补。考列优等之度支部主事楼思诰则以员外郎留部补用。考列中等之法部主事肖湘着以原官留部补用。考列中等之内阁中书着以主事分部补用。又奉旨此次验看之学部考验游学毕业生陈振先等十四人,分别赏给农科进士、法政科进士、工科进士、格致科进士;赵连璧等八十九人分别赏给商科举人、医科举人、农科举人、政法科举人、工科举人、格致科举人。②

1907年3月,关于官派留学生回国任用,学部还上书提出官费留学生毕业回国"其义务年限未满之前,不得调用充派他项差使"③。1909年8月10日,《教育杂志》④第一卷第六期刊登《强迫留学回国学生考试》一文。文中写道:"学部现因各国留学生,多有毕业后并不赴部考试,径投他差或为外人所用,无从考其程度。觇其心术,绝非国家造就人才之本意。兹特定强迫考试办法,电致各出使大臣。查明凡毕业各留学生,均须勒令来京考试,否则永远停其差遣。其有逗留外国者,即行遣其回国,以免流入岐邪,籍保真材。"⑤

---

① 王学珍、王效挺、黄文一、郭建荣主编《北京大学纪事(一八九八——一九九七)》,第35页。
② 同上书,第36页。
③ 《奏官费游学生回国后皆令充当专门教员五年片》,北京大学校史研究室编《北京大学史料 第一卷 1898—1911》,第447页。
④ 《教育杂志》,宣统元年(1909)由上海商务印书馆创刊,是我国近代历时最长的教育期刊,刊登的文章内容丰富多彩,对了解近代中国教育变嬗非常重要。
⑤ 北京大学校史研究室编《北京大学史料 第一卷 1898—1911》,第287页。

在社会动荡时期,留学生回国后到学校担任老师的并不多。在京师大学堂首批外派学生中,明确查到回京师大学堂任教的寥寥无几。毕业于英国利物浦大学的俞同奎1910年回京师大学堂任理科教习,毕业英国伯明翰大学的周典1911年任京师大学堂高等科教员,毕业于京都大学医科的蒋履曾任过京师大学堂的卫生官,另有留英的孙昌烜和留学日本东京大学的苏振潼民国初年在北京大学任教。①

京师大学堂1907年优级师范科毕业生

(来自北京大学档案馆,档号 SXZP1907001)

---

① 冯立昇、牛亚华:《京师大学堂派遣首批留学生考》,《历史档案》2007年第3期。

下 篇

民国时期北京大学的
对外交流与合作

第五章　社会转型和内乱外患中的北京大学

同中国曲折多难的社会转型与发展相适应，民国时期的北京大学在抗争中力求革新，在革新中砥砺前行，在曲折多难中求生存和发展。1912年至1946年，北京大学九次更名，历经被取消、合并和边缘化。但是，北京大学没有停止抗争，也没有停止发展。北京大学对外交流与合作在这种环境中不仅艰难地维持，范围还有所拓宽，但明显受制于国内政治和国际政治。但是，多难的社会转型、多舛的民族命运和多次的存续危机，都严重地影响了北京大学对外交流与合作。

第一节　从帝国到民国的社会转型乱象

1911年10月，武汉革命党人在武汉三镇相继发动起义，辛亥革命爆发。革命党人占领整个武汉后，成立了军政府并推举湖北新军首领黎元洪为都督，宣布建立"中华民国"。随后，南方各省纷纷宣布独立。11月底，宣布独立的各省都督府代表会议在汉口召开，通过了《中华民国临时政府组织大纲》。这个大纲以临时宪法形式确认了共和制，实行美国式总统制和三权分立，把临时政府所在地设在南京，筹备在南京举行临时大总统和参议院的选举。但是，此时清廷的中心在北京，实权人物是北洋集团的袁世凯。辛亥革命发生后，清廷任命袁世凯为湖广总督，派他率领北洋军去镇压起义。此后的一个多月里，袁世凯率领的清军和南方各省的联军展开了激战。10月下旬，清军几乎攻下武汉三镇。11月初，袁世凯被清廷任命为内阁总理大臣。但是，力量不断壮大的各省联军拼力抵抗，挫败了清廷镇压革命的企图，12月初时南方联军甚至还占领了南京。与此同时,袁世凯和南方联军的和谈也在进行。袁世凯要求实行君主立宪制和责任内阁制,内阁总理由他担任。南方联军则要求皇帝一定退位,必须实行共和。黎元洪等出身北洋集团的实力派提出,如能实行共和,可以推举袁世凯出任新成立的共和国的首任大总统。在这种情况下,南方联军占领南京后,袁世凯军队和革命军达成停战协议。袁世凯回到北京后,借口革命军的威胁向清廷逼宫,同时用军队控制了北京城。12月29日,独立的各省代表在南京正式选举临时大总统,孙中山当选,原湖北都督黎元洪当选副总统。1912年元旦,孙中山在南京宣誓就职,国号正式定为中华民国。

这时的中华民国还不是全国性的,南北的战事尚未结束,帝制还没有被废除,各派势力还在分化、整合和较量的过程中。在外国列强特别是英国的斡旋下,南北双方议和于1911年12月下旬进行并达成了协议。1912年1月22日,孙中山发表声明,只要袁世凯促成清帝退位,自己就将临时大总统位置让给他。26日,在袁世凯的授意下,段祺瑞率47个北洋将领联名上奏朝廷,要求立即实行共和。2月12日,在获得优厚退位待遇的保证之后,摄政的隆裕太后宣布清帝退位并下诏袁世凯组建中华民国。第二天,孙中山提出辞呈,同时向参议院推荐袁世凯接任。15日,临时参议院选举袁世凯为临时大总统。但是,袁世凯借口防止兵变拒绝到南京就职,最终中华民国临时政府也迁至北京。这时的民国只是名义上的,并不意味着中国从帝制到民国转型的完成。被誉为中国近代史研究开创者的蒋廷黻说:"辛亥革命打倒了满清,这是革命惟一的成绩。满清打倒了以后,我们固然扫除了一种民族复兴的障碍,但是等到我们要建设新国家的时候,我们又与民族内在的各种障碍面对面了。"①

辛亥革命之后,中国先后发生了袁世凯恢复帝制、孙中山发动二次革命、张勋复辟、府院之争、护法运动、皖系和直系军阀大战、直系和奉系军阀大战、北伐战争、国共分裂、日本侵华,大小事件一个接一个。在1928

---

① 蒋廷黻:《中国近代史(增订本)》,中华书局,2019,第118页。

年之前,国家不统一,政治体制不稳定,中华民国不过是一件补丁摞补丁的百衲衣。

当选临时大总统后,为了强化自己的权力,袁世凯紧锣密鼓地扩充北洋武装。表面上,他尽力地营造民主与共和的气氛。比如,1912年8月,袁世凯邀请孙中山和黄兴到北京商谈国是,特别隆重地接待了他们。再比如,袁世凯支持内阁总理唐绍仪加入同盟会,也不反对同盟会的宋教仁、陈其美、蔡元培等人入阁,让他们担任农林、工商、司法、教育等部的部长。另一方面,为了巩固革命成果,有"中国宪政之父"之称的宋教仁1911年底起草了《中华民国临时约法》,次年3月由临时参议院(南京)通过,11日正式实施,取代了《中华民国临时政府组织大纲》。《中华民国临时约法》是中国第一部宪法性质的文献,除了对国家要素做了原则性的规定之外,它还参照法国的政体,将《中华民国临时政府组织大纲》规定的总统制改为内阁制,其主要目的就是限制袁世凯的权力。

帝制消失之后,全国各地竞相出现的党派群体、各种报纸及与这些相适应的五花八门的政治主张,都成了民国之初的亮点。在党派群体方面,最主要的无疑是国民党。国民党的前身是同盟会,1912年联合另外四个小党组建而成。除国民党之外,当时比较有影响的有立宪派控制的统一党、民主党,左派组建的社会党、工党等,大大小小的党派有几十个。这些党派群体的政治主张也各式各样。拥护袁世凯的主张和反对袁世凯的主张,无政府主义、社会主义和共产主义的主张等,都可以公开表达。"至二次革命前,全国报纸总数近500种,销售量达4200万份,其中新创办的报纸,北京约有50余种,居最多,上海次之,有40多种,天津、广州分别为35、30种。"①蔡元培主政北京大学后,推行的"思想自由""兼容并包"等理念与民国初年的这种多元混乱的政治生态不无关系。正是由于政治上相对比较宽松,民国初年的经济和教育也有非常明显的发展。

与此同时,各种势力特别是袁世凯和革命党人的争斗并没停止,明争

---

① 方汉奇:《中国近代报刊史》,山西教育出版社,2012,第602—603页。

暗斗愈演愈烈。根据《中华民国临时约法》，在1913年3月举行的国会选举中，国民党获得多数议席，国民党领袖宋教仁将出任内阁总理。但没过几天，宋教仁在上海京沪车站遇刺，两天后身亡，据说背后主谋就是袁世凯。宋教仁血案激化了革命党人同袁世凯之间的矛盾。孙中山主张武力征讨袁世凯，但国民党内部并不统一，黄兴等人主张在法律框架里以和平方式进行抗争。在国民党犹豫不决的时候，袁世凯也加紧准备对革命党人动手。1913年4月，袁世凯向英、法、德、日、俄五国银行团签订了借款协议，以便增强自己的实力和镇压南方革命党人势力。北洋政府签订了对外借款协议后，国民党籍的江西都督李烈钧、广东都督胡汉民和安徽都督柏文蔚通电全国，反对借款。6月初，袁世凯将他们三人解职，同时派北洋军开进江西。在这种形势下，根据孙中山的指示，李烈钧7月12日回到江西召集旧部成立了讨袁军总司令部，宣布江西独立，向全国发表讨袁世凯的通电，史称"二次革命"。二次革命持续时间只有一个多月。在这期间，虽然有几个省响应并宣布独立，讨袁军与北洋军也发生过激战，但总体来看，反对袁世凯的力量不强并且非常分散，也缺乏广大民众的支持，再加上国民党内部混乱，讨袁军很快就败下阵来。9月1日，南京被攻陷后，各地纷纷宣布取消独立，孙中山、黄兴、陈其美等国民党领导人遭到通缉，相继逃往日本。

二次革命失败后，北洋军阀控制范围超出了广西、贵州、四川和云南四省，清除了国民党在广东、江西和安徽三省的势力。1913年10月，国会选举袁世凯为中华民国第一任正式大总统，建立起北洋军阀的专制体制。11月，袁世凯下令解散国民党并以发动"叛乱"罪名驱逐了国会中的国民党籍议员。由于众多国民党籍议员被驱逐，国会已经无法正常开会。另外，国会原来起草的《中华民国宪法草案》规定的实行议会内阁制对袁世凯约束太大。因此，就任大总统后，袁世凯下令解散了国会，决定用由其亲信组成的"中央政治会议"代替国会行使立法权，着手修改政治体制。为此，"中央政治会议"通过了《约法会议组织条例》，成立了修改临时约法的"约法会议"。1914年4月，袁世凯在"约法会议"上提出了七条对临时约法的修改,其内容都是增大总统权力的。约法会议按袁世凯的修改意见通过了《中华民国约法》并于5月1日颁布实施。《中华民国约法》取代了《中华民国临时约法》,仍属宪法性质的临时文件。《中华民国约法》的主要内容包括用总统制取代内阁制,总统是国家元首,在制定官制、外交、宣战与媾和、缔结条约、紧急处置、公民权的予夺等方面拥有绝对权力。参政院成了虚设的咨询机构,而立法院则处于总统管辖之下。根据《约法会议组织条例》,参政院的成员叫参政,由总统委任。不久,袁世凯又发布总统令,用参政院行使立法院的职权,用政事堂代替国务院。接着,参政院公布了《大部统选举法》,规定总统任期十年,但因政治上有必要的话可以连任并且没有时间限制。

1915年8月,袁世凯请他的宪法顾问美国人古德诺(Frank Johnson Goodnow,1859—1939)写了一篇比较共和制和君主制的"备忘录",这就是1915年8月3日发表在《亚细亚日报》上的《共和与君主论》一文。从"如何避免最坏政体"角度,古德诺提出:由于中国人的知识程度太低,没有研究政治的能力,君主制比共和制更适合中国。[①] 不论出于什么样的考虑,古德诺的这篇文章客观上为袁世凯恢复帝制营造了舆论。接着,在袁世凯的支持下,杨度和孙毓筠、李燮和、胡瑛、刘师培、严复等当时主张君主立宪的人于1916年联合发起成立了"筹安会"。表面上,它"研究共和政治得失",实际上公开支持袁世凯恢复帝制,实行君主立宪。因此,"筹安会"的主要成员到全国各地宣扬恢复帝制、实行君主立宪主张,邀请各省的将军和巡抚派代表到北京商讨国体问题。另外,北洋系的军政要人和一些地方官员也积极表态,支持袁世凯称帝,纷纷组建各式各样的"公民请愿团",要求改变国体,实行帝制。9月19日,当过袁世凯总统府秘书长、北洋政府国务总理的梁士诒在北京成立了"全国请愿联合会",取代了"筹安会",成为鼓吹帝制的中心。"全国请愿联合会"向参政院递交要求恢复帝制的请愿书,要求召开解决国体问题的国民会议。10月6

---

① [美]古德诺:《解析中国观察》,蔡向阳、李茂增译,国际文化出版公司,1998,第148—154页。

日,参政院借口尊重民意,召开国民代表大会,与会的所谓各省国民代表都是临时挑选出恢复帝制的拥护者。所以,在 12 月 11 日举行的有关国体形式投票时,1993 名代表都一致赞成君主立宪,推举参政院为国民大会总代表,上书推戴袁世凯为中华帝国皇帝。经过两次"劝进",袁世凯 12 日宣布恢复帝制,13 日接受百官朝贺并大加封赏,31 日下令将 1916 年定为"中华帝国洪宪元年"。1916 年元旦,袁世凯登基称帝。

在袁世凯宣布恢复帝制后不久,1915 年 12 月 25 日,唐继尧、蔡锷、李烈钧等人在云南组建护国军,宣布云南独立并通电全国,发动了讨伐袁世凯的护国运动。在各界政治力量和广大民众的支持下,护国军所向披靡,袁世凯军队迅速溃败。到 3 月中旬,继云南之后,贵州和广西也宣布独立。在这种情况下,袁世凯被迫于 3 月 22 日宣布取消帝制,恢复中华民国年号,要求同护国军议和保留其总统职位。与此同时,袁世凯还任命段祺瑞为内阁总理兼陆军总长,以整合北洋势力镇压南方起义。但是,护国军拒绝了袁世凯的要求,继续军事行动,4—5 月间广东、浙江、陕西、四川、湖南等省也陆续宣布独立。5 月 8 日,护国军宣布成立中央机构军务院,代行北京国务院的职权,唐继尧任抚军长。这时在北洋军阀内部,段祺瑞、冯国璋等也拒绝支持袁世凯。袁世凯本人于 6 月 6 日去世。袁世凯死后,复辟帝制之前的副总统黎元洪继任大总统。29 日,黎元洪恢复了《中华民国临时约法》和国会。但从这时起,北洋政府虽然保留责任内阁制之名,但实行的是军阀专制统治,民主共和制名存实亡。7 月 14 日,唐继尧通电撤销军务院。护国运动结束。

对于此后十年的中华民国,蒋廷黻写道:"袁死了以后,靠利禄结合的北洋军队当然四分五裂了。大小军阀,遍地皆是。他们混打了十年。他们都是些小袁世凯。"① 中华民国恢复后,政治并不稳定,国家也不统一,城头频换大王旗。开始时,大总统虽然是黎元洪,但实权掌握在时任国务总理的皖系军阀段祺端手里。黎元洪不愿受制于段祺瑞,时常发生分歧。

---

① 蒋廷黻:《中国近代史(增订本)》,第 121 页。

1917年2月,段祺瑞力主中国加入协约国,对德作战,但黎元洪和国会都不同意。5月下旬,段祺瑞准备以武力推翻黎元洪和解散国会,黎元洪则先解除了段祺瑞的国务总理职务。6月,效忠清朝皇室的另一位北洋军阀、时任安徽督军的张勋以调停"府院之争"为名,率5000名"辫子军"北上进京,同时电召各地清朝遗老"襄赞复辟大业"。黎元洪被迫解散国会。7月1日,张勋赶走了黎元洪,重新搬出12岁的末代皇帝溥仪,改年号为宣统九年,自封首席内阁大臣兼直隶总督和北洋大臣。复辟发生后,孙中山在上海发表《讨逆宣言》,同廖仲恺、朱执信、章太炎等人从上海南下,准备在南方组织武力讨伐。段祺瑞则在日本的支持下建立了讨逆军,7月12日攻入北京。张勋的"辫子军"不堪一击,这场复辟闹剧结束。直系军阀冯国璋任代总统,段祺瑞复任国务总理。

然而,依旧掌握实权的段祺瑞拒绝恢复《中华民国临时约法》和召开国会。孙中山维护《中华民国临时约法》,8月25日在广州召开了国会非常会议。会议通过的《国会非常会议组织大纲》规定,在《中华民国临时约法》恢复之前,国会非常会议行使国会职能,组建中华民国军政府。军政府设大元帅1人,元帅3人,在《中华民国临时约法》恢复之前行使国家的行政权力。孙中山当选大元帅,9月联络海军部长程璧光和西南军阀于1917年在广州建立了与北京政府对峙的护法军政府。这样一来,中国形成了南北政府对峙的局面。段祺瑞决定对南方实行"武力统一",10月护法战争首先在湖南开始。冯国璋提出要"和平统一",即保持西南各省军阀割据的现状,以换取他们对北京政府的承认,维护中华民国名义上的统一。结果,冯国璋与段祺瑞之间又发生了"府院之争"。段祺瑞11月辞去国务总理职务,但1918年3月又复职。10月10日,冯国璋的总统任期届满,段祺瑞与他相约共同下野。1918年8月召开的皖系军阀操纵的中华民国第二届国会(也称新国会或安福国会)选举徐世昌为中华民国大总统,但背后控制者仍是段祺瑞。徐世昌当选总统后,下令停止进攻南方,1919年召开南北议和会议。

北洋军阀内部各派系矛盾错综复杂。1920年7月14—19日,以段祺瑞为首的皖系军阀和以吴佩孚、曹锟为首的直系军阀为了争取北京政府的统治权在京津地区发生了五日战争。这场战争的直接后果是直系军阀联合张作霖为首的奉系军阀打败皖系军阀,共同控制了北京政府,段祺瑞再度下台。战争结束后,直系军阀为了进一步打击皖系军阀势力,同时也是为了抵制孙中山护法主张,以召集民国二年的国会、恢复《中华民国临时约法》为借口,解散了新国会。但是,民国乱象并没有停止,不久直系军阀和奉系军阀之间在北方还接连发生了三次大战。

第一次直奉大战发生于1922年4月28日至6月17日间,直接原因是1921年底张作霖力荐亲日的梁士诒出任内阁总理,想利用他向日本贷款修建济南铁路和支持奉系的扩张计划。直系军阀对此极为不满,吴佩孚一再通电攻击梁士诒媚日卖国。结果,梁士诒组阁不到一个月,1922年1月借病离任。在这种情况下,张作霖决定诉诸武力,但战争的结果却是奉军损失惨重,张作霖被徐世昌免去东三省巡阅使等职,奉军撤出山海关以外。直系独自控制了北京政府之后,曹锟先在1922年6月逼退了徐世昌,原大总统黎元洪复位,国务总理则不断地更换。1923年6月,曹锟又用武力逼退了黎元洪,收买或威逼国会议员10月选他为中华民国大总统。接着,曹锟颁布了国会通过的《中华民国宪法》,这也是中国近代史上第一部宪法。

直系军阀控制了北京政权之后,试图以武力统一中国。奉系军阀则一直扩军备战,准备与直系军阀再战,夺取北京的中央政权。1924年9月15日,张作霖率兵向关内进发,第二次直奉大战开始。这场战争打到了11月初,结果是直系军阀主力全部覆灭,吴佩孚乘舰南逃。在战争过程中,陕西督军冯玉祥等人10月23日发动政变,软禁了曹锟,邀请孙中山北上。但是,张作霖坚决反对。最终双方达成妥协,请段祺瑞任中华民国临时政府的临时执政,但实际权力控制在张作霖手中。民主共和制实际上已不复存在,取而代之的是军事独裁统治。1925年4月,段祺瑞废除中华民国第一届国会,代之以临时参政院。

第三次直奉大战发生在1925年10—11月间,是直系军阀浙江督办孙传芳和张作霖争夺江苏和安徽而进行的混战。这次战争是直系军阀、时任浙江军务督办孙传芳反对奉军向南扩张而发动的,最终阻断了奉系势力向南扩张,控制了浙江、福建、江苏、安徽、江西五省。后来,他不断扩大势力,摆脱了直系的节制,成为当时中国最大军阀之一。

三次直奉大战之后,北洋政府进入张作霖时代。1926年11月,孙传芳北上与张作霖修好,成立了安国军,张作霖任总司令,孙传芳和另一个奉系军阀张宗昌任副总司令。一年后,张作霖在北京就任北洋政府陆海军大帅,代表中华民国行使统治权,成为国家的最高统治者,也是北洋军政权的最后一个统治者。

北方的军阀混战为南方革命力量的发展创造了条件。1926年7月,国民党领导下的国民政府发动了以国民革命军为主力的统一战争,史称"北伐战争"。1927年4月,以蒋介石为核心的国民党在南京建立了国民政府。由于南京国民政府和武汉国民政府联合,以及西北冯玉祥的部队和山西阎锡山的部队加入,北伐军1928年6月攻入北京,张作霖退回东北时被日本关东军炸死。12月,其子张学良通电东北易帜,北伐战争结束,南京国民政府成为中国唯一合法的政府,中国实现了形式上的统一。从1928年开始,北京改称北平并降格为特别市。到1949年10月为止,北平称谓延续了21年。

但是,中国的内忧外患并没有解除。内部是国共两党从1927年起处于敌对和内战状态,外部日本从1931年开始入侵中国,1937年发动全面的对华战争。抗日战争胜利后,中国解除了外患,但又陷入内忧当中。抗战期间,对峙了十年的国共两党结成了反日统一战线,共同抗日。随着日本投降,国共两党的矛盾升温。国民党一边同共产党进行和平谈判,一边抢占地盘,准备发动内战。从1945年8—10月,国共两党在重庆进行谈判,签订了《会谈纪要》。两党虽然都同意避免战争,但在共产党政权和军队的合法性上不能达成一致,不久爆发全面内战。1949年4月,共产党领导的解放军占领南京,国民党军队溃败逃往台湾。10月1日,共产党主政的中华人民共和国成立,中国历史进入了一个新时期。

北京大学多次更名改制、停办复办就是在以上所述的这种背景下发生的。

第二节　北洋时期北京大学的两次改名与校长更换

学界普遍认为,辛亥革命和民国建立是君主立宪派、袁世凯为首的北洋军阀和孙中山领导的革命党人三股主要势力较量的结果。所以,辛亥革命和民国建立使中国社会从帝制走向了共和,但这种转变并非一蹴而就,而是与群雄争霸、时而倒退、列强干预和侵略密切相连,所涉及的政治势力和政治主张混杂,过程曲折,原因也很复杂。北京大学的九次改名、校长更迭以及在发展过程中的种种困境都与此密切相关。

第一次更名是在1912年,京师大学堂改北京大学校。毫无疑问,这次改名是最重要的。

京师大学堂是中国近代第一所综合性的大学,在晚清时期虽然艰难地发展,但日益接近西方的现代大学,但从里到外都必须与晚清的政治体制相适应。所以,大学称学堂,校长称管学大臣(1904年起改称总监督),老师称教习,学科叫门,物理叫格致,如此等等。中国从帝制走向民国,京师大学堂首先要做的就是去掉这些陈腐的称谓。

辛亥革命爆发时,京师大学堂的总监督是1910年上任的柯劭忞(1848—1933)。柯劭忞是一位国史家和史学家,曾被日本东京帝国大学赠授文学博士学位。辛亥革命爆发之后,1911年11月,清末礼教派的代表人物劳乃宣取代了柯劭忞,成为京师大学堂的最后一位总监督。劳乃宣(1843—1921),浙江嘉兴人,中国近代音韵学家,清末礼教派的主要代表人物,坚定维护封建君主制,主张三纲五常应为法律的核心。在清王朝行将就木时,朝廷任他为京师大学堂总监督,用意显而易见。但是,劳乃宣也无力回天。中华民国临时政府在南京建立后,劳乃宣借口有病辞职,推荐京师大学堂的提调刘经籍暂时代理。袁世凯当选临时大总统后,于1912年2月25日发布命令:"京师大学堂呈称本堂总监督劳乃宣假期届满,病仍未瘳,应请派员接任等语,所有京师大学堂总监督事务由严复暂行管理等因转行到堂。"①3月8日,严复到任。与柯劭忞、劳乃宣不同,严复是晚清极具影响力的西方思想启蒙者,也是中国近代史上向西方国家寻找真理的人之一。"在担任北大校长之前,严复曾先后担任过北洋水师学堂、安庆高等师范学堂、上海复旦公学三所学校的校长,不仅熟悉教育管理,而且对'教育救国'怀着远大的理想。作为清末很有影响的资产阶级启蒙思想家、翻译家和教育家,严复出任北京大学校长,可以说是'众望所归'。"②在北京大学的历史上,严复是京师大学堂最后一位总监督,也是改名北京大学校后的第一位校长。

在京师大学堂改名改制以及其后的发展过程中,起的作用和产生的影响更大的是蔡元培。

蔡元培(1868—1940)为浙江山阴县人,是近代中国著名的教育家和民主进步人士。蔡元培早年接受的也是旧式教育,4岁入私塾,17岁考取秀才,25岁中进士,授职翰林院编修。甲午战争之后,蔡元培开始接触西学,同情维新变法。1898年,他回到家乡任绍兴中西学堂监督。1901年夏天,蔡元培被聘为上海代理澄衷学堂③的首任校长,在任期间提出了"兼容并包,思想自由"的办学方针。9月,蔡元培又被聘为南洋公学④经济特科班总教习。在上海,蔡元培1902年与人创办了中国教育会、爱国学会、爱国女学,1904年又同其他革命者组建了反清革命团体光复会。光复会后来并入同盟会,孙中山让蔡元培当上海分会的负责人。为了了解西方教育,1907年5月已经40岁的蔡元培在中国驻德公使孙宝琦(1867—1931)的帮助下赴德,先在柏林学一年德语和为商务印书馆编译

---

① 北京大学校史研究室编《北京大学史料 第一卷 1898—1911》,第235页。

② 林坚:《未名湖畔忆名儒:严复、林纾、辜鸿铭的北大岁月》,厦门大学出版社,2019,第059页。

③ 它是今天上海市澄衷高级中学的前身,1900年由著名民族资本家叶澄衷先生捐地三十余亩、规银十万两创办的,也是上海第一所由国人开办的班级授课制学校。

④ 南洋公学建于1896年,是中国最早包括师范、小学、中学和大学的学校。晚清时上海地区也称南洋,该校是半官助,故称南洋公学。

书籍,后到莱比锡大学一边听课一边做心理学、美学和哲学等方面的研究。在德国留学研修的四年,对蔡元培知识结构和办学理念有很大的影响。"先生自丁未出国,至辛亥归国,留德凡四年,计编中学修身教科书五册,中国伦理学史一册,译包尔生《伦理学原理》一册,均先后出版。"①辛亥革命爆发后,蔡元培11月上旬经由西伯利亚回国。南京临时政府成立后,蔡元培1912年1月初被任命为教育总长。

蔡元培主政后,教育部于1月19日颁布了《普通教育暂行办法》(十四条)和《暂行课程标准》(十一条)。2月,蔡元培发表了《对于教育方针之意见》。在任教育部部长期间,蔡元培"对全国教育进行若干重要改革,除改订教育宗旨、废除忠君、尊孔而外,并废除读经,改革学制,修订课程,小学实行男女同校,推行义务教育及社会教育",奠定了中国新教育的基础。② 3月,唐绍仪在北京组建新内阁时,向南京参议院提议仍由蔡元培任教育总长。蔡元培与唐绍仪的关系比较好,在德国留学时,蔡元培在柏林当过唐绍仪侄子的家庭教师,教授国文,报酬是每月一百马克。③ 4月,南京临时政府迁至北京,蔡元培也北上到教育部就职。"虽然事多繁重,但蔡元培对京师大学堂仍十分重视,一方面派王云五、杨焕之等以教育部官员的身份接收大学堂,另一方面着手清理前朝留下的'痕迹',包括更改校名与重新任命校长。"④

5月5日,蔡元培就京师大学堂更名之事呈文袁世凯:

> 北京大学堂前奉大总统令,京师大学堂监督事务由严复暂行管理等因,业经该监督声报接任在案。窃维部务甫经接收,大学法令尚未订定颁布,北京大学堂既经开办,不得不筹商。目前之改革定为暂行办法。查从前北京大学堂职员有总监督、分科监督、教务提调等各种名目,名称似欠适当,事权亦觉纷歧。北京大学堂今拟改为北京大

---

① 孙德中:《民国蔡孑民先生元培简要年谱》,台湾商务印书馆股份有限公司,1981,第8页。
② 高平叔编著《蔡元培年谱》,中华书局,1980,第29页。
③ 同上书,第23页。
④ 林坚:《未名湖畔忆名儒:严复、林纾、辜鸿铭的北大岁月》,第58页。

学校,大学堂总监督改称为大学校校长,总理校务。分科大学监督改称为分科大学学长,分掌教务。分科大学教务提调即行裁撤。大学校校长须由教育部于分科大学学长中荐一人任之,庶几名实相符,事权划一,学校经费亦得借以撙节。现已由本部照会该总监督任文科大学学长,应请大总统任命该学长署理北京大学校校长。其余学科除经科并入文科外,暂仍其旧。俟大学法令颁布后再令全国大学一体遵照办理,以求完善而归统一。谨呈。

袁世凯在呈文上批道:"据呈已悉,准如所拟办理。此批。"①1912年5月26日,《政府公报》刊登了京师大学堂的通告:"本学堂现经教育部改定名称曰:北京大学校。并另刊关防一颗,文曰:北京大学校之关防②。于阳历五月二十四启用,以昭信守。特此公布。"③不久,"北京大学又冠以'国立'两字"④。

从京师大学堂到北京大学校不仅仅是一个名字的问题,还是中国社会发展的一个里程碑,标志着彻底告别了旧时代,走向了新时代。不过,改后的名称还不是北京大学,而是北京大学校。北京大学校的称谓使用的时间并不长,不久就与北京大学混用。比如,《申报》在京师大学堂正式改名后两个月在一则消息中就使用了北京大学。⑤ 1913年4月,《中华教育界》刊登"北京大学第一次毕业"的消息。⑥ 同年10月教育总长汪大燮签发的教育部给何燏时的指令和后者给前者的呈文中所用的都是北京大学。⑦ 北京大学校到底什么时候改称北京大学,北京大学校史研究者认为:"大概从1915年开始就出现'北京大学校'和'北京大学'同时使用的情况,到1916年蔡元培任校长之时,所有文件都已使用'北京大学'这一

---

① 王学珍、郭建荣主编《北京大学史料 第二卷 1912—1937》,北京大学出版社,2000,第3页。
② 关防就是一种官印,多为长方形,相当于今天的公章。
③ 王学珍、郭建荣主编《北京大学史料 第二卷 1912—1937》,第4页。
④ 梁柱:《蔡元培与北京大学》,北京大学出版社,1996,第30页。
⑤ 同上。
⑥ 王学珍、王效挺、黄文一、郭建荣主编《北京大学纪事(一八九八——九九七)》,第53页。
⑦ 王学珍、郭建荣主编《北京大学史料 第二卷 1912—1937》,第4—6页。

称谓……在目前现有资料中,尚未查到由'北京大学校'改名为'北京大学'的正式文件,估计是逐渐过渡,北京大学代替了'北京大学校'。"①

教育部任命蔡元培为北大校长有关文件

(来自北京大学档案馆,档号 SXZP1917001)

第二次更名是在1927年,北京大学改为京师大学,距第一次更名时间最长,但存续时间只有十个月。

严复上任后,首先面临的就是办学经费紧缺。他后来写道:"去年(指1911年——引者)武汉事起,学生相率散归。代谢之后,国用愈绌,几至不名一钱。此校仅图看守,亦且费无从出。前总监督劳乃宣谢病而去。本校(长)受任于危难之际,承袁大总统谆切相托,义难固辞,勉强接事。时与学部度支两首领再四磋磨,商请用款,迄无以应。不得已乃陈明总统,由华俄银行暂借银数万两,楮子目前,重行开学。"②经过严复的努力,1912年5月15日,北京大学举行开学典礼,蔡元培出席并发表演说,强调"大学者,研究高深学问者也"③。不过,严复在校长任上没待几个月,

---

① 骆新强:《北京大学和北京大学校》,《中学历史教学》2014年第9期。
② 严复:《论北京大学校不可停办说帖》,林坚:《未名湖畔忆名儒:严复、林纾、辜鸿铭的北大岁月》,第064页。
③ 蔡元培:《蔡元培·讲演文稿》,杨佩昌整理,中国画报出版社,2010,第38页。

同年10月1日,袁世凯突然任命章士钊(1881—1973)为北京大学校长。严复在北京大学的任职和去职,后来成为中国近代史研究中的一个小小热点。① 对于这种现象,有学者写道:"北大校园里的改朝换代,如何牵扯政治潮流、学术思想、教育体制,以及同门同乡等具体的人事关系,远非'新旧'二字所能涵盖。"②

综合历史资料和学者的研究成果,严复去职的直接原因是他与教育部在北京大学是否应当继续办下去有矛盾。就在严复为付北京大学员工工薪而四处筹款的时候,教育部却在酝酿停办北京大学。教育部是蔡元培主政,停办北京大学与他不能说没有关系。这时中国高等教育同中国的政局一样混乱,军阀党派横加干涉,经费没有着落。为了改变这种状态,蔡元培试图引进18世纪法国的大学区制,就是把若干个省份划为一个大学区,每个大学区成立一所大学,作为本大学区的教育行政管理机构,统管本区教育行政事务。通过这种方式将北京的各所大学统合起来,摆脱军阀党派干预,达到教育独立的目的。蔡元培想搞大学区制度,教育部要停办北京大学也就不奇怪了。1912年7月3日的《申报》载,蔡元培将在北京召开教育大会,议程之一就是表决北京大学是否继续办下去。③ 7日,教育部以"经费困难、程度不高和办理未善"为由提出停办北京大学的动议,随后还提出了包括让学生提前毕业、不授予学位、停止招收新生的"北京大学结束办法"④。北京大学对此表示强烈不满,严复当天就给教育部写了《论北京大学校不可停办说帖》⑤,力陈不能停办北京大学的

---

① 代表性的研究成果有:尚小明:《民元北大校长严复去职内幕》,《北京大学教育评论》2013年第2期。皮后锋:《严复辞北大校长之职的原因》,《学海》2002年第6期。林齐模:《严复辞北京大学校长职原因之一解》,收入黄瑞霖主编《严复思想与中国现代化》,福州海峡文艺出版社,2008。林齐模:《北京大学首任校长严复去职原因补证》,收入郭卫东、牛大勇主编《中西融通:严复论集》,宗教文化出版社,2009。陈平原:《迟到了十四年的任命——严复与北京大学》,《开放时代》1998年第3期。此外,北京大学历史系王彩凤的硕士学位论文《民初北京大学研究(1912—1916)》(2014),也用很大的篇幅论述严复任职和去职问题。
② 陈平原:《老北大的故事》,北京大学出版社,2015,第13—14页。
③ 王学珍、郭建荣主编《北京大学史料 第二卷 1912—1937》,第4页。
④ 林坚:《未名湖畔忆名儒:严复、林纾、辜鸿铭的北大岁月》,第063页。
⑤ 说帖,就是条陈、建议之类的文书。

三条理由。就其大意,一是北京大学创办了十来年,耗费国家大量财力,如果停办,这些就付之东流了。同时,在校学生也学习多年,付出辛苦,也不应无故遣散。二是北京大学虽然不如他国大学,但是,如果不办大学,更不可能赶超国外大学了。三是欧洲著名国家都有多所大学,多者几十所,少则十几所,北京是都城,怎么能连一所都容不下呢?① 不仅如此,为了能使北京大学继续办法下,严复还向教育部呈交了《分科大学改良办法说帖》。"他提出'兼收并蓄,广纳众流,以成其大'的办学思想,主张使北京大学成为'一国学业之中心点',即将北大办成中国思想界、文化界、教育界之集大成者。"②在各方面的反对下,教育部没能停办北京大学,但与严复之间的矛盾却没有消除,最终还是严复去职。根据有些学者的研究,严复去职的原因有三方面:一是蔡元培1912年7月辞去教育总长后,教育部中反严复的势力占了主导地位。二是北京大学学生中有一些激进者反对严复。三是严复自身的原因,如吸食鸦片,作风散漫,兼职做总统府的顾问等。③

  袁世凯任命章士钊为北京大学校长时,严复还没有离职。于是,北京大学学生出现了"拥严"和"拥章"两派。多数学生拥护严复,反对换校长。在这种情况下,人在上海的章士钊深知事态麻烦,因此未到任就请辞。10月18日,根据蔡元培的推荐,袁世凯任命年已七旬、辛亥革命后曾被孙中山委任南京市长的马相伯(1840—1939)为代理校长。马相伯27日上任后,面对的主要问题是下学期经费没有着落,于是向华比银行贷款40万法郎,以学校地产作为抵押。此举虽然是为了帮助北京大学解决经费困难,但遭到学生的强烈反对,甚至被学生认作"盗卖校产"。结果,马相伯也成了北京大学的匆匆过客,仅两个月就以年老力衰、精力不足为由当面向袁世凯请辞。12月27日,袁世凯一并正式免去了章士钊的校长和马相伯的代理校长职务,同时任命何燏时(1878—

---

① 林坚:《未名湖畔忆名儒:严复、林纾、辜鸿铭的北大岁月》,第064—065页。
② 同上书,第066页。
③ 尚小明:《民元北大校长严复去职内幕》,《北京大学教育评论》2013年第2期。

1961)为校长。

何燏时是浙江诸暨人,1898年清政府选派的留学生,1905年在东京帝国大学获工学士学位,是中国第一个从日本正规大学毕业的留学生。1906年,何燏时入京任学部专门司主事并兼京师大学堂教习,对京师大学堂的校园建设和分科发展做出了比较大的贡献。就任北京大学校长后,何燏时面临的首要难题仍是办学经费不足,而教育部出于减省经费等原因还是想停办北京大学。由于受到北京大学的抵制,教育部又采取了一个变相停办的方法,要把它并入天津北洋大学。1913年10月1日,教育部在给何燏时的指令中说:"现在北京大学原系就住房改设,均不甚合,若就城外拟建之大学,屋宇工程浩大,此时无此财力,且京津咫尺,与北洋大学距离太近,于学区分划之意,亦嫌不符。查北洋大学开办多年,成绩尚优,建筑地点均合大学之用,倘能将北京大学与北洋大学合并改组,以谋扩充,则事半功倍,轻而易举,撙节经费犹属余事。"①这个建议遭到了北京大学全体师生的强烈反对。何燏时立即写信给袁世凯,力陈北京大学已有规模,坚决反对停办或合并。他说:"总之,办理之不善可以改良;经费之虚縻可以裁节;学生程度之不齐可以力加整顿;而此唯一国立大学之机关,实不可遽行停止。且当此民国初基,正式政府将近成立之时,正应百端具举,树全国之表,则肃中外之观瞻,慰群生望治之诚,建国家伟大之业,当此之时忽有此停办大学之举,实足以贻笑友邦,觖失民望。"②10月8日,国务总理熊希龄和教育总长汪大燮在信上做了批复:一是北京大学和北洋大学合并事宜不可更改,二是不批准何燏时辞职。但是,一方面同教育部的矛盾并没有消除,另一方面对袁世凯的逐渐独裁不满,1913年11月,何燏时再次请辞北京大学校长职务。

何燏时辞职后,教育部继续推进把北京大学并入北洋大学的计划。1913年11月,教育部任命工科学长胡仁源(1883—1942)在北京大学与北洋大学合并之前代理校长一职。胡仁源是浙江吴兴人,1902年进京师

---

① 王学珍、郭建荣主编《北京大学史料 第二卷 1912—1937》,第4页。
② 同上书,第5页。

大学堂学习,后留学日本和欧洲,回国后先在江南造船厂当工程师,后入京师大学堂任过教习、预科学长和工科学长。12月,由于北京大学和北洋大学两校师生的坚决抵制,教育部只好呈请维持北京大学,熊希龄和汪大燮批准了这个呈文。1914年1月,袁世凯批准何燏时辞职,同时正式任命胡仁源为北京大学校长。到1916年12月辞职为止,胡仁源任北京大学校长三年。在这三年中,胡仁源对北京大学做了许多调整和改革。1914年9月,胡仁源拟订了《北京大学计划书》,对本科和预科都进行了调整和充实,如扩大本科招生,增聘教员,改进教学方法,编写教材和教授

北大第一院大门

(来自北京大学档案馆,档号 SXZP1949009,选自1922年《教育杂志》第十四卷号外)

要目,增添教学设备,加强对预科的管理,培养专门学者等。① 1915 年 11 月,胡仁源设立了北京大学首届评议会,它是学校的最高决策机构。1916 年 6 月,胡仁源贷款修建了北京大学第一院,即著名的"红楼"。有学者这样评价道:"胡仁源通过一系列制度性的变革与创新,基本建立起北大的日常运行体系,将北大的发展引入正轨,为之后蔡元培改革北大奠定了基础。"②

胡仁源任北京大学校长的时候,正值袁世凯紧锣密鼓复辟帝制。除了前文已谈及的做法之外,袁世凯还封胡仁源为中大夫,让儿子袁克定说服他带领北京大学教授"劝进"。这些都遭到胡仁源和北京大学教授们的抵制。1933 年国立北京大学志编纂处编的《国立北京大学校史略》中,这样两句话或许是个佐证:"仁源本诸教授之意持不可,谢使者。大学遂独未从贼。"③然而,胡仁源为什么辞职?王彩凤在其硕士学位论文《民初北京大学研究(1912—1916 年)》中写道:"胡仁源任职北大校长之初,《时报》评论分析称,胡仁源之所以能执掌北大,是因为胡与袁世凯的顾问关系密切。胡仁源辞职的原因,目前为止研究资料甚少。当时沈尹默在北大任职,他在《我与北大》一文中,称胡仁源得罪了沈步洲,沈任教育部专门司长后对胡进行打击报复。胡耀杰在《沈尹默与胡适的攻评》一文中,详细考证了《我与北大》,指出其中诸多漏洞,十分认同胡适对沈尹默'小人'的评价。"④离开北京大学之后,胡仁源还当过贾德耀内阁的教育总长,1926 年接替茅以升任唐山交通大学校长,卸任后在浙江大学工学院当教授。

胡仁源去职后,1916 年 12 月 26 日,黎元洪任命蔡元培为北京大学校长。1917 年 1 月 4 日,蔡元培正式上任。蔡元培在后来的自述中说:"综计我居北京大学校长的名义,十年有半;而实际在校办事,不过五年有

---

① 萧超然、沙健孙、周承恩、梁柱:《北京大学校史(1898—1949)》,第 95—96 页。
② 高安京:《胡仁源之于北大》,载《教育与职业》2012 年第 16 期。
③ 国立北京大学志编纂处:《国立北京大学校史略》,国立北京大学出版,1933。
④ 王彩凤:《民初北京大学研究(1912—1916)》,硕士论文,北京大学历史系,2014,第 79 页。

半。一经回忆,不胜惭悚。"① 在北京大学历任校长中,蔡元培无疑是最有名的,现在的校园中有他的塑像,有用他名字命名的学院,延续着他创办的平民学校,他提倡的"思想自由""兼容并包"办学原则②至今仍是北京大学的灵魂。所以,蔡元培是学者们研究的重点对象之一,他与北京大学的关系也有专著和许多学术文章论述。从北京大学图书馆检索出蔡元培的个人著作187本,文集类书籍10本,有关蔡元培的研究著作130本,从知网上检索出有关蔡元培的论文和文章多达4579条。③ 其中,有专门研究蔡元培和北京大学关系的专著④,而专文就更多了。因此,对蔡元培与北京大学的关系就没有必要过多笔墨了。为研究者所公认的,是蔡元培在其主政时对北京大学的学风和教风的治理与整顿,进一步学习西方特别是德国的办学理念,主张全面教育和全民教育,加强北京大学国际交流与合作等。1919年《东方杂志》上刊登的一篇文章对蔡元培这样评价:"蔡学界泰斗,哲理名家,就职后励行改革,大加扩充,本其历年之蕴蓄,乐育国内之英才,使数年来无声无臭生机殆尽之北京大学校,挺然特出,褎然独立,延名师,严去取,整顿校规,祛其弊习……学风丕振,声誉日隆。各省士子莫不闻风兴起,担簦负笈,相属于道,二十二行省,皆有来学者。"⑤这段话虽然不乏溢美之词,但基本上反映了蔡元培对北京大学发展的贡献。北京大学的另一位著名校长蒋梦麟评价说:"如果你丢一块石子在一池止水的漫中央,一圈又圈的微波就会从中荡漾开来,而且愈漾愈远……在静水中投下知识革命之石的就是蔡孑民先生(元培)。蔡先生在1916年(民国五年)出任北京大学校长,他是中国文化所孕育出来的著名学者,但是充满西洋学人的精神,尤其是古希腊文化的自由研究精神,他

---

① 蔡元培、陈独秀:《蔡元培自述 实庵自传》,中华书局,2015,第31页。
② 同上书,第25页。
③ 检索时间:2020年5月28日。
④ 例如,梁柱著的《蔡元培与北京大学》,张传泉著的《蔡元培时期北京大学治理研究》(中国社会科学出版社,2018)。
⑤ 公时:《北京大学之成立及其沿革》,《东方杂志》第16卷第3号。原文标点全是句号,引用重新改注。

的'为学问而学问'的信仰,植根于对古希腊文化的透彻了解,这种信仰与中国'学以致用'的思想适成强烈对照。"①当然,也有学者提出:"对于老北大基本品格的奠定,蔡氏确实起了不可替代的作用。可在历史学家的笔下,蔡氏的意义被无限夸大,以至于无意中压抑了其他同样功不可没的校长。最明显的例子,莫过于蔡氏的早年学生蒋梦麟。"②

国立北京大学校长蔡元培先生

(来自北京大学档案馆,档号 SXZP1949001)

---

① 蒋梦麟:《西潮与新潮 蒋梦麟回忆录》,浙江大学出版社,2019,第 117 页。
② 陈平原:《老北大的故事》,北京大学出版社,2015,第 200 页。

蔡元培所做的一切除了与他的出身和经历有关之外,也与所处的时代有关。北洋时期虽然军阀混战、政局不稳、东西南北不统一,但是,政治环境相对宽松,政治主张五花八门,经济发展和文化发展比较自由,大学民主氛围也非常浓厚。离开了这种背景,实际上是无法理解蔡元培讲的"思想自由""兼容并包"的真正内涵的。正如蔡元培自己所说,虽然当了十年校长,但真正在北京大学的时间不到五年半。除了1924年1月至1926年2月出国和生病休养之外,他还数次因经费不足、抗议当局逮捕兼职教员、不愿与军阀合作等原因辞职,由此引起的师生挽留蔡元培校长运动也成了北京大学的一道"风景线"。① 蔡元培不在学校或辞职期间,蒋梦麟分别于1919年初、1920年10月和1923年初代理北京大学校长。蒋梦麟(1886—1964)是浙江余姚人,1912年从加州大学伯克利分校毕业后进入哥伦比亚大学,1917年获得博士学位,1919年初进北京大学任教育系教授。蔡元培1924年1月和1926年在国民党第一、第二次代表大会上,都当选中央监察委员。1926年2月,在北京政府教育部催促下,蔡元培携家眷回到上海,但借口有病没有回北京大学复职。北伐战争开始后,蔡元培遭到北洋军阀的通缉,回北京大学任职就更不可能了。

就在北伐前后,北京大学又遭遇了生存危机,1927年第二次改名。"从20年代初起,社会各界与教育当局就不断谋求解决北京的国立大学之道,其方向就则为合并统一北京国立学校。"②前文已经提及,蔡元培第一次出任教育部长的时候,就试图推行法国式的大学区制。20世纪20年代中期,为了征讨南方,北洋军阀政府挪用教育经费,各国立大学数月发不出工薪,员工维系生计都十分困难。1925年,已任教育总长的章士钊提出北京的国立大学合并计划,但因遭各校反对而作罢。1926年10月,蒋梦麟和北京其他八所国立大学的校长一起向教育总长提出辞呈,原因就是经费困难,无法开学,学生也无心上课,纪律松弛。

---

① 王学珍、郭建荣主编《北京大学史料 第二卷 1912—1937》,第2933—2965页。
② 许小青:《北伐前后北京的国立大学合并风潮(1925—1929)》,《中山大学学报(社会科学版)》2010年第1期。

蒋梦麟先生

(来自北京大学档案馆,档号 SXZP1949001)

张作霖入主北京组建了军政府之后,立即着手对北京的九所国立大学合并。1927 年 7 月 30 日,军政府的教育部长刘哲向张作霖递交了合并北京九所国立大学的计划。他写道:"而国立者多至九校各不相谋,实虑名实未符,虚縻国帑,且迩来学风不善,士习寝媮,除慎选教材,改良校规各节宜另订办法即时厉行外,对于名称一端,尤应妥为更定,树之风声俾新观听,现拟将原有各校合并为一,总称为国立京师大学校,分设文理法医农工六科,师范一部,商业、美术两专门部。其关于女子方面,则另设第一、第二两部,以示区别,而宏造就。"①8 月 6 日,刘哲又向张作霖呈交了国立京师大学校筹备委员会的规程,十条内容包括委员会的组成和使

---

① 王学珍、郭建荣主编《北京大学史料 第二卷 1912—1937》,第 13 页。

命。这两个呈文分别于7日和10日由张作霖和国务总理潘复批复。26日，张作霖任命刘哲兼任京师大学校校长。31日，安国军政府教育部公布了《国立京师大学校组织总纲》，共十七条，主要内容就是刘哲的计划书所列内容。9月1日国立京师大学校关防启用，20日在教育部礼堂举行开学典礼。

九校合并实际上是借改组之名取缔北京大学，是张作霖推行的，但也不排除一些主张搞大学区制人的助力。公平而论，张作霖虽然几近目不识丁，但在东北称王时非常注重教育。在他的坚持下，1923年4月时为奉天省长和财政厅长的王永江(1871—1927)在沈阳创立了东北大学并担任校长。国立京师大学校的办学宗旨是"教授高深学术，养成硕学闳才"，在管理机构设置方面延续了北京大学的基本框架，如学校层面有校务会议、教务会议、校长办公室，科部方面有教授会议、学长办公室、具体事务科室等。此外，国立京师大学校也制定了学生奖惩、考试、请假和教师的薪酬等方面的规章等。1928年3月30日，国立北京大学牌匾换成"国立京师大学校"。

在比较短的时间里，张作霖和刘哲在国立京师大学校组建和规章立制方面做了不少工作，但经费仍无着落，单靠俄国退还的庚款维持，九校并没有实质性的合并。更为重要的，北京大学这次更名正处在北伐战争尾声，政治环境极为恶劣。1928年6月，北伐军攻入北京，张作霖回东北时被炸身亡，国立京师大学校无人管理，处于名亡实存的状态。在这种情况下，北京大学在接下来的几个月里连续四次被更名。

第三节　南京政府时期北京大学的六次改名与校长更换

第三次至第六次改名发生在1929年，先后改称为中华大学、北平大学、北平大学北大学院、北京大学。这么密集的改名，与民国推行的大学院与大学区制改革紧紧地联系在一起。1927年至1929年间，在蔡元培和李石曾等人的倡导下，国民政府以法国学区制为蓝本进行了大学院和大学区制的改革，但都以失败而告终。在这过程中，学生奋起抗争则成了北京大学的一段特殊历史。

在北京护国军政府合并北京九所国立大学的同时，南京国民政府也在考虑如何整合这些学校，起推动作用的正是蔡元培。出任南京国民政府教育行政委员会委员后，蔡元培提出了组建中华民国大学院作为全国最高学术教育行政机关的建议。蔡元培后来说："当时国民政府以全力应付军事，对于教育事业尚无具体计划，余与李（石曾）、张（静江）、吴（稚晖）诸先生以教育不可无主管机构，又不愿重蹈北京教育部以官僚支配教育之覆辙，因有设立大学院之主张。"①1927年6月7日，国民党中央政治会议采纳了蔡元培的建议，决定实行大学院制，试行大学区制，不再设立教育部、教育厅。"所谓大学院和大学区制，其中心是在中央设立大学院，统一领导全国的教育和学术事业，并将全国划分为若干大学区，每一区设一所大学来管理全区的教育文化事业。大学院和大学区制就机构设置而言，包括二大部分：在中央，以大学院取代教育部，统一管理全国的教育行政和学术研究事宜。在地方，废止各省教育厅，每一省内设立一所国立大学，统一管理辖区内一切学术与教育行政事宜。就历史渊源而言，大学院和大学区制是仿效近代法国的教育行政制度而来，其特点是整齐划一、注重专家、增强行政效率、严格教育立法和注重视察制度等等，这是与法国推行的中央集权的政治模式相适应的教育行政制度。"②当时，民国教育部的想法是在国内高等教育发达的北京、南京、广州、武汉设四个大学区。

1927年7月，南京国民政府宣布组建中华民国大学院并任命蔡元培为院长。随着北伐战争发展，国民党内部也开始考虑如何处理北京的九所国立大学问题，"其中最为集中的意见就是合并国立九校，建立一个规

---

① 转引自申晓云：《蔡元培与中华民国大学院制（上）》，《民国春秋》1999年第6期。
② 许小青：《北伐前后北京的国立大学合并风潮（1925—1929）》，《中山大学学报（社会科学版）》2010年第1期。

模庞大的国立大学"。至于名称,许多人都倾向于"中山大学"①。

但与此同时,北京大学师生强烈抵制。1928年6月3日,也就是在张作霖、刘哲退出北京后,北京大学组成了复校运动委员会。该委员会在《北大宣言》中说:"我们北京大学,受军阀恶势力的摧残,已经整整一年了……但是我们时时刻刻,忘不了恢复我们的北京大学。"②7日,也就是国民革命军正式接管北京的前一天,蔡元培以中华民国大学院院长的名义在南京国民政府会议上提议:"北京大学在教育经过中有悠久之历史。上年北京教育部并入师范、农、工、医、法、政、艺术等科及女子师范大学、女子大学,名曰京师大学校。现在国府定都南京,北方京师之名,绝对不能沿用。拟请明令京师大学为北京大学,并恳任命校长,以重责成。"③9日,南京国民政府发布命令将国立京师大学校改名为中华大学,任命蔡元培为校长,在未到任之前由李煜瀛④代理。虽然改掉了"京师",但并没有改回蔡元培提议的"北京大学"。同时,南京政府还将北京改为北平,隶属于河北。这是北京大学第三次更名。将国立京师大学校改为中华大学是大学院委员会委员吴稚晖、张静江等人的主张,"改名的理由就是要在广州、南京和北京建立所谓三个'中'大学。由于国民党先前在广州设立中山大学、南京设立中央大学,所以北京的中华大学名称也冠以'中'字"。校名和校长的不同选择,反映了当时不同派系对教育控制权力的争夺。⑤

校名改为中华大学的消息传到北京后,北京教育界特别是北京大学

---

① 许小青:《北伐前后北京的国立大学合并风潮(1925—1929)》,《中山大学学报(社会科学版)》2010年第1期。

② 《北大宣言:复校运动成功》,《大公报》1928年6月15日。

③ 王学珍、王效挺、黄文一、郭建荣主编《北京大学纪事(一八九八——一九九七)》,第199页。另参见《申报》1928年6月19日。

④ 李煜瀛即李石曾,生于1881年,是民国时期著名的教育家、故宫院的创建人之一,与吴稚晖、张静江、蔡元培并称国民党四大元老。李石曾1902年赴法留学,在法国加入同盟会,1911年回国参加辛亥革命,二次革命失败后再度赴法,与蔡元培等组织勤工俭学会。1917年,应蔡元培之邀,李石曾回国任北京大学生物系教授。1925年故宫博物院成立时,李石曾是首任院长。许小青:《北伐前后北京的国立大学合并风潮(1925—1929)》,《中山大学学报(社会科学版)》2010年第1期。

⑤ 王学珍、郭建荣主编《北京大学史料 第二卷 1912—1937》,第22页。

反应强烈。北京大学同学会先是呈文南京政府,要求恢复原来的校名北京大学。接着,它又发起了复校护校运动,成立了复校运动委员会,利用媒体和社会各界向南京政府施加压力。在这种情况下,大学院委员会于15日召开专门讨论北京大学的会议。蔡元培的意见是改名中华大学,但他不兼任校长。胡适坚持北京大学校名不能改,校长由蔡元培兼任。会议争论到最后,大学院委员会同意了蔡元培的意见,推举李石曾为中华大学校长。蔡元培遂于16日提出辞职,南京政府于19日批准他的辞职,同时任命李石曾为中华大学校长。9月5日,国民政府又任命李书华为中华大学副校长。李书华(1889—1979)是物理学家和教育家,1889年生于河北昌黎,1913年至1922年留学法国,最终获得巴黎大学理学博士学位,回国后任北京大学教授,此时是物理系教授。

北京大学同学会虽然没能阻止改名,但继续抗争,不仅派代表到南京向国民政府请愿,而且组建了救校敢死队。1928年9月6日的《新晨报》刊文说:"北京大学因中央议决并为中华大学,连日叠次开会讨论办法,昨该校召集留平同学继续协议,佥以北大已往成绩甚佳,现当局竟将该校分为三部,决不承认,除对复校运动坚持到底外,并对于合并他校暂不承认云。"①9月14日《京报》也报道说:北大学生因反对改组,组建救校敢死队进行护校运动,筹备开学招生,武力反抗中华大学等。②

中华大学仅名义上存在了两个多月。1928年8月18日,李书华在大学委员会上提出了《北平大学区组织大纲》,主张将北平国立九所大学、保定的河北大学、天津的北洋大学合并。9月21日,南京国民政府会议通过了《国立北平大学区组织大纲》,实行北平大学区制,将北京"国立中华大学"的名称改为"国立北平大学",李石曾仍任校长,李书华为副校长。25日,南京国民政府正式下了更名令,同时实行学区制,裁撤河北教育厅。重新改组后国立北平大学有十个学院和两个预科,其中,原北京大学

---

① 王学珍、王效挺、黄文一、郭建荣主编《北京大学纪事(一八九八—一九九七)》,第201页。王学珍、郭建荣主编《北京大学史料 第二卷 1912—1937》,第3031页。

② 同上。

第一院和第二院改组为北平大学文学院、理学院和法学院,研究所国学门改为国学研究所。这是北京大学的第四次更名。

《国立北平大学区组织大纲》一公布,北京大学复校委员会立即成立"北大复校运动会武力护校团"并制定了组织大纲。该组织宣称:

> 溯自平津克复,于今三月。五校独立之运动,本即早实现,不料中央竟执意将我北大并于北平大学之内,且近闻新任北平大学副校长李书华,日内将抵平。伊果悍然而来,实行其宰割消灭之残酷手段,是则除实行以武力抵抗外,殆无其他善法。我校同学,富于牺牲精神,"五四"运动,余风犹存,敌人以白刃相加,自不辞以大无畏之精神,挥铁拳与敌人拼命。但武力之造就,在于集中各个力量,加以严密之组织,夫然后同仇敌忾,收非常之功。今者同学涌无组织,宛如一盘散沙,精神不固,何以御强敌。我武不扬,效力焉生。故为求我校独立生存计,为贯彻复校初衷计,为反对教育官僚化计,为发扬我北大北大同学奋斗精神,应组织强大武力,准备于必要时,为紧急之措置,谨揭此旨,用为缘起。①

话虽然说得比较极端,但是,北京大学学生反对成立北平大学的愤慨却是实情。与此同时,北京大学复校运动委员会还上书国民政府和大学院,列举北平大学区的六大弊害:

> (一)大学校长兼任河北省政府委员,不能专心办学;(二)校长随政潮更潜,大学亦陷入不安定;(三)校长本身即为官吏,官僚政客不免掺入大学;(四)校长排除不同政见之学者,形成一派一系包办的局面;(五)校长可利用政治势力压迫学生,思想不能自由;(六)校长既为政治人物,难免不利用学生为工具。故吁请取消北平大学区制。②

9月29日下午,北京大学的学生举行了示威游行。北平大学致国民

---

① 转引自许小青:《北伐前后北京的国立大学合并风潮(1925—1929)》,《中山大学学报(社会科学版)》2010年第1期。

② 同上。

党中央党部、国民政府的电文中说:"职校校长办公处突于本月二十九日下午二时半有自称北京大学学生约百余人,手持'打倒北平大学'、'拥护北京大学'等旗帜,蜂涌入内,将门窗陈设及一切器用物具全数捣毁,并将门前所悬'国立北平大学校长办公处'及'大学委员会北平分会'两牌一律辟碎,复寻殴职员,幸奔避较迅,未遭惨害。彼此饱击既毕,更结队呼啸,扬言将火焚李校长煜瀛、李副校长书华私宅,幸警备司令部赶到弹压,始仅毁门窗而去。"①事后,李石曾对北京大学学生软硬兼施,以推进大学区制的实施。北京大学学生会也不甘示弱,12月1日也用强硬口气向国民政府发电,强烈抗议李石曾、李书华镇压学生。北平市长、国民政府行政院也都参与进来,或通报或训斥,蔡元培和蒋梦麟也被请出来说服学生。

经过多方的努力,1929年1月22日,北京大学学生会代表到南京请愿,要求北平实行大学院制必须保留北京大学的原名。"经吴稚晖、蔡元培出任调停,北大改为北平大学北大学院,院长陈大齐,第一院文科长陈大齐兼任,第二院理科长请王星拱充任,在王未到任前,由王烈代理,第三院社会科学科长请何基鸿充任,预科主任请阎应铸充任,对外仍译用国立北京大学(The Peking National University),以上条件由吴、蔡商得李石曾同意后,北平大学即可正式成立。"②28日,北大学生会代表回到北平后,在三院召开全体大会,接受吴稚晖和蔡元培的调解,同意将校名改为国立北平大学北大学院,第一院为文学院,第二院为理学院,第三院为社会科学院,同时要求经费以北京大学时代最高预算为标准,国学门研究所仍设在第三院内。③ 这是北京大学第五次更名。

北平大学北大学院院长陈大齐(1886—1983),浙江海盐人,中国现代心理学研究的先驱。陈大齐1903年留学日本,1912年毕业于日本东京帝国大学,1914年起任北京大学心理系教授、系主任,在反对"合并改组"

---

① 中国第二历史档案馆:《关于试行大学院与大学区制的一组史料》,《民国档案》1988年第2期。
② 王学珍、王效挺、黄文一、郭建荣主编《北京大学纪事(一八九八——一九九七)》,第159页。
③ 同上书,第161页。

和"复校运动"中起非常大的作用。1929年2月27日,陈大齐正式就任国立北平大学北大学院院长。

学区制和学校合并步履维艰,本与学区制并行的大学院教育行政改革早已停废。大学院成立之时,因不如教育部名顺,而冠以"中华民国"又有独立于民国政府之嫌,许多人提出异议,在国民党内部也有许多人反对大学院制。由于教育独立和教育学术化的主张不断受挫,蔡元培于1928年8月27日递辞呈。南京国民政府于10月3日批准蔡元培辞职,任命蒋梦麟为大学院院长,23日下令将大学院改回教育部。

李石曾1928年11月下旬到了北平,着手合并各学校、成立北平大学本部,同时接手河北省教育厅,但阻力重重。除了北京大学之外,其他各校也都不同程度地反对,河北省教育界也提出异议。北京大学的学潮刚刚平息,1929年2月,北平学区第一师范学生又闹了起来,要求恢复官费和增加预算。河北省政府和国民党省党部也电请南京国民政府停止实行大学区制。更为严重的,是经费问题仍得不到解决,"北平大学各学院经费无着,校务停顿、人心惶惑,不可终日"①。在这种形势下,1929年6月召开的国民党二中全会在决议中称"大学区试行一年,毫无成绩,党部群众主废止,学界不同情,而亦证明大学区制试验之无益",因此,决定由教育部择时停止试行大学区制。② 7月5日,教育部正式电告北平大学废止北平大学区制,北平大学又分成国立北京大学、国立北京师范大学和国立北平大学,北平大学由除北大和北师大之外的北平其他学院合并而成。

大学区制废止后,原北平大学的各学院纷纷要求复校,其中,北京大学尤为强烈。陈大齐7月7日面见蒋介石,请求恢复北京大学原名,后者表示支持。陈大齐还致电教育部长蒋梦麟,称"北京大学名称,具有历史关系,国际信用",建议恢复北京大学,请蔡元培当校长。③ 与此同时,北京大学的教职员、学生会也都致电蒋梦麟,提出同样的要求。7月14日,

---

① 王学珍、王效挺、黄文一、郭建荣主编《北京大学纪事(一八九八——一九九七)》,第207页。
② "二中全会决议案一瞥",《大公报》1929年6月20日。
③ 《京报》1929年7月11日。

北京大学学生会发表复校宣言,除力陈北京大学在"文化上革命之贡献",评论北平大学区制试验的原因和教训,合并北平各大学的弊端之外,还向国民政府提出了三条要求:一是明令取消北平大学,使各校独立。二是明令北京大学独立,恢复固有名称,直隶中央。三是速任蔡元培为北京大学校长。①

8月6日,南京国民政府行政院通过决议,将"国立北大学院改为国立北京大学"②。这是北京大学第六次更名,重回民国初期的原名。

北京大学复校后,教育部任命蔡元培为校长,但他在南京没有到任,推荐陈大齐代理。1930年8月上旬,陈大齐坚决请辞代理校长一职。12月蔡元培也辞去名义上的校长,国民政府正式任命蒋梦麟为北京大学校长。加上蔡元培主政北京大学时蒋梦麟三度代理校长,他担任北京大学校长长达17年。国民党统一中国之后,中华民国进入黄金十年,南京中央政府建设重工业,发展民生,修筑大量公路、铁路,开发各类金属矿产,大力发展国有企业,重视科学技术和教育事业。在这十年中,国家的政治、经济、文化、军事、外交、教育、行政、司法趋向统一,都达到了近代中国比较高的水平。但这些描绘的也只是民国整体,单就北京大学而言,实际情况却不容乐观。

几经周折,北京大学虽然复校,但也仅是名称而已。"北大在那几年风波中错过了像浙江大学、中央大学那样的机会,实际上在中国教育体系、中国高等学校布局中严重边缘化。北平已经不是人才集中的文化中心,只是沦落到一个'文化古都'而已,它的所有辉煌只是过去,与现在无关。"③另外,北京大学这时的经济状况已经到了最坏地步,一个教授的最高俸给每月只有三百元,比不上政府各部的一个科长。他们只好到处兼课,"在挣钱,在为了养家糊口,在为了保持一个最低限度的体面生活"④。

---

① 《北京大学日刊》1929年7月20日。
② 《京报》1929年8月8日。
③ 马勇:《赶潮的人:蒋梦麟传》,东方出版社,2015,第406页。
④ 马勇:《赶潮的人:蒋梦麟传》,第407页。

在这样的背景下,蒋梦麟辞去了教育部长职务,到北平担任北京大学校长。胡适写道:"话说民国二十年一月,蒋梦麟先生受了政府的新任命,回到北大来做校长。他有中兴北大的决心,又得到了中华教育文化基金董事会的研究合作经费一百万元的援助,所以他能放手做去。"① 到任后,蒋梦麟明确提出了"教授治学,学生求学,职员治事,校长治校"的方针。"教授须延聘大师、学者充之。校长当改善学校环境,使教授、同学打成一片,潜心努力学术。"② 对于学生,蒋梦麟也提出了严格的要求:"大学生做毕业论文,缺课三分之一者不得参加考试,留级两次或留级一次加上两门必修课不及格者退学。"③ 1932年6月,蒋梦麟主持起草了《国立北京大学组织大纲》,对北京大学原有体制进行了改革,取消评议会,改设校务会。校务会由全体教授、副教授所选出的代表、校长、各学院院长、各学系主任、秘书长、课业长、图书馆长组成,校长为主席,是学校最高的权力机关。实际上,它就是一个教授会,其组成和职权与评议会基本一样。与此同时,蒋梦麟还打破教授终身制,实行教授专任制度,辞旧聘新。到校伊始,蒋梦麟就对文学院胡适、法学院周炳琳和理学院的院长刘树杞说:"辞退旧人,我去做;选聘新人,你们去做……放手去做,向全国挑选教授和研究人才。"④ 用高薪和其他优厚条件吸引许多著名的教授,同时不拘一格,唯才是举,破格录用新人,这些措施极大地提高了北京大学的声誉和教学水平。

然而,蒋梦麟任北京大学校长的这个时期,也正是日本一步一步地加深对中国侵略的过程。1935年11月,为了斥责冀东伪政权和反对华北"自治运动",蒋梦麟同北平其他大学校长联名发表宣言。主要由于蒋梦麟同日军的周旋,在一段时间里,北京大学未受日军侵扰,教学秩序得以维持。

---

① 转引自马勇:《赶潮的人:蒋梦麟传》,封底。
② 关国煊:《蒋梦麟先生年表》,《传记文学》1982年第6期。
③ 马勇:《蒋梦麟教育思想研究》,辽宁教育出版社,1997,第183—191页。
④ 转引自罗志林:《平生做事,全凭"三子"——蒋梦麟校长二三事》,《师道:人文》2006年第1期。

蒋梦麟当校长期间,北京大学又改了两次名。前六次更名都是因为民国时期的内乱,而这两次调整是由于日本对华侵略。

1937年平津失陷后,国民政府命令北京大学南迁,同清华大学、南开大学合并为长沙临时大学,校务由三校的校长蒋梦麟、梅贻琦和张伯苓组成的筹委会共同主持。这是北京大学第七次更名。

长沙临时大学成立后发表公告,要求全国各地的北大、清华和南开的师生迅速向长沙集中。1937年11月1日,长沙临时大学正式开学。然而,战事也日益吃紧,上海、南京等城市接连被日军占领,长沙不断遭到日军飞机的轰炸。1938年1月20日,经中华民国教育部批准,长沙临时大学常委会决定分三路迁往昆明,4月2日更名为国立西南联合大学。这是北京大学第八次更名。

西南联合大学共设文、法、理、工和师范五个学院,共26个系,两个专修科和一个先修班,其领导机构是由三校校长和联大秘书主任组成的常务委员会,梅贻琦主持校务。到1946年7月31日止,西南联合大学存在了8年又11个月。《国立西南联合大学史料》的前言写道:"在抗战八年的艰苦岁月里,在地处边陲的云南昆明,国立西南联合大学师生克服物质设备、图书资料、生活条件等方面的种种困难,精诚合作,共济时艰,结茅立舍,弦歌不辍,并继承和发扬三校风格各异的优良校风和学风,'五色交辉,相得益彰,八音合奏,终和且平'。在当时的历史情况下,'内树学术自由之规模,外来民主堡垒之称号',以卓著的业绩,蜚声海内外,为我国的教育科学文化事业作出了重大贡献,同时促进了云南和西南地区文化教育的发展,在中国教育史和民主主义革命史上写下光辉灿烂的一页。"①

对西南联合大学总体这样描述应当没有什么不妥,西南联合大学历经风雨。从北京大学角度看,这个时期的蒋梦麟引起不少争议。比如,每当与清华争利益的时候,蒋梦麟往往选择退让,没有为北京大学争得更多的话语权,貌似消极无为的做法引起许多北大教授的不满。后来,蒋梦麟

---

① 张爱蓉、郭建荣主编《国立西南联合大学史料:会议记录卷》,云南教育出版社,1998,第1页。

在回忆中说:"在动乱时期主持一个大学本来就是头痛的事,在战时主持大学校务自然更难,尤其是要三个个性不同、历史各异的大学共同生活,而且三校各有思想不同的教授们,各人有各人的意见,幸靠同仁们的和衷共济,我们才把这条由混杂水手操纵的危舟渡过惊涛骇浪。"①还有学者写道:"三校合作,特别忌讳领导打架、政出多门,那样的话,下面的人便无所适从。张伯苓年高不管事,蒋梦麟则常住重庆,目的都是为梅贻琦执掌西南联大腾出更大空间。"②虽然如此,蒋梦麟在客观上似乎对北京大学越来越不关心,而把更多的时间用于同达官贵人打交道。1945年6月,国民政府改组,在行政院长宋子文的邀请下,蒋梦麟出任行政院秘书长。蒋梦麟此举也有悖于他倡导的"大学校长不得兼任行政官长"。于是,从1945年开始,北大教授中开始出现"倒蒋风潮",借他从政之机"礼送出境",主张请正在美国的胡适出任北京大学校长。③ 1945年8月,蒋梦麟提出辞去北京大学校长职务。9月4日,国民政府颁布命令,批准蒋梦麟辞去北京大学校长一职,任命胡适为国立北京大学校长。由于胡适正在美国治病,一时难以赶回,国民政府决定在胡适从美归国之前,由傅斯年代理。

傅斯年(1895—1950)是山东聊城人,1913年考入北京大学预科,1916年升入本科国学门。1919年夏,傅斯年从北京大学毕业后考取官费留学生,先后就读于英国爱丁堡大学、伦敦大学和德国柏林大学的多个文理专业。1926年回国后,傅斯年任过中山大学的文学院长,筹建了中央研究院历史语言研究所并担任所长,他是国民参政会参政员,抗战期间兼任西南联大教授。从1945年9月至1946年7月,傅斯年代理北京大学校长。在代理校长的十个月里,傅斯年主要做的是复校工作。1945年9月,傅斯年委派陈雪屏教授和郑天挺教授先从昆明回北平,处理接收北大校产,维护和修理北大校舍,为北大复校做好准备。1946年5月4日,西

---

① 转引自有容:《北大的"功狗":蒋梦麟》,《百科知识》2005年第24期。
② 陈平原:《作为大学校长的蒋梦麟》,《书城》2015年7月号。
③ 马勇:《赶潮的人:蒋梦麟传》,第492页。

傅斯年先生

(来自北京大学档案馆,档号 SXZP1949001)

南联合大学举行结业典礼,梅贻琦主持并代表常委会宣布西南联合大学正式结束,北京大学、清华大学、南开大学迁回原址,师范学院留在原址,改称国立昆明师范学院,1984年更名为云南师范大学。

随后,北大师生开始分批北上。傅斯年没有出席典礼,于5月5日就到了北平,着手复校工作。《申报》载:"北大校长傅斯年此次来平,专为筹备该校复校事宜。据傅氏谈,该校已定于10月1日在平开学,教授及学生即将分批北来,工学院与清华合并,由清华主持,除医学院长外,各院长及教授均已聘定。战前学生1200人,今后当增加三倍。故校舍问题必须早日解决。"文中还说,"甚望学生安心读书,惟不可作为政治斗争之工具。"①

---

① 《傅斯年谈北大复校》,《申报》1946年5月21日。

"政治斗争之工具"是抗战后北京大学处境的真实写照。这时期执政的是国民党,在野的是共产党,两方和平不成很快就全面开战。北京大学是"国立"的,主控者都是国民党人士。傅斯年和胡适都是国民党或民国政府的重要人物,而教员和学生中有中共地下党组织,北京大学又被党派撕扯和内战硝烟笼罩,傅斯年和随后的胡适也很难置身其外。不过,傅斯年代理北京大学校长时主要为北京大学复校做物质准备,如组织到北平的教授召开临时教授聘任委员会,与相关部门协商接收被日伪占领的校舍,购买新的校舍房产,动用美金购买图书设备,建立北京大学医学院及附属医院等。[①] 除此之外,在如何处理伪北京大学师生的问题,傅斯年的做法被高度称赞。"所谓伪北京大学,即在北京大学南迁后,日本侵略者在北大旧址上建立的北京大学。当时没有南迁的一部分教授为日寇利用,在伪北大任教。傅斯年是一个注重民族气节的人,他认为教师应该以名节为重,方能为人师表,因此,他决定排除一切干扰,清除伪北大的教职人员。虽然伪教职人员多方努力,从各方面给傅斯年施加压力,但他不为所动,毅然辞退了一切伪教人员,从而保持了北大的纯洁性。"[②] 不过,有学者认为,伪北大问题也比较复杂,并非一句"民族气节"有无所能全部概括的。[③]

1946年7月初,胡适从美国回国,9月20日奉国民政府令正式接任北京大学校长一职,他也是民国时期北京大学的最后一位校长。胡适生于上海,是近代中国著名的思想家、文学家和哲学家,是白话文和新文化运动的倡导者。1910年,胡适留学美国,先入康奈尔大学学农科,后进哥伦比亚大学攻读哲学。1917年获得哥伦比亚大学博士学位后,胡适回国到北京大学,先后任过教授、代理文科学长、文学院院长并中文学系主任。

---

① 王学珍、王效挺、黄文一、郭建荣主编《北京大学纪事(一八九八——一九九七)》,第382—386页。
② 杨立华:《读圣贤书,所学何事——傅斯年先生的文化选择》,汤一介编《北大校长与中国文化(第三版)》,北京大学出版社,2018,第99页。
③ 贺金林:《伪北京大学教授群体的来源与后方学界的回应》,《北京社会科学》2017年第8期。

1938年9月,胡适被任命为中华民国驻美国大使。1942年9月,胡适辞去大使职务,在纽约从事学术活动,1945年作为中华民国政府代表团成员出席联合国会议。到1948年12月离开北平,胡适任北京大学校长近三年三个月。加上之前的1917年至1926年、1930年至1937年,胡适前后总共在北京大学长达二十年。"胡适一生的声名事业与北京大学密切相关,而北京大学的光荣历史中也包含了胡适的一份努力和奉献。"①当然,也不是所有有关北京大学的著述都是这样的正面评价,一本比较权威的北京大学校史对任北京大学校长的胡适的评价是负面的。②

中国学界对胡适的肯定主要集中在学术和文化方面的贡献,讲他与北京大学的关系则集中在他在北京大学任教、主管文科和文学院上面,如"年轻的北大教授""五四时期北大的革新健将""北大中兴的'参谋'与功臣"等。但是,在谈及北京大学校长的胡适时,学者们用词则是冷色调的,如"苦撑危局的北大校长""不合时宜的北大校长"。③这倒不是说胡适当校长的时候没有为北京大学做什么,而是国民党在统治的最后时刻他很难做成什么,也无法做成什么。

1946年10月10日,复员后的北京大学正式开学,当时设有文、理、法、医、农、工六个学院共三十个系。胡适在上任后一个月内召开了16次行政会议,设立了比较完备的教学行政管理机构和各个院系院长和教授的聘请,确定将北大办成文、理、法、医、农、工六个学院的综合性大学。另外,胡适重视尖端科学的研究与教学,筹划在北京大学建一个原子物理研究所,拟请这方面世界上最有名的专家,从"中华教育基金会"求得十万美元的经费。1948年,他把这笔钱汇给在美国的吴大猷和吴健雄,请他们帮助买仪器设备,但因局势变化而未果。表面上看,北京大学似乎还维持着正常的教学活动。但随着内战的全面爆发,北京大学无法成为世外桃

---

① 胡明:《胡适与五四时期的北京大学》,《文史知识》1998年第5期。
② 萧超然、沙健孙、周承恩、梁柱:《北京大学校史(1898—1949)》,第271—272页。
③ 欧阳哲生:《胡适与北京大学》,《北京大学学报》1997年3期。邹新明编著《胡适与北京大学》,北京大学出版社,2018。

源，国民党当局要加强对北京大学的控制，中共地下党组织则鼓动学生运动。胡适力图秉承蔡元培"思想自由、兼容并包"的办学理念，既反对国民党干预北大校政，也反对民主党派在北京大学搞学生运动。他既反对国民党的独裁统治，也不认同共产党的主张。可是，胡适毕竟是国民党的人，1946年11月召开国民代表大会时，胡适是主席。1947年1月，蒋介石请胡适出任中华民国考试院长和国府委员，但胡适没有同意。1948年4月，胡适甚至想做蒋介石设计的虚位大总统，后因蒋介石变卦而未果。所以，在1946年底因沈崇案引发的学潮中和1947年开始的"反饥饿、反内战"运动中，胡适受学生和政府的两面压力，能做的就是多方面协调，特别是阻止军警进入校园抓捕学生。1948年12月，胡适乘蒋介石派来的专机离开北平，但也没有跟国民党去台湾。1949年经上海到了美国，在普林斯顿大学当图书馆馆长，直到1958年才回台湾。

  国民党败了，中国社会发展进入新的历史时期。胡适走了，北京大学也进入了一个新的历史时期。

第六章　民国时期北京大学的外籍教员

褪去了京师大学堂这件帝制色彩浓厚的外衣之后,北京大学无论是办学理念还是办学方式离西方世界越来越近。北京大学和世界联系的捷径之一就是聘请外籍教师来校授课,通过他们直接将先进的西方科学知识和教育理念传授给北京大学的学生,开拓了学生们的国际视野。在这种形式上,北京大学延续了京师大学堂的做法,但力度要远远大于京师大学堂。随着中国社会的发展和中外关系的变化,外籍教员在北京大学的使命基本限于传播知识和帮助学科建设。"晚清时期外聘洋员受治外法权的保护,享有政治上的特殊待遇"①在民国时期逐渐淡化,外籍教员到北京大学任教主要是他们出于不同目的的个人行为。

第一节　民国前期聘请外籍教员的情况

一、1912年至1917年北京大学的外籍教员

民国初年,北京大学的外籍教员中许多是京师大学堂聘请的洋教习。他们多半有聘期,虽然在清朝末年入职,但聘期延续到了民国时期。当然,这些人延续到民国后的时间长短不一,短的在民国建立不久就离职了,长的到了1917年。另外,进入民国之后,北京大学每年又都有新招聘的外籍教员,他们在北京大学任教的时间也不同。关于1912年至1917年间北京大学外籍教师的数量,不同来源的文献资料说法上也有差别,有

---

① 向中银:《晚清时期外聘洋员生活待遇初探》,《近代史研究》1998年第5期。

学者提出,"北京大学在此时期聘请的外教在 10—30 人"①。1915 年 6 月,北京大学上报给教育部一份聘任外籍教员名单,列的是 27 人,其中来自欧美的 22 人,来自日本的 5 人。综合各方面的资料,1912 年至 1917 年间,北京大学先后聘用的外籍教师先后有 30 余名(见附表 5)。

由于中文译名不准确和相关资料缺乏等原因,有关这些外国教员基本情况的资料多寡相差很大,一些人在北京大学任教时间和专业的说法也不尽相同。

在欧美籍教师中,梭尔格(F. Solger,1877—1965)来自德国,有关他的资料虽然不很详细,但也比较完整。梭尔格毕业于柏林大学,获得地质学博士学位。他的导师李希霍芬(Ferdinad Freiherr von Richthofen,1833—1905)是著名的地质学家,1868 年至 1872 年在中国进行了长达四年的地质考察。1909 年,京师大学堂分科办学,在格致科大学下设了地质学门。后来,格致科改为理科,除了数学、化学、地质学之外,还有星学、理论物理、实验物理、动物学、植物学、矿物学,共九门。在李希霍芬的影响下,梭尔格 1910 年暂停了柏林大学的教职来到中国,受聘于京师大学堂地质学门任教员,成为京师大学堂地质门的第一位外籍教师。1913 年地质学门停办后,梭尔格到了中国地质事业奠基者丁文江(1887—1936)同年 3 月建立的农商部所属地质研究所任教职,为中国地质人才培养做了重要贡献。1921 年,梭尔格回到德国,继续在柏林大学做教授。②

毕善功(Louis Bevan,1874—1975)是英国人,1902 年来到中国,深受朝廷赏识,被授予二品顶戴、大律师、法律进士、格致举人的头衔。在 1910 年到北京大学之前,毕善功担任山西大学堂西学斋教授和总教习。宣统三年(1911)闰六月,毕善功到北京大学任教。"初在北京大学开设'英国法''英美法特别讲演''拉丁文'等课程,1920 年后在英文系开设

---

① 梁晨:《民国前期国立大学教员薪俸的规定与问题——以北京大学为中心的考察》,《民国研究》2011 年第 1 期。
② 李学通:《农商部地质研究所始末考》,《中国科技史料》2001 年第 2 期。

'名家散文''现代戏剧''作文''欧洲古代文学'等课程。"① 毕善功在北京大学任教一直到 1926 年。

其他来自欧美的外籍教师除了附表 5 中列出的信息外,本书作者没有查到其他补充资料。关于博德斯、巴劳德和白莱士,中国学者孙家红在法国发现了一张北京大学刚改名时的老照片,他在介绍拍摄者访问北京大学的情况时涉及了这三人。照片的拍摄者叫萨巴德(Louis Rémy Sabattier,1863—1935),是第二次世界大战之前法国著名杂志《画报》(L'Illustration)的专职画家兼记者。1912 年 5—6 月在中国访问期间,于 6 月 14 日到了北京大学。他在日记中写道:"北京大学现有数名年轻的法国教授,诸如 Bandez,Barraud 和 Blaise。他们学识渊博,充满智慧,出色代表我们当代的优秀文化,文明有礼的传统,以及富足快乐的品性。"② 根据作者的考证,Bandez 就是博德斯,Barraud 就是巴劳德,Blaise 就是白莱士。

在来自日本的外籍教师中,冈田朝太郎(1868—1936)的名气比较大。他是著名刑法学家。1891 年从东京大学法学科毕业后,冈田朝太郎被日本派到德国和法国留学,1900 年回国后被聘为东京大学教授,次年获得博士学位。1906 年受清政府重金邀请,冈田朝太郎到中国任刑律起草的顾问,参与了中国现代第一部刑法典《大清新刑律》的起草。③ 1910 年 4 月任教于北京大学法律学门,讲授刑法学和刑事诉讼法。其他几位日本教习的基本情况在上一章正文和附表 5 中都有介绍。

这些外籍教师信息不全的一个重要原因,是北京大学当时的记录本身不完整。1915 年,校长胡仁源向教育部报了一份北京大学聘用外籍教师的名单。但是,这个名单过于简略,只有汉文姓名和国籍。于是,1916 年 2 月 2 日,教育总长张一麐要求北京大学补填洋文姓名、到差日期以及

---

① 欧阳哲生:《胡适与五四时期中西文化交流》,《国际汉学》2019 年第 3 期。
② 转引自孙家红:《域外偶得:一张珍贵的老北大图书馆照片》,《大学图书馆学报》2016 年第 1 期。
③ 王瑛滔:《冈田朝太郎与〈大清新刑律〉》,《历史教学问题》2014 年第 6 期。但是,本文没有提及冈田朝太郎在北京大学任教问题,北京大学法学院介绍该院早期教师时有他的名字。

其他说明等。①

虽然来华的原因、时间、所属专业不尽相同,但是,在北京大学任教的外籍教员都是合同制,像晚清来华的洋员一样都有比较高的物质待遇。"民初中外籍大学教员的待遇标准不一,差别较大,明显存在重'洋'轻'土'的现象,使得中国教员有被歧视之感。官方对外籍教员薪俸一直没有制定明确的标准,只是要求'外国教员薪数别以契约定之'。"②以1914年2月北京大学预科外籍教员的工资为例,克德来450元,纽伦450元,周慕西③ 420元,白莱士360元,陶尔弟300元,铎尔孟300元,梅尔慈250元。④ 在同一份薪俸册里,中方职员薪俸最高的是学长徐崇钦,为300元,最低的只有16元。教员中最高的是胡睿济、沈尹默、沈步洲和张善扬,为240元,最低的只有60元。这里的元是指大洋,即银元或银圆,是民国时期货币的别称。根据1914年确立银本位货币制度,一块大洋(一枚银圆)的价值相当于七钱二分白银。比较一下当时北京的物价水平,对这些外籍教员工资的价值会有直观的认识。有学者指出:"民国前期无恶性通货膨胀,物价低,钱的购买力很强……当时北平的生活标准和物价水平是:保姆月薪约3—6元(约今人民币330—660元);厨师8—12元(约人民币880—1320元);拉黄包车的车夫16—20元(约今人民币1760—2200元)。4口之家,每月12元(约今人民币1320元)伙食费,足可以维持小康水平。"⑤不难想象,在北京大学的这些外籍教员的生活水平该有多高。所以,优厚的待遇至少是一部分外国人来北京大学任教的重要原因。

---

① 王学珍、郭建荣主编《北京大学史料 第二卷 1912—1937》,第442—443页。
② 梁晨:《民国前期国立大学教员薪俸的规定与问题——以北京大学为中心的考察》,《民国研究》2011年第1期。
③ 此处应有误,周慕西(1879—1914)不是外籍教师。他早年留学英德两国,是中国首批在德国大学获得博士学位的人之一,1911年回国后任哲学门教授,但1914年因病在伦敦去世。
④ 王学珍、郭建荣主编《北京大学史料 第二卷 1912—1937》,第498页。
⑤ 赖晨:《民国北平老师的高薪生活》,《档案天地》2012年第8期。引文中最后一个数字误写成1320万元。

二、20世纪20年代北京大学的外籍教员

1917年以后,北京大学对外籍教员的聘用和管理日趋制度化和规范化。1917年5月北京政府公布《国立大学职员任用及薪俸规定》十五条,其教职员依次为校长、学长、正教授、本科教授、预科教授、助教、讲师、外国教员、图书馆主任、庶务主任、校医、事务员。其中,校长由大总统任命,外国教员以契约定。① 同时,聘请来的外籍教员中,水平高、事业心强的也越来越多。不过,北京大学对外籍教员的统计极不规范,不同年份统计方式的差别也比较大。比如,大约在1919年至1922年间,德国语言学家雷兴(Ferdinand Lessing)在北京大学教授过德文和梵文,②但在同期北京大学的相关统计中就没有他的名字。

1922年的"国立北京大学职员录"中有外籍教员的名单、职别和教授的课程,而"外籍教师"的附表又分列译名、西文原名、年岁、国籍、资格和在北京的住址。附表6就是根据这份名单和这个附表做的。

在附表6的17人中,有教授5人,讲师12人。其中,纽伦兼任本科外国语教授,海里威兼任本科外国语讲师。另外,在《国立北京大学职员录》中,伊法尔同时被聘为讲授法国文学史、欧洲文学史的法文系讲师和讲授俄文的俄文系讲师。③ 从国别上看,值得注意的是北京大学这时已经没有日本教员了。

前文已介绍过毕善功,对北京大学学科建设起作用比较大的美国的葛利普(A. W. Grabau,1870—1946)和钢和泰(Baron Alexander von staёl—Holstein,1877—1937),本章下节将作个案专门论及他们。在余下的外籍教师中,欧尔克、铎尔孟、柏烈伟等人比较有名。不过,有些教授语言和人文科学的外籍教员的名气主要不是因为在北京大学任教,而是由于他们在汉学方面的成就或由于政治方面的特殊作用。

---

① 王学珍、王效挺、黄文一、郭建荣主编《北京大学纪事(一八九八——一九九七)》,第65页。
② 欧阳哲生:《胡适与五四时期中西文化交流》,《国际汉学》2019年第3期。
③ 王学珍、郭建荣主编《北京大学史料 第二卷 1912—1937》,第377页。

欧尔克(Waldemar Oehlke,1879—1949),生于但泽,1900年起先后在柏林、哥廷根、波恩等地学习日耳曼语言文学和哲学。1920年12月,欧尔克来到中国,在北京大学任教,是德国第一次世界大战之后派往海外任教的第一位教授。据欧尔克自己说,他来北京大学是经朱家骅引荐的,当时的北京大学想物色一位在德语语言文学界已有相当知名度的德国学者来任教。朱家骅是柏林工业大学的毕业生,而欧尔克来中国之前恰好在柏林工业大学教授德国文学史。① 欧尔克对北京大学德国语言文学学科的建立做出了重大贡献,被誉为"中德学术交流的先驱"②。1924年5月,欧尔克离开中国去日本应聘任教。1926年回国后,欧尔克写了《在东亚和北美任教:旅行报告1920—1926》《一个但泽人的六十年之旅》,追忆了在北京大学的教书生活,如与蔡元培的交往,与学生们的友谊等。此外,针对当时北京大学拖欠教员薪俸现象,欧尔克在书中讲道,有一次北京大学教授们因为没有按期领到薪水而罢课,长达五个月之久,他坚持在自己的家里给学生上课,因为他是当时唯一例外的准时领到薪水的人。③

北京大学德文系第一届毕业生张威廉回忆说:

> 每天上午都是听欧尔克教授讲课。他从德国带来一些作家文集、参考书和他自著的《德国文学史》《莱辛评传》等,由学生选购。有些文集即用作教材。我们除读文学作品外,有语言史、文学史等等,也都是抄黑板。讲语言史时,结合选读一些哥特文、古高地德语的《希尔德布兰特歌》,中古高地德语的《尼白龙根歌》等,则都发铅印的讲义。有些要求背诵。我对此很有反感,认为背诵这些已死的语言,无补于德语学习。欧尔克教授还是要求我们熟读三五十首自己爱好的18世纪以来德语诗歌,要能背诵。因为诗歌有其自然的抑扬顿挫的节奏,能有助于说话流利……欧尔克是个莱辛研究者,他在讲文学史对莱辛的生平、作品和对当时的文坛的影响讲得特别详尽……欧

---

① 吴晓樵:《五四后任教北京大学的德文洋教习欧尔克》,《博览群书》2006年第1期。
② 景一屏:《欧尔克:中德学术交流的先驱》,《文汇报》2017年8月7日。
③ 吴晓樵:《五四后任教北京大学的德文洋教习欧尔克》,《博览群书》2006年第1期。

尔克对文学作品的教法是:先由学生自己在课外阅读,一次约二三十页,第二天在堂上口述其内容。四年中阅读的作品以戏剧为多。除莱辛、歌德、席勒外,他似乎很重视克莱斯特和黑贝尔。①

铎尔孟(André d'Hormon,1881—1965)后来成为法国著名的汉学家,是《红楼梦》法文全译本的审校者。铎尔孟早年跟清驻法外交官唐在复学中文,1906年在后者的举荐下做醇亲王载沣的法语家庭教师。从光绪三十二年(1906)三月到宣统元年(1909)一月,铎尔孟在京师大学堂任法文教员。进入民国后,铎尔孟先在北洋政府里任过外交顾问,1918年至1919年在北京大学历史系教授人地学②,1920年参与北京中法大学的创建,以后在中法大学教书的同时兼在北京大学当讲师,1941年创办北京中法汉学研究所并任所长。到1954年回国,铎尔孟在中国居住长达49年。不过,学术界关注的主要是铎尔孟与《红楼梦》研究。从1956年起,铎尔孟居住在华幽梦修道院(Abbaye de Royaumont),与他的学生李治华一起将《红楼梦》译成了法文出版。相比之下,学术界鲜有介绍他在北京大学教学情况的,北京大学方面的文献对他的记载也不多。

柏烈伟(S. A. Polevoy,也译为柏烈威或鲍立维,生卒时间不详)是苏联人③,20世纪20年代在北京俄文专修馆和北京大学俄文系任教,但他来华的使命却是政治性的。为了帮助建立中国共产党,1920年8月,俄共(布)中央在伊尔库茨克成立了西伯利亚局东方民族处,负责在中国开展工作。柏烈伟就是遵照这一机构的指示,到中国从事秘密工作。④ 民国十年(1921)一月,柏烈伟入北京大学任讲师,在俄文系教俄文。关于柏烈伟在北京大学任教期间的活动,中国学界主要研究他与李大钊等人的关系,关注他如何参与中共建党过程,对他在北京大学的教学情况涉及得

---

① 张威廉:《德语教学随笔》,南京大学出版社,2000,第156—157页。
② 尚小明:《北大史学系早期发展史研究(1899—1937)》,北京大学出版社,2010,第41页。
③ 民国时期的文献把苏联称为俄国,把苏联人写成俄国人。实际上,1917年十月革命之后,俄国改称俄罗斯苏维埃联邦社会主义共和国(简称苏俄),1922年12月又改称苏维埃社会主义共和国联盟(简称苏联)。
④ 散木:《柏烈伟:一个曾参与过中共建党活动的俄国人》,《党史博览》2009年第10期。

不多,但在一些人的回忆中有只言片语。比如,1927年2月,柏烈伟委托北京大学未名社成员李霁野联系鲁迅,希望将《阿Q正传》译成俄文。[①]李霁野后来回忆说:"柏烈伟那时在北京大学教俄文,我们有时过去问问他俄文方面的问题,他托我问问鲁迅是否同意他译阿Q。"[②]又如,1929年,周作人在为柏烈伟译的《蒙古故事集》作的序中说:"柏烈伟先生研究东方语言,在北京大学俄文学系教书多年……这回根据蒙古文、俄文各本,译成汉文,为故事集二卷,贡献于中国学术界,实在是很有意义的事。"[③]

关于柏烈伟什么时候和为什么回国,有不同的说法。九三学社创建者张西曼(1895—1949)认为,柏烈伟通过向共产国际报虚账侵吞了不少公款,因害怕受惩处不敢回苏联。1937年北平沦陷后,柏烈伟"似乎短期被捕,以后就申请入了美国籍,束装渡海了"[④]。但是,《北平晨报》1935年9月22日刊登了一则消息:"北大文学院外国语文学系,因一部分学生之要求,特增设俄文班,聘柏烈伟氏担任教授,每周四小时,文法院各系学生皆可选修云。"[⑤]这说明,在北京大学当教师的背后,柏烈伟还有许多不为人知的故事。

爱罗先珂(Vasili Eroshenko,1890—1952)是俄国有名的盲诗人和童话作家,1890年生于乌克兰。他童年因病双目失明,就读过莫斯科盲人学校,后来在国际世界语协会的帮助下到英国皇家盲人师范学校学习。1915年,爱罗先珂离开俄国,先后到了暹罗、缅甸、印度、日本等国。1921年,爱罗先珂因参加日本的社会主义运动而被逐出境,从赤塔返回俄国时又被拒,10月辗转到了中国上海。受日本的世界语者和旅日的中国友人之托和出于对他颠沛身世的同情,中国左翼文化人士对爱罗先珂给予了

[①] 朱正:《柏烈伟这人》,《鲁迅研究月刊》2008年第1期。
[②] 转引自散木:《柏烈伟:一个曾参与过中共建党活动的俄国人》,《党史博览》2009年第10期。
[③] 娄子匡编《蒙古民间故事》,柏烈伟译,东方文化书局,1973,序一,第3页。
[④] 张西曼:《张西曼纪念文集》,中国文史出版社,1995,第311页。
[⑤] 《北大外国语文系添设俄文班聘柏烈伟为教授》,《北平晨报》1935年9月22日。

热情帮助。其中,鲁迅就是从这时开始翻译了不少爱罗先珂的文学作品,这是国内学术界研究爱罗先珂的重点和研究鲁迅时会涉及的内容。①

鲁迅(1881—1936),原名周树人,生于浙江绍兴,中国著名的思想家和文学家。他从1920年8月起在北京大学中文系教授"中国小说史"和"文艺理论",1926年8月离开。他的弟弟周作人早在1918年出任北京大学文科教授。在他们两人的推荐下,1922年2月,蔡元培特聘爱罗先珂为讲师,讲授世界语。世界语(Esperanto)是犹太人波兰籍眼科医生拉扎鲁·路德维克·柴门霍夫博士(Ludwig Lazarus Zamenhof,1859—1917)1887年发明创立的一种人造语言,旨在消除人类国际交往语言沟通障碍,让全世界各种族肤色不同的人在人类大家庭里像兄弟姐妹一样和睦共处。北京大学于1917年11月开设了世界语学习班,《北京大学日报》在1918年1月12日和1919年10月21日都刊载过开班通告和招生广告。不过,前来学习者寥寥无几。请来了爱罗先珂之后,世界语活动的情况就有了变化。由于爱罗先珂是盲人作家,又是鲁迅兄弟俩的力荐,前来听课学习的人就多了。1922年12月15日,在柴门霍夫诞辰日,北京大学举行了世界语联合大会,与会者多达两千多人。爱罗先珂是盲人,为了方便他生活和教课,蔡元培就安排他住在周氏兄弟住宅(八道湾11号)。关于爱罗先珂在北京的生活情况,有文章写道:

  2月24日,爱罗先珂出现在八道湾,他是由郑振铎和耿济之两人陪同来的。周氏兄弟热情地把他安排在东屋,那是周作人一家所住的后院的东边。此前鲁迅刚编完爱罗先珂的《童话集》,鲁迅对他和他的作品很是欣赏,不久,他们就结下了深挚的友情。至于弟弟周作人,翌日便陪同爱罗先珂往北大访蔡校长以及沈尹默和马幼渔,此后,爱罗先珂就在北大马神庙二院每周日上午讲授世界语(一说还讲俄国文学),并由周作人代取薪金。当时周作人几乎成了爱罗先珂的

---

① 冯玉文:《始于悲悯,终于共鸣——鲁迅译介爱罗先珂的心理动因》,《绍兴文理学院学报(哲学社会科学)》2018年第1期。

专职秘书、向导、翻译,职任代领薪水、换钱、代写书信、记录讲演稿、代发电报、陪同并翻译演讲、陪同出游、饮宴应酬等。到了27日,胡适也出现在八道湾,他是应蔡元培的嘱托,为爱罗先珂在北大的讲演担任翻译的,胡适还在日记中写道:"他的英国语还可听;他在英国住了几年,在印度又几年,故英语还可听。他双眼于四岁时都瞎了,现在年约三十。他的诗和短篇小说都不坏。"①

爱罗先珂在北京逗留一年多几个月,在这期间除了定时教世界语之外,还在北京大学和其他学校演讲,内容多半是有关俄国文学方面的,同中国的同道者交际甚广,而充当翻译的多半是周作人。1923年4月,爱罗先珂回苏联,1952年在故乡去世。

柯劳文(Clarke Grover,也译为柯乐文)来自美国,1920年8月被北京大学聘为英语系教授,主要讲"现代小说""英美文学史""比较文学""西方文化之观点"等课程。柯劳文的夫人凯瑟琳(Grever Clark)也于次年1月被聘为英文系讲师,教"莎士比亚之研究""作文"等课程。"柯乐文夫妇的教学效果受到英文系学生的好评,学生们在给胡适的信中表示:'柯先生在本系服务四年,学生甚为满意,并于授课之外对于学生事业,如演说、辩论等,匡助实多,而华北专门以上学校联合演说辩论会,实由先生所创也''柯夫人热忱授课,尤为学生所敬爱'。"②根据北京大学的外籍教员调查表,民国十五年(1926)六月时,柯劳文夫妇还在北京大学任教,但具体离开时间不详。

其余外籍教师的相关信息不是很多。

英国人纽伦(Alfred Edgar Newland)在理科任教,而且被聘为教授,教物理实验和英语,知名度似乎很高。但是,有关他的介绍文字很少。根据前述"外籍教师"附表在"资格"一栏中的记载,他从"高等师范学士圣保罗甘雨胡同十五号书院理化毕业"③。但是,沈克琦、赵凯华主编的《北大

---

① 散木:《爱罗先珂与周氏兄弟》,《各界》2017年第2期。
② 欧阳哲生:《胡适与五四时期中西文化交流》,《国际汉学》2019年第3期。
③ 王学珍、郭建荣主编《北京大学史料 第二卷 1912—1937》,第401页。

物理百年》中却没有提及纽伦。① 柴思义(Lewis Chaes,1873—1937)是美国人,民国十年(1921)十月进北京大学任教,讲授"散文名著选读""诗与诗歌"等课。文讷(E. C. Werner,1864—1954)是英国人,英国文官学校毕业,曾任驻福州领事。民国六年(1917)十月,文讷受聘于北京大学,在英文系讲授《英国史》。海里威(Otto Hellwig)是德国人,民国九年(1920)三月进北京大学任讲师。伊法尔(Ivanoff Alexis)是俄国人,民国八年(1919)九月进北京大学任讲师。华兰德(Hiua Hollan)女士是德国人,"硕士女师范学校毕业历充交民巷德国楼中外各学校教员"。20 世纪 20 年代末时,她在清华大学西洋文学系教"第一年法文"②。布硕(Bouchot)也是法国人,文学学士,当过国立图书馆馆员、芬兰大学教员和陆军工兵科士官。基雅慕(Jacot Guilarmod)是瑞士人,其他信息不详。

1924 年 5 月,北京大学向教育部秘书处报送了一份本校聘用洋员一览表,共计 19 人,其中,美国 4 人,英国 2 人,德国 6 人,法国 2 人,俄国 5 人。表格的栏目与 1922 年差别比较大,主要包括职别、国籍、汉洋文姓名、订立合同年期、年限、到差月日(见附表 7)。

比较一下 1922 年和 1924 年这两个外籍教师的表格,可以看出,1922 年统计在册的布硕、基雅慕、华兰德女士和爱罗先珂已经离开北京大学,1924 年表中新出现的有卫礼贤、铁捷克、沙利荣、额尔德、加兹和贾尼格女士 6 人。在这 6 人中,卫礼贤和铁捷克的知名度比较大。

卫礼贤(Richard Wilhelm,1873—1930 年,也译为尉礼贤或魏礼贤)在德国有"伟大的德意志中国人"之誉③。卫礼贤生于德国斯图加特,18 岁时入图宾根大学修神学,四年后获得基督教传教士的资格。卫礼贤前后两次来华,在中国居住长达 25 年之久。他第一次来华是在 1899 年至 1920 年间,常居山东青岛,主要传教、教授德语和研习中国文化,与北京

---

① 沈克琦、赵凯华主编《北大物理百年》,北京大学物理学院,2009,第 178 页。
② 钱文忠:《清华园的洋教授们》,《视野》2010 年第 6 期。季羡林:《季羡林全集》(4),外语教学与研究出版社,2009,第 90 页。
③ 张勇:《卫礼贤》,《德国研究》1992 年第 4 期。

大学基本没有关系。不过,1919年6月15日,卫礼贤曾来北京大学做过一次演讲。当时,北京大学为此发的《德国尉礼贤到京演讲通告》说:"德国尉礼贤(Dr. Wilhelm)本彼邦哲学家,到中国已十一年,精通华文,尤研究中国哲学,已译成德文者,有论语、孟子、老子、列子、庄子及大学、中庸等,现正译周易,近适以事来北京,本校特请于十五日午后五时,在第三院大礼堂用华语讲演,演题为'中国哲学与西洋哲学之关系',届时全校同人均可往听。"①卫礼贤正式到北京大学任教的时间是在1923年。蔡元培就任校长之后,特别重视同西方的文化交流,强调英法德俄等国语言文学教育,尤其着力推动建立德文系。所以,这一时期北京大学的许多外籍教师都是教语言文学的。有学者指出:"毕竟他曾留学德国,就思想渊源而论当为最深,从他改革北大借用的洪堡大学理念就可以看出,所以他一力推动德文系的建设。"②

1922年,卫礼贤再次来华,身份是德国驻北京公使馆科学顾问。关于卫礼贤进入北京大学任教的过程,有学者描述得相对比较细致。1923年初,德国政府由于经济原因大幅度削减驻外人员。卫礼贤不是正式外交人员,也属被裁减之列。此时,正值蔡元培重组德文系。从德国留学回来的杨丙辰为系主任,杨丙辰在出国之前曾是卫礼贤在青岛教过的学生。于是,蔡元培通过杨丙辰将一年期的教授聘任合同转交给了卫礼贤。因此,卫礼贤到北京大学德文系教授德语、德国文学和哲学,但时间不长。不仅如此,"卫礼贤的心思,虽不以传教为大业,但也无论如何并未全部投入到北大德文系的发展中去,这点仅从他任职一年就匆忙归国就可以看出;他的主要事功之心,在于为德国建设开辟汉学学科。所以,若论及德国教师对北大德文系建设的贡献,前属于欧尔克,后推洪涛生"③。1924年,就在卫礼贤准备同北京大学续签合同时,他接到法兰克福大学的邀请,回德国建立汉学学科去了。正因如此,中国学术界给予卫礼贤比较高

---

① 北京大学档案,档号BD919027。
② 叶隽:《北京大学德国文学系的创立情况及其时代背景》,《教育学报》2006年第5期。
③ 同上。

的评价主要是在他促进中西文化交流方面。比如,卫礼贤"原是德国新教(福音教)同善会的一名传教士,来到中国后,因为深受中国文化的浸染,逐渐放弃了传播基督教的初衷,转变成为孔子和老子学说的真诚爱慕者。他也通过办学、讲学、翻译中国经籍和解说中国文化,为东西方文化交流做出了重大贡献"①。

铁捷克(Sergie Mihailoviech Tretiakov,1892—1937),即苏联"左翼艺术阵线"的主要领导人佐尔格·米哈伊洛维奇·特列季亚科夫。他于民国二十三年(1934)二月二十日至民国二十五年(1936)六月底在北京大学任教授。有关铁捷克如何来到北京大学任教和具体任教情况的文献不多。张西曼在《历史回忆》中说,北京大学俄文系是在苏联驻华使馆的协助下聘请到诗人铁捷克的,同时聘请的还有使馆汉语秘书伊凤阁、作家伊文,但这两人都是"勉强任教"②。在北京大学的史料和其他相关文献中,本书作者没有见到伊凤阁和伊文的信息。铁捷克在北京大学教书期间,1924年6月四川万县发生了民众反抗英国帝国主义行径的流血事件。铁捷克根据学生们的讲述和自己搜集的有关这一事件的资料,结合当时中国大革命的形势,在万县事件发生两个月后,用革命现实主义的手法,创作了以这一事件为背景的话剧《怒吼吧中国》。"这部话剧,不仅揭露了帝国主义侵略中国的罪行,还如实地描述了中国人民的反抗精神。"③另外,铁捷克1935年在莫斯科参加接待梅兰芳率领的访苏剧团。1937年,铁捷克在苏联大清洗中被枪毙,1956年获得平反。

---

① 孙立新、蒋锐主编《东西方之间——中外学者论卫礼贤》,山东大学出版社,2004,第1页。
② 张西曼:《张西曼纪念文集》,第311页。
③ 杜之祥:《万县怒吼》,载《红岩春秋》2016年第6期。另见[苏]铁捷克:《怒吼吧中国》,罗稷南译,生活·读书·新知三联书店,1951,第3页。

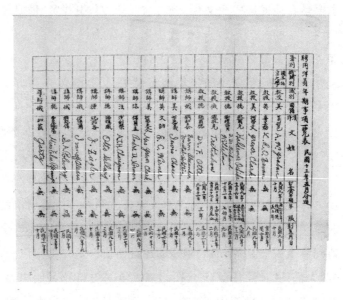

外籍教员名单(民国十三年)

　　1924年报表中余下的人相关信息更少。额尔德(Dr. F. Otto)是德国人,民国十一年(1922)九月被聘为北京大学教授,三年后离开。贾尼格女士也是德国人,民国十三年(1924)四月进北京大学任讲师。沙利荣是法国人,民国十一年(1922)十二月进北京大学任讲师。加兹是苏联人,民国十一年(1922)十月进北京大学任导师。另外,根据其他文献,这时期北京大学还有一位叫卓克(Zuker)的美籍教师。他于1919年10月执教于英文系,讲授"戏剧""散文"等课程。卓克来北京大学任教似乎也不是偶然的。"早在1918年10月17日,卓克应蔡元培之邀,在北京大学做了一场题为'文学家陶斯退'('Tolstoy: the Artist')的演讲,胡适曾在现场担任翻译。"①

---

① 欧阳哲生:《胡适与五四时期中西文化交流》,《国际汉学》2019年第3期。

第六章 民国时期北京大学的外籍教员

北京大学外國教員調查表 十三年二月			
姓名洋文姓名	國籍	職務	住址
葛拉包 O.W. graban	美	教授	西斜街豆芽菜胡同
畢善功 L.R.O. Bevan	英	教授	南池子門神庫一號
柯樂文 Grover Clark	美	教授	禮士胡同六號
歐爾光 Hallmer Chili	美	教授	六國飯店
額爾德 Dr. F. Otte	德	教授	東長安街十五號
柴恩義 Lewis Chase	美	講師	大佛寺四十三號
文訥 E.C. Werner	英	講師	安定門大街羊尾巴胡同三號
柯樂文夫人 Mrs. Grover Clark	美	講師	禮士胡同六號

外籍教员名单（民国十三年）

譯簡孟	沙利榮	衛禮賢	海理威	紀雅各	伊法爾	柏烈偉	鋼和泰
André R. Norman	A.T.H. Chaignon	D.Dr. Richard Wilhelm	Otto Hellwig	J. Siegel	Ivanoff Alexis	S.A. Polevoy	Baron Alexander Stael-Holstein
法講師	法講師	德教授	德講師	德講師	美講師	俄講師	俄講師
貢院西牆	西直門內蔴店胡同十九號	德國公使館	六國飯店	牛街一號	東四演樂胡同天仙巷	崇內臺雞胡同四號	東城華營胡同七號

外籍教員名單（民國十三年）

1926年6月北京大学也有一份外籍教员调查表，其栏目更为详细，包括姓名、职别、担任科目、系别、每周钟点、支薪数目、聘约期间（见附表8）。

附表8列了16人，其中，葛利普、毕善功、柯劳文夫妇、额尔德、钢和泰、文讷、铎尔孟、海里威、伊法尔、纪雅各在1924年的一览表中就有，教授中的欧尔克、卫礼贤和铁捷克和讲师中的沙利荣、柴思义、柏烈伟、加兹和贾尼格女士却没有出现在这个表格中。北京大学新聘的教授有鲁雅文,讲师有洪涛生,临时讲师有游司可和苏高金。

洪涛生(Vincenz Hundhausen,1878—1955),在欧尔克离开之后,来北京大学德文系长期任教。学者认为:"在北大德文系刚开始创建的过程中,就极为重视外国专家(具体来说,是德国专家)的作用,亦是其鲜明的特色,值得特别关注。从早期的欧尔克,到稍后的卫礼贤,再到长期执教的洪涛生,都对北大德文系的建构贡献甚大,值得细加考察。"[1]话虽然这样说,学者们关注更多的还是作为汉学家的洪涛生,高度评价的还是他对《琵琶记》《牡丹亭》《西厢记》等中国古典戏剧的翻译。比如,"在20世纪20、30年代,德国汉学家洪涛生通过与中国学者合作,不仅将中国古典戏曲如《西厢记》、《琵琶记》、《牡丹亭》等翻译为德文,而且还创建'北平剧团',致力于中国古典戏曲的德文搬演,这在当时成为轰动一时的文化事件,受到中外学者的关注"[2]。北京大学德文系第一届毕业生张威廉说:"洪涛生曾于1924—1937年任北京大学德国文学系教授,我当时已经离校,未得谋面为憾。"[3]1924年,欧尔克离开北京大学之后,洪涛生来到北京大学,接任欧尔克在德文系的教学工作,开始时被聘为讲师,但在1930年和1936年的北京大学职员录中都是教授。从附表8中可以看出,洪涛生在德文系开设的课近十门。1926年4月北京大学学术研究会德文研究组成立后,洪涛生同鲁雅文、朱家骅、杨震文等人轮流担任导师。使洪涛生成汉学家之名的几部中国古典名著,就是他任教北京大学十余年间在几位精通德文的中国学生帮助下译成德文的。

鲁雅文被聘为德文系教授,主要讲授戏剧、德国大思想家之人生观及宇宙观、德意志民族学概要、葛胜语及上古高德意志语、中古高德意志语、德意志神秘学、日耳曼国粹学练习、历史的德语沿革等课程。苏高金被聘为俄文系临时讲师,主要教授俄国文学史和俄文作文,1926年1月到校

---

[1] 叶隽:《北大德文系早期的师生状况及其学术史意义》,《教育学报》2007年第6期。
[2] 吴晓樵:《洪涛生与中国古典戏曲的德译与搬演》,《德国研究》2013年第1期。
[3] 张威廉:《从德译元曲谈到元曲翻译》,《中国翻译》1989年第5期。

北大德文学会。前排左起第二位洪涛生、第三位杨震文

（来自北京大学档案馆，档号 SXZP1932002）

任教，月薪与已离职的铁捷克一样，也是 300 元。游司可是本科聘用讲授俄文的临时讲师，1925 年 10 月入职任教。纪雅各(J. Liegler)是德国人，1923 年 10 月进北京大学任讲师。

　　这些外籍教员大多数都能按照聘任合同的约定完成教学任务，甚至在传播先进科学知识、学科建设、人才培养等诸多方面做出了很大的贡献。早在 1909 年，京师大学堂就奏请朝廷嘉奖东西洋教习。1914 年 7 月 23 日，袁世凯下令奖励北京大学教员芬来森、毕善功、巴和、巴特尔、米娄、龙纳根均给予四等嘉禾章，克德来、纽伦、白莱士均给予五等嘉禾章，[①]以表彰他们在学问、事业等方面做出的贡献。

　　当然，北京大学对外籍教员有奖也有罚，有聘也有辞。蔡元培就任北京大学校长后不久就全面整顿校风校纪，陆续地辞退了或者不再续聘一

[①] 王学珍、王效挺、黄文一、郭建荣主编《北京大学纪事（一八九八——一九九七）》，第 59 页。

些外籍教员。对此,蔡元培后来回忆说:"那时候各科都有几个外国教员,都是托中国驻外使馆或外国驻华使馆介绍的。学问未必好,而来校既久,看了中国教员的阑珊,也跟了阑珊起来。我们斟酌了一番,辞退几人,都按合同上的条件办的。有一法国教员要控告我,有一英国教员竟要求英国驻华公使朱尔典来同我谈判,我不答应。朱尔典出去后,说,'蔡元培是不要再做校长了。'我也一笑置之。"①

这几个被辞退的外籍教员是谁,蔡元培没有指出名字。《北京大学纪事(一八九八——一九九七)》说他们是克德来、燕瑞博、纽伦,辞退他们的原因是"学术水平低与教学态度差"②。可是,克德来 1911 年就在京师大学堂任教,1914 年还与纽伦等人一起获得五等嘉禾章。燕瑞博(Robert William Swallow,1878—1838)虽然是英国人,但 1878 年出生于中国浙江宁波,1902 年从英国大学毕业后就来到中国,到山西大学任教,1912 年至 1916 年起在北京大学预科教英文。英国亚细亚火油公司经理哈迪·乔伊特(Hardy Joewtt,1871—1936,中文名叫周永治)在为其书写的序中说:"燕瑞博有着狂放不羁的脾气,能讲一口流利、地道的中文,可随意与中国人交流并融洽相处,与中国各阶层官员接触自如无间,在中国大学、专科学院从教多年,对中国新老学生都十分熟悉,并能参与他们的各种活动和娱乐。他担任过最高阶层子弟的私人教师,虽时过多年,这些受过他教育的人仍对这位良师不能忘怀。"③这三个人不满意被辞退,于是申诉到了教育部。教育部也发函北京大学过问此事,蔡元培回复教育部"申明完全照章办事,绝无含混不清之处"④。显而易见,史料上记载的和蔡元培后来回忆的还重合不了,辞退的原因或许更复杂一些。

---

① 蔡元培、陈独秀:《蔡元培自述 实庵自传》,第 14—15 页。
② 王学珍、王效挺、黄文一、郭建荣主编《北京大学纪事(一八九八——一九九七)》,第 64—65 页。
③ [英] Rardy W. Swallow 著:《北京生活侧影》英文版,外语教学与研究出版社,2008,第 vii 页。
④ 王学珍、王效挺、黄文一、郭建荣主编《北京大学纪事(一八九八——一九九七)》,第 65 页。

第二节　民国后期聘请外籍教员的情况

一、"黄金十年"间北京大学的外籍教员

1927年至1937年被称为民国的"黄金十年",是中国社会整体发展水平相对比较高的时期。但对北京大学来说,1927年至1929年,在张作霖和南京政府的干预下,北京大学多次改名,几经存废,正常的教学受到了极大的影响。又由于受国际局势、中外关系、中国国内环境以及北京大学自身发展①等多方面原因的影响,在北京大学任教的外籍教员数目大大减少。根据民国十九年(1930)五月的"国立北京大学职员",这时北京大学的外籍教师只有14人(见附表9)。

在附表9列的14人当中,7人来自德国,3人来自美国,1人来自英国,1人来自法国,1人来自苏联,没有标明国籍的1人。5人1926年时就在北京大学任教,前文已经介绍。另外9人1926年时并没有在北京大学任教,有关他们的资料特别是在北京大学任教情况的资料不多。1929年恢复北京大学校名后,许多学科都缺少教员。其中,尤以德文系和英文系情况最为严重。在这种情况下,北京大学不得不请清华大学的一些外教前来兼职。当然,也有北京大学的外籍教师或中国教师被清华大学聘为教授的,如1928年9月葛利普被清华大学聘为教授。另外,北京大学德文系主任杨丙辰、教授朱光潜被清华大学聘为教授。所以,附表9中的毕莲、石坦安、艾克、克德纳、芮卡慈、陈罗墨丽、萨维廉等都是从清华大学聘请来的,他们本来是清华大学的外籍教员。关于这几个人的文献不多,相关介绍也散见于一些学人的有关清华大学往事的回忆当中,而与北京

---

① 这一时期,北京大学从国外留学回来的教员占的比重很大。1933年,北京大学各类教师总计217人,其中,从美国大学毕业的54人,从日本大学毕业的31人,从法国大学毕业的14人,从德国大学毕业的13人,从苏联大学毕业的1人,总共113人,占教师总数一半以上。所以,外籍教师只有8人。《北京大学二十二年度教员总统计(一)》,《北平晨报》1935年4月21日》

大学的关系极少有描述。

毕莲(Bille)是美国人,早在 1927 年就被清华堂西洋文学系聘为教授。季羡林在"清华园日记"中写道:"必莲(Bille)女,美国人,讲授'语言学'、'第二年英文'等课,不见任何研究成果"①。但是,也有人说她教"文字学"。② 1929 年至 1930 年间,毕莲在北京大学英文系教授一年级的"诗"(每周 3 课时)和二年级的"音节学"(每周 1 课时)。芮卡慈同一年也在北京大学英文系任教,教授三年级和四年级的"小说"(每周 2 课时)、"文学批评"(每周 2 课时)。③ 石坦安(Diether von den Steinen,1903—1954)是德国人,毕业于柏林大学的哲学博士。他于 1929 年 9 月来到中国,在清华大学任教,讲德语和拉丁文等课程。古斯塔夫·艾克(Gustav Ecke,1896—1971),中文名叫艾谔风,也是德国人,在德法等学习过美术史和哲学史。1928 年,艾克到清华大学西洋文学系任教,主要教德文。但是,艾克成名之处在于他对中国明代家具的研究。④ 季羡林晚年在回忆自己早年在清华大学学习时说,艾克是他本科毕业论文的指导老师。但是,有学者经过考证后提出,季羡林的本科论文是用英文写的,题目是"The Early Poems of Hölderlin",艾克没有指导过,倒是石坦安上的"德国抒情诗"这门课为他的毕业论文提供了不少帮助。⑤

克德纳、陈罗墨丽和萨维廉等人的信息,本书作者尚未查到。

然而,清华大学不满本校外籍教授在外兼职。1929 年 1 月 29 日校评议会通过了 8 条教授兼课规程,规定不在其他学校兼课为共守原则,不得已必须兼课须先得本大学允许,每周兼课总时数不得超 4 小时,如超即解除其聘约或改聘为兼职教授或讲师。⑥ 因此,此后清华大学的外籍教

---

① 季羡林:《季羡林全集》(4),第 90 页。
② 许振德:《水木清华四十年》,《清华校友通讯》1973 年第 44 期。
③ 李良佐、张日昇、刘犁编著《中国英语教学史》,上海外语教育出版社,1988,第 268—269 页。
④ 李晓铃编译《夏威夷的中国硬木家具收藏(四)——艾克和夏威夷的中国家具》,《家具》2006 年第 4 期。
⑤ 叶新:《季羡林本科毕业论文考证》,《中华读书报》2015 年 11 月。
⑥ 清华大学校史研究室:《清华大学九十年》,清华大学出版社,2001,第 47 页。

师到北京大学兼职的就少了。以 1936 年为例,在当年四月编印的"国立北京大学职教员录"中,外籍教师只剩 9 名。其中,葛利普、洪涛生、柏烈伟、钢和泰在北京大学任教已多年,奥斯毅、李逍禄、卫德明和李华德是 20 世纪 30 年代初才到北京大学的(见附表 10)。

奥斯毅现译为威廉·佛格·奥斯古德(W. F. Osgood,1864—1943),美国著名的数学家。他生于美国马萨诸塞州的波士顿,1885 年从哈佛大学毕业后前往德国学习,1890 年获得博士学位,1904 年当选为美国科学院院士和美国数学会主席,1918 年至 1922 年任哈佛大学数学系主任。1933 年退休后,奥斯古德受聘来到中国,在北京大学教学两年。关于北京大学邀请奥斯古德的缘由和过程,奥斯古德在北京大学教学的情况和影响,下章将专节论述。

相对而言,法国人雅克·邵可侣(Jacques Reclus,1894—1984)在中国的受关注度比较大,当然并不因为他在北京大学教书,而是由于他长期翻译中国古典文学作品,由于他与胡适、鲁迅等文化人士的交往,还由于他两次世界大战期间与在法国的原配夫人和在中国的新爱之间畸形但又有些令人感动的爱情与姻缘。① 邵可侣于 1928 年来到中国,在多所大学教法语,其中就有北京大学。著名学者金克木(1912—2000)1933 年从山东到北京大学求学,旁听过邵可侣的法文课。他听讲认真,整理并且校订了邵可侣的讲义,编写成《大学初级法文》并交商务印书馆出版,邵可侣在序中对金克木所做的工作给予了高度肯定。正因如此,1935 年邵可侣把金克木推荐给北京大学图书馆主任严文郁(1904—2005),使其当上了正式职员,从事创作和翻译。抗战全面爆发后,邵可侣也随北京大学南迁。在 1939 年举行的国立大学和学院第二届全国统考中,邵可侣是"法文"命题组的成员。②

卫德明(Hellmut Wilhelm,1905—1990)是卫礼贤的第三个儿子,生

---

① [日]芹泽光治良:《人间的命运 致巴金》,[日]加藤嘉一译,东方出版社,2018。
② 姚峥华:《一场跨越两次世界大战的畸恋,一个不可言说的无政府主义者》(https://www.sohu.com/a/298655069_405849,访问时间 2020 年 9 月 4 日)。

于中国青岛。1932年从德国柏林大学毕业后,卫德明来到中国,1933年至1937年间受聘于北京大学,任德文系讲师,教授德语。抗战全面爆发后,卫德明仍留在北平从事汉学特别是易经研究,1944年他整理出版的《变化:易经八讲》是西方人学习《周易》的基础读本。1948年,卫德明移居美国,任西雅图华盛顿大学东方学院教授。与其他西方汉学家一样,卫德明的成名不是他在北京大学当讲师,而是因为他是研究易经的汉学家。①

1934年北大德文系毕业师生合影。前排右起第二位卫德明、第三位杨震文、第四位洪涛生、第五位刘钧

(来自北京大学档案馆,档号 SXZP1934001)

有关李逦禄(L. Licsnowsky)和李华德(Walter Liebenthal)的基本

---

① 赖贵三:《中西易学乔梓雄——德儒卫礼贤、卫德明父子易学综论》,《周易研究》2014年第2期。

信息和在北京大学任教情况的文献,本书作者尚没有找到。

除了上面提及的这些外籍教师之外,1930年,日本考古学家原田淑人(1885—1974)被聘为北大史学系教授,教考古学,但时间不长,只有一个月左右。① 原田淑人是日本著名的考古学家和汉学家,毕业于东京帝国大学史学科,后留学英法美等国。1914年开始在东京帝国大学讲授考古学,1925年以后到中国参加"东亚考古学会"的活动,主持中国北方许多遗址的调查和发掘工作。1930年被短期地聘为北京大学历史系教授,讲考古学,周作人和钱稻孙任讲课翻译。原田淑人在北京大学授课的讲稿《从考古学上观察中日古文化之关系》后来由钱稻孙译成中文出版。1947年,原田淑人出任日本考古学会会长,1957年率日本考古代表团访问中国。另外,《京报》《北京晨报》等还不时有北京大学聘请外籍教师的消息。1935年7月,北京大学新聘美国麻省理工大学诺伯特·维纳(Norbert Wiener,1894—1964)博士来校担任教习。② 维纳是美国应用数学家,控制论的创始人。1935年至1936年,维纳应清华大学校长梅贻琦的邀请到中国做访问教授,主要是在清华大学任教,同清华大学机电工程学家李郁荣合作研究并设计出电子滤波器,获得了发明的专利权。③ 但在中国逗留期间,他也短期地到北京大学教过课。《京报》曾报道说:"国立北京大学,本年新聘美国马萨慈工业大学教授、世界著名数学家维纳博士来校担任教席,双方业已定妥一年合同。马(维)氏业已搭轮,现抵日本。在日将小有勾留,约八月下旬当可来华到校授课,平市数学界名流冯祖荀、张贻惠等,因维氏系国际间著名学者,此次来华讲学,对于我国数学界之供献必大,故现正准备欢迎。"④ 不过,从相关研究文献看,这则报道并不完全准确。1937年,北京大学文学院英文系还拟聘请英国文艺批评家、剑桥大学教授恩博森(Empson)来校任教,讲授文艺批评。⑤ 理学院

---

① 尚小明:《北大史学系早期发展史研究(1899—1937)》,第41页。
② 《京报》1935年7月29日。
③ 李旭辉:《昔日神童——维纳》,山东教育出版社,2005,第92—105页。
④ 《世界著名数学家维纳博士八月下旬即可到平》,《京报》1935年7月29日。
⑤ 《京报》1937年6月2日。

拟聘请数学家贺勒维支（W. Hurewigz）来校长期讲座。① 由于北京大学南迁，他们实际上没能到校执教。

关于聘请贺勒维支的情况，时为北京大学数学系主任的江泽涵做了比较详细的回忆。1936 年，江泽涵学术休假到美国普林斯顿大学，师从 Morse 教授和 S. Lefschetz 教授研修拓扑学。他在晚年回忆中比较详细地讲了这段历史，文字虽然不多，但所及内容极为丰富，故引录如下。

> 北大想继续延聘外籍数学教授，Lefschetz 热心帮助，先介绍了 N. Steenrod 和 J. Schauder，都未成，最后介绍了 W. Hurewicz，他也在 Princeton。后两人皆犹太人，避希特勒压迫，Hurewicz 他允诺在 1937 年暑假后来北京到职，而且当即收下北大付给的 500 美元旅费。Hurewicz 手书草，不易辨认，我曾与他商定，要他和我通信时打字。暑假中我们在美分手，我经德、法、波兰、苏联返国，他则返波兰老家，但约定某日某时搭火车，在波兰境内火车中相遇。相遇后又分手，约定在北大再见，他返家乡，我去华沙（当时译名为瓦萨），曾经 Lefschetz 介绍访问华沙大学数学系主任 B. Knaster，由他指定 S. Eilenberg 作为参观华沙的向导，当时只觉很明显华沙简陋。
>
> 离波即到莫斯科，记得曾有导游，后经西伯利亚乘长途火车到中国，似需行车四、五天。在莫斯科上车者，有一人（不记得是吴亮夫还是马镇坤）有富裕的卢布，可付款在火车上洗澡。另有杨显东先生和马志静女士。我替他们四人曾于 1937 年 7 月 6 日辽宁火车站照一相片。另照有伪满洲国成立纪念碑一张相。西伯利亚同行约十人，有相片。其中一人是 Prof. von Carlman，乃钱伟长的老师。在长途火车中此人极活跃，能交际。我曾告诉他在巴黎博览会中见着一个数学级数，征求其值。他把它做出来了，结果好像是 log2。他到北京时，钱伟长接着他，发现他不穿汗背心，所以衬衫背上总有一大块汗湿。

---

① 《北平晨报》1937 年 7 月 19 日。

我到北京家不巧正是1937年7月6日晚,到后家中欢天喜地,他们先还为时局紧张,怕我通不过伪满境内。第二天清晨,日本侵略开始,卢沟桥事变发生,卢沟桥炮声响了。

聘请W. Hurewicz来北大任教授事,已早与北大谈妥,七七事变后,北大已不能再照常在北京开学,立即电告Hurewicz,阻止他来北京。后来他函告我,他就用北大供给他的旅费到美国去了,任麻省理工学院的教授。几年后,美国数学月刊中曾报导他因车祸逝世。

聘请Hurewicz任教事,曾在南北多种报纸上刊载过。那时我曾认识一个叫詹文浒(1936年我去美时,跟我同船同房间),他是新闻社记者,我为聘得Hurewicz很高兴,告诉过他。他为北大宣传,就草成一新闻稿,分发各处。①

二、民国最后十余年间北京大学的外籍教员

1937年11月至1946年7月,北京大学在抗日战争的烽火中同清华大学、南开大学等校组成了长沙临时大学和西南联合大学。1946年10月,北京大学复校后,中国又陷入国共内战硝烟里。在这种客观环境下,北京大学包括聘用外籍教师在内的国际交流与合作很难开展。当然,这不排除某个时期或某个专业也有外籍教师任教。

1943年西南联合大学经英国大使馆介绍聘请白英(R. Payne)前来任课并给予教授待遇。根据《申报》的说法,1947年,北京大学校长胡适聘请英国著名文学批评家安普逊为本校英国文学教授。② 但是,北京大学同年的教师统计中只有三个德籍教师③,其中之一就是米士(Mistch)。

关于米士与北京大学的关系,学界也有不同的说法。有的文章写道:米士是美籍犹太人后裔,毕业于哥廷根大学地质系。为了逃避纳粹的迫

---

① 江泽涵先生纪念文集编委会编《数学泰斗世代宗师》,北京大学出版社,1998,第17—18页。
② 《北大新聘英教授,今过沪北上》,《申报》1947年5月9日。
③ 王学珍、王效挺、黄文一、郭建荣主编《北京大学纪事(一八九八——九九七)》,第440页。

害,1936年米士与妻子到了中国,经朱家骅介绍到广州中山大学任教。"抗战爆发后,米士随中山大学迁移到云南省澄江。1940年,他正式应聘为北京大学地质系教授。由于当时北大与清华大学、南开大学在昆明组建了西南联合大学,米士也就受聘为西南联合大学地质地理气象系教授。此后六年间,米士教授都在西南联大从事教学,主要讲授构造地质学、地质测量、区域变质作用等课程,还讲授过普通地质学、岩石学、欧亚山脉构造等课程。"①北京大学地质系的系史说:米士1937年至1946年间在西南联合大学地质地理气象学系任教,"他对大地构造学和区域变质学研究精深,课程中涉及地理、地台、地壳变形、花岗岩化、混合化等理论问题,把最新理论和他的研究心得介绍给学生,引起大家的极大兴趣。他用英语讲课,虽德国口音较重,但还是很清楚,学生不难听懂。他在黑板上画图,又快又好。构造地质课还编有英文讲义,由学生组织力量油印出来。他擅长野外地质,三年级的环湖(滇池)地质实习多由他带领,他观察敏捷,填图迅捷,素描图和信手剖面画得准确、美观,这些长处都对学生很有启发和教育"②。

但总体上说,主要由于战争的影响,民国最后的十多年是北京大学聘外籍教师断层期,也是民国时代的北京大学对外合作与交流的终结期。1949年中华人民共和国成立后,北京大学再度开展对外合作与交流时,对象与内容则有了根本性的变化。

---

① 韩笑:《把青山踏遍的地质学家》,载北京大学国际合作部编《北大洋先生》,第89—90页。
② 北京大学地质学系百年历程编委会编《创立·建设·发展:北京大学地质学系百年历史(1909—2009)》,北京大学出版社,2009,第43页。

第七章　民国时期北京大学几位著名的外籍教员

许多在北京大学从事过文科教学的外籍教师后来成名,并非因为在北京大学的教学工作,而是因为他们的汉学成就。研究汉学是他们的主业,而在北京大学任教更多的是为研究汉学提供条件和物质基础。但是,也有一些外籍教师全身心地投入北京大学的教学当中,为北京大学的学科建设和发展起了奠基性的作用,葛利普、钢和泰、施佩纳、奥斯古德等人就是其中的代表。

第一节　"中国古生物学之父"葛利普

在如今北京大学西门内校友桥南侧的树林中,有一块墓碑,墓的主人就是葛利普。上面刻的墓铭志是:"葛利普(A. W. Grabau,1870—1946),美国地质学家。1902年应聘任北京大学地质系教授和农商部地质调查所古生物室主任。是中国地质学会的创立会员之一。葛氏在北京大学和地质调查所从事地质教育和科学研究工作二十余年,对我国地质事业做出了重要贡献,曾建议和参加编辑《中国古生物志》,撰写《中国地层》等专著及论文200多种。葛利普教授一九四六年在北京逝世。根据他生前愿望,在北京大学沙滩地质馆为他建墓。一九八二年七月迁此。"像葛利普这样的外籍教员,在北京大学是独一无二的,有"中国古生物学之父""中国古生物学的领路者"等美誉。

葛利普1870年1月9日出生于在美国威斯康星州的一个德裔家庭,早年因家境贫寒半工半读,业余时间热衷学习植物学、古生物学和矿物学。1891年,葛利普考入麻省理工学院地质系,五年后获得理学学士学位。1898年,葛利普又获得哈佛大学理学硕士学位,两年后又获得理学博士学位。获得博士学位后,葛利普先在塔夫茨学院①任地质学讲师,一学期后转到伦塞莱尔工学院任教授,讲地质学与矿物学,同时在密执安州地质调查所兼职。从1901年起,葛利普转到哥伦比亚大学任教,1905年升任古生物学教授,一直到1919年。

葛利普到北京大学地质系任教是在1920年冬季,当时的报道说:"北京大学聘请美国博士葛拉包(后译葛利普)任古生物教员,月薪600元,已到校授课。"②关于葛利普来华的原因,有文章写道:"葛利普来华是有着种种原因的。第一次世界大战期间,美国对德宣战,学校禁用德文。而葛利普反对战争,又认为德国科学应受重视,因而有辞去哥伦比亚大学教授职务之意。正在此时,中国向他提出了邀请。他熟知美洲和欧洲的地质情况,一向以不了解亚洲特别是中国大陆的地质情况为憾事。希望从全球范围探索地球发展规律的想法,使他向往着中国。"③

葛利普到北京大学地质系任教是丁文江向北京大学推荐的。北京大学地质系成立于1909年,时称京师大学堂地质学门。京师大学堂改称国立北京大学之后,地质学门于1913年停止招生,直到1917年才恢复,1919年改称地质学系。丁文江(1887—1936)是中国20世纪20—30年代最著名的地质学家之一,中国地质事业的创始人和奠基者,对北京大学地质系的建立与发展做了巨大贡献。丁文江1887年生于江苏泰兴的一个乡绅之家,1902年赴日留学,1904年又从日本前往英国,先在剑桥大学学习,1907年至1911年间在格拉斯哥大学攻读动物学和地质学,1911年6月获得两个学士学位。回国后,丁文江9月赴京参加留学生考试,以最优成绩获格致科进士。获得功名后,丁文江1911年至1912年间到上海南洋中学讲授生理学、英语和化学等课程,同时编写动物学教科书。1913

---

① 1955年改为塔夫茨大学(Tufts University)。
② 《晨报》1920年11月5日。
③ 杨静一:《葛利普传略》,《自然科学史研究》1984年第1期。

年2月,丁文江应邀担任农商部矿政司地质科科长,不久又与翁文灏①、章鸿钊②等人在北京大学地质学门暂时停办之际举办了一个地质研究班,后改称农商部地质研究所并担任所长,以便尽快在中国开展地质调查工作。时任北京大学校长的何燏时和理科学长夏元瑮非常支持丁文江,把北京大学相关的图书、仪器和校舍借给他用,还推荐梭尔格任讲师。地质研究所于1913年10月开学,1916年7月有22人结业。1916年秋天,丁文江与胡仁源商定,由北京大学负责培养地质人才的工作,同年他与章鸿钊等人建立的农商部地质调查所专做调查研究工作,随时接收北京大学地质方面的毕业生。北京大学地质学系建立后,丁文江特别关心它的师资队伍建设。

1919年初,丁文江随梁启超到欧洲考察。除了动员在英国伯明翰大学地质系学习的李四光(1889—1971)学成回国到北京大学任教之外,"丁文江还辗转了解到美国著名古生物学家葛利普(Amadeus William Grabau)教授的情况。丁文江与胡适(时任北大文科教授)一起去找蔡元培校长,介绍了李四光和葛利普两位先生,并商定由北京大学聘请李四光、葛利普任地质学系教授,以加强地质学系老师阵容"③。不过,关于如何聘请到葛利普,还有一种说法。"1919年也是巴黎和会召开和五四运动随之爆发的日子,当时农商部地质调查所所长丁文江响应民众的呼声前往巴黎,支持中国代表团拒绝在屈辱的和约上签字。会后,丁文江前往美洲,为蔡元培治下的北京大学和地质调查所寻找急缺的古生物学人才,辗转联系到了身处困境的葛利普,双方一拍即合。于是,50岁的葛利普辞别故园和妻女,于1920年来到中国,就任北京大学地质系古生物学教

---

① 翁文灏(1889—1971),浙江宁波人,清末前往比利时学习地质学,1913年回国,是中国第一位获得地质学博士的人,中国早期的著名地质学家,20世纪30年代兼任过清华大学校长,在民国政府中任过与学术无关的职。

② 章鸿钊(1877—1951),浙江吴兴人,1908年入日本东京帝国大学理学部地质学系学习,1911年毕业,获得理学学士,同年9月在京参加留学人员考试,以最优等获得格致科进士,随后在京师大学堂农科地质学任讲师,是中国在大学里讲地质学的第一人。

③ 于洸、何国琦:《丁文江先生与北京大学地质学系》,《地质论评》2007年第6期,第721页。

授和地质调查所古生物室主任。"①但是,这些说法都没有直接的证明文献,相关研究也不多。

1934年北大地质系毕业师生合影。前排坐者左起:孙云铸、李四光、葛利普

(来自北京大学档案馆,档号 SXZP1934001)

1920年9月,葛利普到达北京,在帮助丁文江进行地质所的基础研究同时,还在北京大学地质系任教。从11月3日起,葛利普开始为北京大学地质系三年级学生讲古生物学实验课,每周二、三下午讲授高等地史学和地层学。② 从1920年9月起直到1946年3月在北京去世,葛利普在中国工作和生活了26年,其中在北京大学地质系任教长达17年。"葛利普在北大培养了一批古生物学家,奠定了中国的古生物学基础,堪称中国的"古生物学之父";其科学活动及所扮演的角色与路易·阿加西③对美

---

① 孙天任:《葛利普:中国古生物学的领路者》,《科学世界》2016年第10期。
② 《北京大学日刊》1920年11月3日。
③ 路易斯·阿加西(Louis Agassiz,1807—1873)生于瑞士,著名的古生物学家、冰川学家、地质学家,地球自然历史研究领域的杰出革新者。1830年,阿加西从德国慕尼黑大学获得医学博士学位,但对动物学和古生物学十分感兴趣。后来,阿加西到了美国,在哈佛大学任教,将古生物学建立为一门新的科学,是现代美国科学的奠基人之一。

国科学的贡献极为相似,故亦称为'中国的阿加西'。此外,葛利普1920—1921年在北大开设的'地球与其生物之进化'系列演讲,系统介绍了当时西方最新的古生物知识、生物进化论和遗传学理论,代表了新文化运动中科学传播的一面。"①当时,《北京大学日刊》发布的演讲公告和演讲录两个人的最多,一是葛利普的,二是罗素的。葛利普的影响之大,由此可见。

葛利普把全部精力都用在了教学、培养人才和学科建设上面,而不是借在北京大学教书之机主要做自己的研究。"二十多年间,他为中国的地质教育和地质事业奋力工作,在培养地质人才和发展地质科学方面做出了重大贡献。20世纪二三十年代中国早期的地质古生物学者多数是直接受教于他或得过他指教的,人们都称颂他为中国地质学界的良师益友,北京大学的一位名师。"②在这期间,葛利普只是在1933年利用出席华盛顿召开的第16届国际地质大会期间,回了一趟美国并且在故乡小住一段时间,1934年又回了北京大学并被任命为地质系主任。

在教学方面,葛利普开设的课程和上课的时间在北京大学各个时期外籍教师中都是最多的之一。从附表8中可见,葛利普在地质学系开设了进化论、高等地层学、高等地层学实验、古生物及标准化石、古生物及标准化石实验、地史学、地史学实习、中国古生物实验八门专业课。关于他授课的具体情况,有学者写道:

> 按葛利普的设计,这些课程的进阶顺序如下:地史学及实习、古生物及实验、高等地层学及实习、中国古生物学。地史学及实习的内容为:地史概论、地史之分段(太古界、元古界、古生界、中生界、新生界、灵生界)、生物进化与地层年代之关系、地质图之用法、地层年代之鉴别法、中国地质概论,教科书则为其所著《地质学教科书》(*Text Book of Gology*, part II)。古生物学及实验一科首先介绍化石之由

---

① 孙承晟:《"他乡桃李发新枝":葛利普与北京大学地质学系》,《自然科学史研究》2016年第3期。
② 北京大学国际合作部编《北大洋先生》,第66页。

来及保持法、古今生物界之比较,接着讲授无脊椎动物化石、脊椎动物化石和植物化石,均涉及相应的分类、年代、鉴别和兴替。高等地层学及实习为一门更高阶的课程,在地层学概论的基础之上,重点讲授美洲、欧洲和亚洲(注重中国)古生物界地层之比较,参考书为其所著《地层学原理》(Principle of Stratigraphy)。中国古生物学专论中国各年代尤其是寒武纪和奥陶纪之化石,是一门专题研究课程,参考资料多采自《中国古生物志》和《中国地质学会志》上发表的论著。第四学年,还要指导古生物学门的学生撰写古生物学论文。①

葛利普全身心地教授表现在许多方面。比如,每个学期,葛利普都要同时上四至五门课,每周课时多达23学时。在今天,一个在大学教专业课的教授上这么多的课几乎是不可思议的。再比如,为了教好这些专业课,葛利普编写了许多教材或讲义,除了《地质学教科书》《地层学原理》之外,还有《北京大学理本科三年级古生物学》《北京大学理本科三年级古生物学实习》《北京大学地质系三四年级高等古生物实习》等。中国著名的构造地质学、地层古生物学家和石油地质学家黄汲清(1904—1995)1928年毕业于北京大学地质系,在回忆起葛利普教授时,他写道:"葛老师年50多岁,肥胖的躯体,白头发,大鼻子,脸上总带笑容,积蓄可亲,只是染有骨质增生、小儿麻痹等症,靠两支拐杖支撑,才能慢慢行走。他教我们的第一本教科书是他编写的历史地质学(Historical Geology),内容大半取材于美洲。他并不按书讲解,而是一上来就口若悬河地说开了,讲得非常生动,非常精彩。"②

然而,更令人钦佩的是葛利普在教学上的敬业精神。在这方面,许多人都有动情的回忆。1920年毕业于北京大学地质系并留校任教,后来成为中国著名古生物学家、地层学家和中科院士的孙云铸教授(1895—1979)是葛利普来北京大学任教时的第一位助手。他不仅当过葛利普讲

---

① 孙承晟:《"他乡桃李发新枝":葛利普与北京大学地质学系》,《自然科学史研究》2016年第3期。

② 黄汲清:《我的回忆——黄汲清回忆录摘编》,地质出版社,2004,第28页。

授古生物学、地史学、高等地层学等课程的助教,而且在葛利普为学生做讲座时当翻译,对葛利普的教学态度非常了解。根据他的回忆,葛利普不仅教学有方,特殊情况下还将课堂搬到家中。1920年至1930年,北平教育经费不稳定,欠薪时有发生,导致罢课、教员离校等情形,但葛利普总是请学生到他家上课研讨。① 丁文江有几乎同样的评价:在北大为教潮罢课之际,作为一个外国人,葛利普非但没有抱怨薪水拖欠,反而还请学生到家中去授课,其精神感人。校长蒋梦麟在回忆中也说:"这个外聘的洋教授(指葛利普)虽然近半年没拿到薪水……可见到我不但没有怨言,还一个劲催我快开课呢。"② 葛利普的敬业精神还有一证。"当清华大学的校长罗家伦得知北大欠薪达半年以上,使得葛利普的生活都颇为艰难后,即送月薪600大洋的聘书邀请他前往清华担任教授。葛利普回书表示愿意前往清华授课,但拒绝担任全职教授,因为他不能因为经济原因抛弃北大。经再三劝说,葛利普也只接受每月280元的车马费。罗家伦不禁感叹,'这种外国学者的高风亮节,及其所持道义的标准,不但值得我们佩服,而且应该为中国学术界所效法。'"③

正因如此,葛利普为中国培养了地质学方面的人才。北京大学地质系教授安太庠1996年在"纪念葛利普教授逝世50周年大会"上的致辞中说:"北京大学地质学系前后有19个年级的学生听过他的课,其中有解放后的中国科学院院士22人,包括古生物学院士11人。葛利普教授为中国地质学的发展培养了一代英才。"④ 比如,赵亚曾等人对腕足类动物的研究,孙云铸、黄汲清、俞建章、乐森璕、计荣森、朱森等人对珊瑚的研究,孙云铸、许杰对笔石动物化石的研究,孙云铸对海林檎和海百合的研究,陈旭对纺锤虫的研究,尹赞勋、许杰、赵亚曾对腹足类和瓣鳃类动物的研

---

① 孙云铸:《葛利普教授》,《科学》1948年第3期。
② 转引自孙承晟:《"他乡桃李发新枝":葛利普与北京大学地质学系》,《自然科学史研究》2016年第3期。
③ 孙天任:《葛利普:中国古生物学的领路者》,《科学世界》2016年第10期。
④ 安太庠:《一代地学宗师,千古国际友人——纪念葛利普教授逝世50周年》,《古生物学报》1997年第4期。

究,孙云铸、盛莘夫、王钰、卢衍豪对三叶虫的研究,秉志对昆虫的研究,孙云铸、赵金科、俞建章对于头足类动物的研究,都得到了葛利普的指导。

在科学研究方面,葛利普也为中国地质学研究打下坚实的基础。"他一生著述约300种,涉及古生物学、地层学、沉积学、大地构造学、古生态学、古地理学、沉积矿产学等诸多领域,被视为地质学百科全书式的专家,甚而获誉现代沉积学与地层学之父,以及中国地质学与古生物学之父。"① 葛利普在研究、总结中国大量地质资料与成果的基础之上,倡议并参与编辑了《古生物志》《中国地质史》等著作,对中国的地质科学发展起了非常大的作用。其中,《中国地质史》不仅奠定了中国地质学的基础,也是研究中国地质学发展和亚洲地质发展史的重要著作。北京大学著名学者季羡林先生对葛利普有这样的评价:"中国地质学和古生物学能有这样的成绩,我们要归功葛先生……有葛先生这样的外国教授,是我们中国大学的光荣。"②

长期在北京大学任教,葛利普已经将自己同命运多舛的中国紧紧地联系在了一起。1935年,由于华北危机,地质调查所由北平迁至南京,但是,葛利普仍旧留在北京大学,同情和支持学生反日运动,继续讲授古生物学和地层学。由于葛利普年事已高,身体又残疾,翁文灏在1936年1月写给胡适的信中请北京大学安排孙云铸接替葛利普授课,将年老多病的葛利普接到南京。但是,没有等把葛利普接到南京,日本发动了全面侵华战争。1937年11月,翁文灏又写信给从法国留学回国的裴文中,要他照顾葛利普在北平的生活,替他从协和医学院借薪,必要时陪他撤往大后方。③ 葛利普鼓励同事和学生撤往大后方,在地质调查所与协和医院合办的新生代研究室继续从事科研工作和学术写作。生活困难,他宁肯变卖家中的物品也不接受日伪政权要他回校教课的要求,没有踏进伪北京

---

① 孙天任:《葛利普:中国古生物学的领路者》,《科学世界》2016年第10期。
② 转引自《中国地质学之父——A. W. 葛利普》(http://www.uux.cn/viewnews—17112.html,访问时间2021年3月10日)。
③ 张尔平:《葛利普的画像》,《山东国土资源》2006年第10期。

大学校园一步。不仅如此,"原本安定的工作环境和状态被打破,凝聚多年心血的北平地质矿产陈列馆要被日寇占据,这是葛利普这位老专家不能容忍的。他摇着轮椅,横卧在陈列馆大门口,举着美国国旗,阻拦日本人进入陈列馆。对这个白发苍苍的美国人,鬼子竟不敢下手,从陈列馆门前撤走了"①。

太平洋战争爆发后,葛利普就没那么幸运了。由于是美国侨民并且公开支持中国人民反抗日本侵略,葛利普被日军关进了北平东交民巷的集中营,遭受种种迫害,有病得不到医治,营养不良,无人照顾生活。即使在这样恶劣的条件,葛利普不顾年迈体衰,用颤抖的手写就了《我们生活的地球:地质史新解》,这是他一生中的最后一部著作。1945年8月日本投降后,葛利普重获自由,北京大学和地质调查所也相继恢复。为了便于照顾他的生活,葛利普的学生们将他的住所移至地质调查所附近西四丰盛胡同三号。在集中营里饱受折磨、疾病缠身的葛利普,此时已到垂暮之时,最终于1946年3月20日在北平去世,享年76岁。葛利普生前多次表达过加入中国国籍的愿望,但因手续等方面的原因未能如愿。1935年北京大学地质馆建成后,葛利普还对一部分师生说过,他死后能埋在这里就太好了。临终前夕,葛利普把自己的全部藏书两千多册都捐给了中国地质学会。葛利普去世后,北京大学教授将葛利普的骨灰安葬在他授课多年的北京大学地质馆前面,由地质调查所筹建的"葛利普先生纪念碑"立于西四丰盛胡同三号地质矿产陈列馆。

1946年4月20日,中国地质学会、中央研究院地质研究所和中央地质调查所在重庆北碚举行葛利普追悼会。1928年曾在葛利普指导下从事古生物研究、时为中央研究院地质研究所代理所长俞建章代表因病未能出席的李四光主祭。他在悼词中说:"葛先生学识渊博,著作宏富,在来华之前,即已名满世界;来华之后,对于中国尤具深厚之同情,早以终老斯土自许,执教北大二十余年如一日,恺悌慈祥,诲人不倦,回忆本人当初受

---

① 张尔平:《葛利普的画像》,《山东国土资源》2006年第10期。

业于先生之门,常以菊石化石之某一问题,一再请益,先生谆谆解释,不以为忤。盖先生虽生长美国,而视中国为故乡,视友生如家人,形貌虽殊,精神实与我人相融合。"①在以后的岁月中,北京大学和中国地质学界对葛利普的纪念和研究几乎没有中断。1947年,《中国地质学会志》出版纪念葛利普教授的专刊,上面刊登了章鸿钊手书的《浪淘沙·葛利普教授纪念刊题词》,这首词写尽葛利普一生的成就和与中国的情感:"君去已多时,梁坏! 山颓! 门墙桃李尽含悲! 留得神州新地史,星月同辉! 才把凯旋卮。一笑长辞。名山事业后人思。廿载他乡成故国,魂也依依。"②20世纪50年代报刊上曾因政治因素在如何评价葛利普问题上出现分歧,③但这只是暂时的曲折。1982年8月13日,为了纪念葛利普对中国教育、学术做出的巨大贡献,中国地质学会和北京大学在庆祝中国地质学会成立60周年之际,将葛利普墓从沙滩旧址迁入北京大学校内。

葛利普教授对中国地质科学做出的巨大贡献,也得到了多方的充分肯定和褒奖。1925年,有中国"矿藏之父"之称的中国地质学会秘书长王宠佑(1879—1958)出资600元设立了"葛利普奖",第一届就颁发给了葛利普本人。1937年1月9日,在葛利普67岁生日前夕,北京大学校长蒋梦麟、文学院长胡适、教务长樊际昌及其在北平的好友到葛利普寓所祝贺。到此时,葛利普任北京大学教授已经17年了,为了表彰他在华的工作成绩,美国科学社特向葛利普颁发荣誉纪念章一枚。葛利普去世后,国民政府于1946年9月16日颁布嘉奖令:

> 中央地质调查所古生物研究室主任美籍葛利普,以地质学专家来华服务,垂二十余年,研究精深,著述宏富,傍搜博采,有本有原,历任北京大学地质系教授,诱掖人才,造就綦众,对于我国地质工作实

---

① 朱夏:《葛利普教授悼会记》,《地质论评》1946年第 C1 期。
② 《中国地质学会志》第二十七卷,1947。
③ 谢仲恒、汪振武:《中国地质界的友人——葛利普》,《科学大众(中学版)》1951年第9期。吴风:《科学家们应注意对历史人物的评价》,《光明日报》1951年11月14日。吴风:《关于"中国地质学界的友人——葛利普"》,《科学大众》1951年第11期。

为极大贡献。"七七"事变以后,疾病羁缠,未克南来,虽处境恶劣,艰苦备尝,然犹闭户潜修,写作不缀,勤笃学,尤堪敬佩。兹闻溘逝,悼惜良深,应予明令褒扬,以彰贤哲。①

第二节　梵文和佛学专家钢和泰

钢和泰,爱沙尼亚人,1917年来到中国。在以后的二十年中,钢和泰受聘于多所大学和多个机构,但以北京大学为主,1918年至1928年被北京大学聘为教授,1929年被聘为国学门导师,1931年至1937年被聘为名誉教授。在北京大学,钢和泰教授梵文、印度宗教哲学史和古印度史等课程,是北京大学第一个开设梵文课的教师。和巴利文一样,梵文也是印度古代的语言。梵巴文研究属于人文研究的基础学科,在国际上一直是人类学、哲学、比较语言学、中亚历史、文化史、印度古文化、佛教文献学、中印文化交流史等学科研究的必修或选修科目。北京大学东方语言文学系建系比较早,而梵巴语是它的最早专业之一,也是北京大学的特色专业,基础在很大程度上是钢和泰奠定的。正是由于钢和泰在学术上的影响和成就,国内学界有不少研究他的文献,其中尤以清华大学王启龙教授的成果最多。

1877年1月1日,钢和泰生于爱沙尼亚的一个贵族家庭,1897年继承家庭世袭领土和男爵爵位。今天的爱沙尼亚位于波罗的海东岸、芬兰湾南岸,南边和东边分别与俄罗斯接壤。爱沙尼亚民族形成于12—13世纪,但一直没有独立成国,18世纪被沙皇俄国并吞。1896年至1903年间,钢和泰先后到德国柏林大学、哥廷根大学、英国牛津大学和印度学习梵文。日俄战争期间,钢和泰曾任俄国驻孟买副大使和总领事。日俄战争之后,钢和泰到欧洲一些国家游历并在德国波恩大学学习印度哲学。②

---

① 王学珍、王效挺、黄文一、郭建荣主编《北京大学纪事(一八九八——一九九七)》,第392页。
② 王启龙编著《钢和泰学术年谱简编》,中华书局,2008,第1—7页。

1909年,钢和泰成为俄国圣彼得堡大学的梵文助理教授,这个职位一直持续到1916年。在这期间,钢和泰用德文、俄文或英文发表过多篇有关梵文和佛学方面的学术文章,也出版过专著。

不过,钢和泰到北京大学任教却有些历史的巧合。

关于钢和泰为何来中国,学界因文献匮乏而无肯定的说法。根据文化学者钱文忠的说法:"第一次世界大战期间,钢和泰的学生人数大为减少,于是,他申请去中国两年,到北京研究那里所藏的藏文和蒙文文献。"①1916年5月,钢和泰随彼得格勒②的一个科学考察团访问日本和中国。同行者中有一位后来成名的汉学家叶理绥(Serge Elisseeff, 1889—1975)。20世纪20年代后期和30年代初,他与钢和泰保持比较密切的联系。

这个科学考察团先到日本东京,后到中国。据研究者推测,钢和泰来北京,是为了查找有关古印度的梵文文献,并无长远打算,更没有想到余生的大部分将在中国度过。1917年是俄国巨变的一年。先是发生了资产阶级性质的二月革命,推翻了沙皇专制制度。此后,俄国出现了两个政权,一是资产阶级的临时政府,二是布尔什维克党(也就是共产党)领导的工兵苏维埃。经过几个月的较量,布尔什维克党在俄历十月发动武装起义,推翻了临时政府,建立起社会主义性质的苏维埃政权。十月革命发生时,钢和泰正在中国,在新的社会制度下,钢和泰因贵族身份当属被镇压的对象。"钢和泰男爵在爱沙尼亚领地的所有财产,被通通没收,远在异国他乡的他即刻变成一个空有'男爵'头衔的无产阶级!于是乎,在无可奈何的情况下,他由滞留北京变成了只好长期旅居北京了。"③爱沙尼亚1918年一度独立,但2月被德国占领,10月又被苏俄占领。1920年2月爱沙尼亚真正独立建国时,钢和泰在北京已经安顿下来,无意再回自己的

---

① 钱文忠:《男爵和他的幻想:纪念钢和泰》,《读书》1997年第1期。
② 圣彼得堡建城于1703年,1914年因德国是敌对国,当局将源自德语发音的"堡"改为俄语的同义词"格勒",1924年为纪念列宁更名为列宁格勒,1991年又恢复原名圣彼得堡。王启龙、邓小咏:《钢和泰学术评传》,北京大学出版社,2009,第22页。
③ 同上。

故乡,更无意也无法回到苏联。

为了生计,钢和泰需要找份工作。这时正值刚从欧洲回来任北京大学校长的蔡元培全面改革北京大学之际,而改革的重要内容就是按照现代教育和学科设置的要求,开设一些新课,其中就有"印度哲学"。所以,北京大学拟聘请一名教梵文的教授。钢和泰有一个叫查尔斯·艾略特(Charles Eliot,1862—1931)的朋友,时为香港大学校长。艾略特是英国的语言学者和佛教学者,在谢菲尔德大学当过校长并兼任梵文讲师,代表作是《印度教和佛教史纲》。"艾略特与钢和泰交往已久,可以肯定当年钢氏游学英国时就与之交情甚笃,而此后一直联络不断。事实上,钢氏来到北京以后,他们一直有往来。1917 年 12 月 1 日,香港大学校长艾略特从香港致信问候钢和泰。正式向胡适和北大举荐钢氏,一定是在钢氏经过长期而慎重的考虑并决定留下来的事情,那是在 1918 年了。"①在举荐信中,艾略特写道:"据钢和泰男爵告知,他在争取北京大学即将设立的梵文教授讲席,我非常高兴能够推荐他谋求这一职位。尽管我说不出他是否有过什么教师经历,但我可以作证,他具有深厚的梵文修养,并热爱梵文语言文学。我绝不怀疑他是一位胸有成竹的梵文教师。"②

直接聘请钢和泰的则是 1917 年学成回国的胡适。胡适在日记中说:"民国七年,我因 Sir Charles Eliot 的介绍,请他到北大来教梵文,并教印度古宗教史。"③之所以由胡适出面邀请,这可能与胡适对梵文和印度宗教哲学感兴趣。"为了完成《中国哲学史》下卷写作,研究中古时期佛教在中国的传播,胡适还曾报名参加北大在 1919 年秋天成立的梵文班,师从德国语言学家雷兴(Ferdinand Lessing)。"④关于钢和泰在北京大学教课

---

① 王启龙、邓小咏:《佛学大师钢和泰男爵生平考(二)》,《西南民族大学学报(人文社科版)》2007 年第 11 期。
② 转引自王启龙编著《钢和泰学术年谱简编》,第 12 页。
③ 中国社会科学院近代史研究所、中华民国史研究室编《胡适的日记》(下),中华书局,1985,第 547 页。
④ 严友良:《胡适的巅峰十年》,"时代在线"(http://www.time—weekly.com/post/22915,访问时间 2020 年 12 月 25 日)。

的情况,王启龙等人在文章中写道:"从1918年起到1928年上半年,钢和泰一直在北大讲授梵文和古印度宗教史两门课程。时间长达10年之久!一般都说他是北京大学的正式教授,但具体时间始于何时,尚待查考。据北京大学档案室藏,1920年11月《国立北京大学职员录》记载,他任本科哲学系外国教师。由此可以推断,钢和泰刚刚到北大时,一定经过一段时间讲师经历之后,才当上教授的,最早也应该到1921年,甚至可能是1922年。"①不过,在1922年的"国立北京大学职教员录"中,钢和泰是哲学系的讲师,但在1926年的"外籍教师调查表"中是哲学系教授,在1936年的"国立北京大学职教员录"中是名誉教授。北京大学付给钢和泰的薪水是比较高的,1926年时是400元,和葛利普一样多,仅次于伊法尔的500元和毕善功的450元,而当时铎尔孟只有100元。

不论是梵文还是古印度宗教史都是极为小众的学科,因此,钢和泰在北京大学教学情况介绍相对比较简单。1922年的"国立北京大学职教员录"和1926年的"外国教员调查表"上标注的都是"古印度宗教史"和"梵文"。北京大学梵文学者王邦维教授认为:"钢和泰在北大讲过些什么课程,现在还不太清楚,不过至少有三门:梵文、印度宗教哲学史和古印度史。这几门课,当时有多少学生听过,现在也不很清楚。钢和泰不能讲中文,上课或作讲演,有时需要翻译,翻译一事,常常就由胡适亲自担任。他的印度宗教哲学史课程,印过一种铅印的英文的讲义。北大东方学系图书室现在还藏有一册,是曾在清华大学任教的陈寅恪先生当年的藏书之一,有陈先生自己糊的封皮和写的中文译名。"②胡适为钢和泰的课做口译是1921年至1923年的事情,时长两年左右。王启龙写道:"在国立北京大学教授梵文和印度宗教史。由于不能用中文授课,从是年(1921年——引者)10月起口译一职由胡适教授担任,每周两学时,胡适由此获得了有关佛教宗派、各经典版本源流、印度、锡兰历史传说与传教的渊源

---

① 王启龙、邓小咏:《佛学大师钢和泰男爵生平考(一)》,《西南民族大学学报(人文社科版)》2007年第10期。
② 王邦维:《北京大学的印度学研究:八十年的回顾》,《北京大学学报》1998年第2期。

等知识,同时向钢氏初学梵文。这些当是毫无佛教根基的胡适后来续写中国哲学史、大胆涉足禅宗史研究的重要契机。"①或许也有自己兴趣所在和研究所需,胡适才乐请钢和泰来北京大学任教,愿意为钢和泰上课做口译。

由于工作稳定和教学任务较轻,钢和泰有大量空余时间从事自己的研究。"他开始规划并实施自己的学术伟业,他发表了大量让中国学术界深省、让国外学术界嫉妒艳羡的学术成果,培养了好些梵、藏佛学人才。他的学术方法为中国学术界带来了一缕新风,使国内有关学术领域为之一振。"②在1918年至1928年间,钢和泰的主要著述有"英文写的《音译梵书与中国古音》《十八世纪喇嘛文告译释》《希腊文名称与印度》《论诸神变》《诸佛菩萨圣像赞评注》,法文写本《一七三四年班禅喇嘛告喻译释》。此外,还出版了他在中国的第一部专著,那就是由梁启超等推荐,由商务印书馆王云五亲自编辑的英文著作《大宝积经迦叶品梵藏汉六种合刊》"③。

作为在北京大学乃至中国最早进行梵文教学和研究的学者,钢和泰对中国的语言学、藏学研究做出了非常大的贡献。他研究印度佛学所使用语文学(Philology)方法,一直是北京大学梵巴语专业研究的特色。

除了教学和研究之外,钢和泰还热衷于图书、文献典籍、古物器玩等的收藏。远在他乡的钢和泰只有北京大学薪水的收入,400元在当时不算少,维持一种舒适生活没有问题。但用于无底洞般的收藏,400元就是杯水车薪了。另外,由于时局动荡、经费困难,北京大学常常拖欠教员的薪水,外籍人员也不例外,钢和泰就有两年没有领到薪水。时为北京大学教务长的陈大齐1927年7月12日专就此事向钢和泰道歉:"由于所有政府机关所面临的财政困难,我们非常愧疚,未能按时支付阁下薪水。过去

---

① 王启龙编著《钢和泰学术年谱简编》,第16页。
② 王启龙、邓小咏:《佛学大师钢和泰男爵生平考(二)》,《西南民族大学学报(人文社科版)》2007年第11期。
③ 同上。

二十二个月(1925年9月12日—1927年7月12日)的欠薪共计8,800($8,800.00)。扣除阁下预领的1925年9月的部分薪水148元($148.00),至今尚欠阁下总共8,652($8,652.00)。我相信,(北京)大学一定就此事(拖欠教授薪水)引起政府重视,采取具体步骤,以分期付款方式偿还所欠阁下之款。"①这笔欠款给到钢和泰手里已是1929年5月了,这时,钢和泰已经从美国讲学回来了。

就在钢和泰入不敷出、生活陷入窘迫的时候,1928年1月,美国哈佛大学文理学院院长乔治·蔡斯(George T. Chaes)来信邀请他前去讲学,条件包括支付往返旅费、在美期间食宿费用和1929年度的研究费用。3月,钢和泰回信给蔡斯表示接受邀请。就这样,在完成了1928年上半年北京大学的教学工作之后,从1928年9月到1929年7月初,钢和泰在哈佛大学讲学一年,除了讲授"佛教神学"和"大宝积经译释"两门课之外,还"继续进行他始终情有独钟的梵、藏、汉佛经对勘的研究工作"②。更重要的是,1929年5月,哈佛大学正式聘钢和泰为中亚语文学教授,在北京主持中印研究所,该所由燕京学社支持运作。获得哈佛大学的正式任命后不久,钢和泰又回到了北京,直到去世再未离开中国。在哈佛大学的一年,极大地提升了钢和泰的学术地位和名气,但与北京大学则渐行渐远了。

由于钢和泰有了哈佛大学的职位,北京大学就不能再聘请其为正式教授,所以,1929年9月聘任他为讲师,10月又聘任他为研究所国学门导师,1931年7月聘任他为文学院名誉教授。1932年2月25日,钢和泰在致哈佛燕京学社社长蔡斯的信中说:"在汉印研究所的团队工作持续改进的同时,我必须承认国立[北京]大学的学生在这很困难的几个月里没有显示出对我们的研究有多少兴趣。与对梵文相比,他们对政治更感兴趣。

---

① 王启龙、邓小咏:《佛学大师钢和泰男爵生平考(二)》,《西南民族大学学报(人文社科版)》2007年第11期。
② 王启龙、邓小咏:《佛学大师钢和泰男爵生平考(三)》,《西南民族大学学报(人文社科版)》2007年第12期。

我依然还是国立[北京]大学的荣誉教授（完全不支薪），但好多月来我没有给任何中国学生上过课。在目前的危机结束以前，我大概不会再去上这些课了。不过，我继续我的《莲华经》私塾课堂（每周四小时）。现在我和雷兴（[Ferdinand] Lessing）和陈寅恪（Tschen Yin Koh）二位教授一起读《莲华经》（一个梵文本、一个藏文译本、二个汉文译本，和几部注疏）。"①钢和泰的这番话道出了他人生最后几年与北京大学的关系。从王启龙的《钢和泰学术年谱简编》上看，这几年钢和泰全力主持哈佛大学派驻北京的中印研究所的工作，与叶理绥、蔡斯的联系最密切。不过，北京大学也没有忘记他，1934年名誉教授改为一年一聘后，1935年5月和1936年5月，北京大学都聘任他为名誉教授。但是，钢和泰与北京大学的关系似乎也仅限于此。

1937年3月16日，钢和泰因病在北平去世。胡适在当天的日记中概括了钢和泰的人生经历与学术追求、同北京大学的关系：

> 钢先生是一个纯粹学人，终身寻求知识，老而不倦。他从前是Esthonia（爱沙尼亚）的贵族，广有财产。他专治梵文、藏文，往年为考迦腻色迦王的年代，他想从中国史料里寻证据，故到东方来。俄国革命后，他的财产被没收，不能不靠教书生活。民国七年，我因查尔斯·艾略特爵士的介绍，请他到北大来教梵文，并教印度宗教史。他的古宗教史是我替他口译的，我们合作两年，我得益不少。我最初学梵文，也是跟他学的。他今年六十岁，有一妻二子。②

第三节　数学"研究教授"施佩纳和奥斯古德

数学一直是北京大学高度重视的基础学科。从京师大学堂成立起，数学就占重要的地位，1904年1月的《钦定学堂章程》规定"高等算

---

① 转引自沈卫荣：《陈寅恪与语文学》，《北京大学学报（哲学社会科学版）》2020年第7期。
② 胡适：《胡适日记全编1931—1937》，曹伯言整理，安徽教育出版社，2001，第666页。

学"属于格致科并设算学门。京师大学堂更名为北京大学校后,格致科改为理科,数学仍为其一门。1919年北京大学"废门设系"时,数学系为第一。同其他许多专业一样,北京大学数学系也很注重国际交流与合作,除了使用国外教材、学习德日等国大学数学课程设置、引进在国外著名大学获得博士学位者任教之外,在不同时期也聘请国际著名学者前来演讲或任教。其中,以研究教授身份在数学系任教的德国数学家施佩纳和美国数学家奥斯古德贡献最大,他们的照片今天还挂在北京大学数学学院的墙上。

北京大学"研究教授"是20世纪30年代初设立的。蒋梦麟1930年12月正式出任北京大学校长后,致力于改革北京大学原有教学与行政体制,但受困于经费匮乏,胡适、傅斯年等人决定筹措资金帮助蒋梦麟。于是,他们同中华教育文化基金会(以下简称"中基会")的美方董事协商,由这个基金会出一笔基金,专门支持北京大学的教学与研究,其中之一就是设立"研究教授",聘请外国著名学者来北京大学讲学。1931年1月9日,中基会第五次常会对"研究教授"做出了明确规定,草拟了"北京大学与中华教育文化基金会董事会合作研究特款办法"。它规定:"研究教授之人选,以对所治学术有所贡献,见于著述为标准,经顾问委员会审定,由北大校长聘任。研究教授之年俸,自4800元至9000元不等。此外,每一教授应有1500元以内之设备费……研究教授每周至少上课六时,并担任学术研究及指导学生之研究工作,研究教授不得担任校外教务或事务。"[①]

北京大学聘请的第一位研究教授是德国著名数学家施佩纳(E. Sperner,1905—1980)。施佩纳来中国时是汉堡大学教授,主要贡献在近世代数和一般拓扑学方面。1932年4月,德国汉堡大学著名的几何学教授布拉希开(W. Blachke,也译为布拉施克,1885—1962)应邀来北京大学做"微分几何的拓扑问题"方面的讲座。为了培养高水平的数学人才,北

---

① 转引自李艳平、王士平主编《远方来的播火者 20世纪上半叶世界著名科学家入华记》,首都师范大学出版社,2012,第106页。

京大学和清华大学请布拉希开推荐德国的数学家来华执教。布拉希开向北京大学推荐的就是拓扑学家施佩纳,而向清华大学推荐的是汉堡大学教授数论和函数论的裴德生(Peterson)博士。裴德生没有到清华任教,但施佩纳于 1932 年 7—8 月间到了北京大学。在 1932 年至 1933 年、1933 年至 1934 年两个学年度,施佩纳被北京大学聘为研究教授。既然是研究教授,施佩纳需要完成北京大学和中基会"合作研究特款办法"规定的教学与研究任务,而北京大学在每个学年要向中基会提供《北京大学研究教授工作报告》。

(一)1932—1933 学年度

除任课外,完成论文两篇:

I. Ueber die Fixpunktferren der Ebene①(汉堡大学学报丛刊第十四号,附件第五号)

II. Einfurung in die Analytische Geometrie und Algebra②(第二册,三月后可出版)。

至研究计划尚有下列三项:一、研究形势几何学,③尤注意于平面与空间无定点之形化法。二、微分几何中之形几何问题,尤注重于一根 n 级代数曲线之三直场所成之纲。三、群论与几何学基础相关问题。

(二)1933—1934 学年度④

本年度除任课外,其研究工作如下:

一、完成《解析几何与代数》第二卷(希莱亚⑤与施佩纳合著),此书因原稿有修改及增添之必要,故未能于上年报告中所预定时间内出版。今原稿最后数章已于两月半前邮寄德国汉堡付印,五月七日

---

① 关于密封范围内的固定点问题。
② 解析几何与代数导论。
③ 当时把拓扑学(Topology)称为"形势几何学"。
④ 国立北京大学编《国立北京大学研究教授工作报告》,《国立北京大学》,1934 年。
⑤ 希莱亚(Otto Schreier,1901—1929),德国数学家,1927 年首先提出一般的拓扑群概念。

汉堡大学布拉希开教授来函谓此书即将付梓,不久当可出版。

二、《柔当曲线定理》简单证明。此法将刊入《形势几何学完讲义中》。①

关于施佩纳在北京大学的研究与教学工作,有学者做了这样的总结:

> 施佩纳被聘为北京大学数学系研究教授,除教学外还兼培养研究生之职。他开设的几何基础、拓扑学等方面的课程,不仅深受到本系师生的欢迎,还吸引了清华等校的教师、研究生前来听讲。1933年7月,《世界日报》曾报道了施佩纳在华的学术工作,他在北京大学数学系一直工作到1934年。施佩纳使用的教材是施赖埃尔(O. Schreier)和施佩纳合著的德国原版《解析几何与代数引论》(*Einfuhrung die analytische Geometrle und Algebra*)与《矩阵引论》(*Vorlesungen uber Matrizen*)两书。当时在北京大学读书的樊畿利用暑假将两者译出,合为《解析几何与代数》,由冯祖荀作序并推荐给商务印书馆。1935年,该书初版作为《大学丛书》之一发行。1960年在台湾印行了第七版。施佩纳的讲学对张禾瑞(1911—1995)、吴大任(1908—1997)等产生了直接的影响。②

吴大任是中国著名的数学教育家,中国积分几何研究的先驱之一,1932年在施佩纳指导下按群论观点用反射变换作为欧氏运动群的生成元研究,新中国成立后长期在南开大学从事领导和教学工作。在北京大学数学系两年的"研究教授"聘期满后,施佩纳返回德国,先后在哥尼斯堡、施特拉斯堡、费赖堡和波恩等地工作,1954年回到汉堡大学任数学教授。

在施佩纳之后,北京大学聘请的第二位研究教授是哈佛大学的奥斯古德教授(W. F. Osgood,1864—1943),1934年至1936年在北京大学数学系讲了两年的复变函数论、实变函数论和力学等课程。

---

① 《北京大学研究教授工作报告(续)》,《世界日报》1932年7月17日。
② 刘秋华:《二十世纪中外数学思想交流》,科学出版社,2009,第116页。

THE NATIONAL UNIVERSITY OF PEKING
PEIPING, CHINA.

THE AGREEMENT:

This Agreement is made on the first of August in the 23rd year of the Chinese Republic (1934) by and between the National University of Peking and Prof. W. F. Osgood, who is to be engaged by the said University as Professor of Mathematics:

Art. 1. Prof. Osgood shall be the Professor of Mathematics in the National University of Peking, which Professorship is endowed by the China Foundation for the Promotion of Education and Culture.

Art. 2. Prof. Osgood shall deliver lectures, conduct research, give special talks, and help to organize Mathematics courses.

Art. 3. Prof. Osgood shall not undertake any other engagement outside the University.

Art. 4. Prof. Osgood shall receive a monthly salary of $600 Chinese currency for 12 months a year.

Art. 5. The University shall pay for Prof. and Mrs. Osgood each a first class return passage to and from Peiping.

Art. 6. The present Agreement shall be in effect for a period of one year, but may be extended upon mutual consent. Three months notice shall be given, in case one party intends not to renew the Agreement upon the expiration of the term.

Art. 7. Should the one year term be extended, the payment of the passage from Peiping, mentioned in Art. 5 shall be paid upon the expiration of the term extended.

Signed:

Monlin Chiang,
The Chancellor.

S. J. Leo,
Dean of the College of Science.

William F. Osgood,
Professor of Mathematics.

奥斯古德教授合同(英文版)

第七章　民国时期北京大学几位著名的外籍教员 | 183

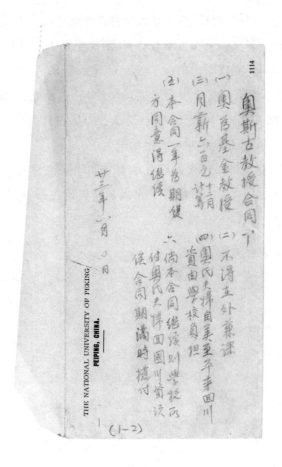

奥斯古德教授合同

奥斯古德是美国著名的数学家，1882 年进入哈佛大学，1887 年获得硕士学位又先后进入德国哥廷根大学和埃尔朗根大学深造，1890 年获得博士学位。此后，奥斯古德一直在哈佛大学教授数学，其中，1904 年当选美国科学院士，1905 年至 1906 年担任美国数学学会主席，1918 年至 1922 年任数学系主任。1933 年，奥斯古德退休①。通过姜立夫的介绍，

---

① 关于奥斯古德的退休和个人婚姻情况，有著作写道："在来北京大学讲学之前，他与年轻同事 H. C. M. 莫尔斯的前妻结婚，陷于一桩丑闻之中，被哈佛大学勒令于 1933 年退休。"（刘秋华：《二十世纪中外数学思想交流》，第 118 页）

北京大学聘请他为研究教授,到北京大学讲课和做研究。姜立夫(1890—1978)是中国著名的数学家和数学教育家,浙江平阳人,1911年9月入美国加州(伯克利)学习数学,1915年毕业后转入哈佛大学研究院深造,1919年获得博士学位。在哈佛大学攻读学位期间,姜立夫1918年以助教身份协助奥斯古德工作。回国后,姜立夫创办了南开大学数学系,江泽涵、吴大任、陈省身等都是他早年教过的学生。

1933年,姜立夫得知北京大学数学系在聘请研究教授,就推荐了刚刚退休的奥斯古德。1934年8月,北京大学同奥斯古德签订了研究教授的聘请合同。

(1)奥斯古德为基金教授。

(2)奥斯古德应讲课,开展研究,专门演讲,并协助组织数学课程。

(3)不得在外兼课。

(4)月薪六百元,以十二月计算。

(5)奥氏夫妇自美至平来回川资由学校负担。

(6)本合同一年为期,双方同意得继续。

(7)倘本合同继续,则学校需付奥氏夫妇回国川资,在合同期满后支付。①

签这份合同后又续聘一年,时间跨1934年至1935年学年度和1935年至1936年学年度。关于奥斯古德来中国和在北京大学任教情况,江泽涵先生在其回忆文章中写道:

> 由于姜老夫子向我建议,经理学院聘请W. F. Osgood在1934—1936年任研究教授。他于1934年8月25日在塘沽下船,我曾亲自迎接,并在塘沽车站和他全家合影。他携新夫人(M. Morse的旧夫人)及Morse女Morse及子Dryden同来。住协和医院Sorth

---

① 北京大学档案馆,档案号BD1934012。

Compound一住宅中。聘来许宝騄为他的助教。他教过实变、复变、力学、多元复变课,特别是每年都教力学课一次,注意应用。在北大出版社出版过《实变函数论》《复变函数论》。*Mechanics* 则在美国McMillan公司1937年出版,序言中提起乃北大讲义。另还讲多元复变函数论,有关Abel积分等问题,惜无师生继续随他作此项研究。在北大出版社印书时,他校对(孙树本帮助)极严,每页必须他亲自盖章,才为定稿。他谈他自己幼年当过排字工人,深懂此道。他常赞法文书籍印刷的标准最高,例如Appell的力学,德文书籍则次之。这样也训练了印刷工人,北大出版社曾购一套新字模(为铸铅字用)。Sperner教的学生都受到Osgood的教授。学生中,他曾称赞王湘浩力学学得成绩好。[①]

奥斯古德在北京大学做了两年研究教授,对北京大学数学系乃至整个中国数学的教学与研究都起到了比较大的推动作用。有学者总结道:"其一,他的讲学活动使该系的函数论课程更为专门化,可能促使该系教师更为重视实变函数论和复变函数论这两门大学数学专业的重要课程,催生了实变函数、复变函数教科书在中国的出版,推进了函数论在中国的传播。其二,他的讲学活动使该系学生受到哈佛训练模式的训练,缩小了他们与国际水平的差距,使学生容易在国际上与国外数学家进行沟通、对话。他讲学期间的该系学生樊畿、王湘浩等后来出国留学并取得较高的学术成就应该或多或少都与他的讲学有关。其三,他通过讲学为该系师生树立了学者的典范,为该系植下了优良传统的种子。"[②]关于奥斯古德对北京大学数学系教学的帮助,江泽涵1934年8月20日在致哈佛大学数学系教授伯克霍夫的信中说:"在我们的大学,不仅没有数学研究生,而且对于数学本科生的训练也不是本应该的那样。几周前,奥斯古德给我们写了一封长信。他建议按照哈佛大学本科生和研究生一年级课程的

---

① 江泽涵先生纪念文集编委会编《数学泰斗世代宗师》,第16页。
② 郭金海:《奥斯古德与函数论在中国的传播》,《中国科技史杂志》2014年第1期。

精神,分别重新组织我们的初等、高等课程。这个想法将于下学年付诸实施,其前景非常看好。"①

正因如此,北京大学给予奥斯古德充分的肯定。比如,北京大学实际付给奥斯古德的薪水是 700 元,比合同规定的多 100 元,是北京大学教职员中最高的,校长蒋梦麟也只有 600 元。② 还有一例可以佐证北京大学对奥斯古德的认可。"1936 年 3 月 11 日恰逢奥斯古德 72 岁寿辰,北京大学为此专门设立盛大的生日宴会。这天下午七时,蒋梦麟在北京大学新宴会厅为奥斯古德祝寿,参加者除蒋梦麟夫妇外,还邀请有文学院院长胡适、理学院院长张景钺、秘书长郑天挺、课业长樊际昌、数学系主任冯祖荀以及奥斯古德的好友维纳、清华大学校长梅贻琦等共约五十人。"③

1936 年 4 月,奥斯古德结束在北京大学的研究教授工作,20 日从上海乘船返回美国。

---

① 转引自郭金海:《抗战前北京大学数学系的课程变革》,《中国科技史杂志》2015 年第 3 期。
② 《国立北京大学核发薪金清册》,王学珍、郭建荣主编《北京大学史料 第二卷 1912—1937》,第 507 页。
③ 李艳平、王士平主编《远方来的播火者 20 世纪上半叶世界著名科学家入华记》,第 146 页。

第八章 到北京大学讲演的国外学者

在请进来方面,民国时期的北京大学还有一个新的亮点,那就是经常性地邀请世界著名学者到北京大学讲学,或系列或单次,讲演、演讲或讲学等称谓也不尽相同。如细分起来,讲学多半在较长时间里做多次或系列的讲演,而讲演或演讲通常是一次或几次的学术报告。比起长期聘请外籍教员,邀请外国著名学者讲学或讲演的方式更为灵活,不受教学体制的约束,操作相对简便易行。这些学者研究领域广泛,讲学的内容涵盖多个学科,通过讲演他们擅长的内容,把最先进的或基础的研究成果、研究方法介绍到北京大学。

第一节 国外物理学家和数学家的讲演

一、国外物理学家的讲演

第一位在北京大学做系列学术报告的是德国学者普兰克。1923年5月28日,《北京大学日刊》登了下列一则通告。

　　普朗克教授讲演题目及时间
　　(一)在本校第二院大礼堂
　　星期二(二十九日)下午四点至六点
　　讲题:热力学之第二原理及"热温商"(Entroyp)之意义
　　星期五下午四点至六点
　　讲题:Nernt热论(即热力学之第三原理)
　　(二)在国立工业专业学校

星期三晚七点至九点

讲题：最新之产冷法

星期四晚七点至九点

讲题：冷产法之应用

以上讲演由工专教授赵汉威先生编译①

除了这个简单的告示之外，北京大学的文献史料中没有任何其他关于普朗克这两次演讲的记载，也无对他的介绍，沈克琦、赵凯华2003年主编的《北大物理九十年》、2013年主编的《北大物理百年》在民国时期物理系对外交流方面的记载也只是这份告示的前半部分，没有对普朗克的任何介绍。所以，通告中的普朗克常常被误以为是与爱因斯坦齐名的德国物理学家、量子力学的重要创始人马克斯·普朗克（Max Planck，1858—1947）。然而，量子力学是现代物理，而热力学是经典物理，两者基本不搭界。所以，有学者提出，来北京大学演讲的普朗克不是他而是另外一个没那么有名的德国物理学教授鲁道夫·阿洛伊斯·瓦莱里安·普兰克（Rudolf Aloys Valerian Plank，1885—1973）。② 在中国学界，研究马克斯·普朗克的著作和论文很多，而论及鲁道夫·普兰克的文章似乎只有刘娜和李艳平的这一篇，媒体上也少有介绍。

根据刘娜和李艳平的研究，普兰克生于乌克兰基辅。"1903年高中毕业后，普兰克在当地学习数学和物理学。1904年，普兰克到圣彼得堡学习机械工程学，未完成学业，转到德国德累斯顿工业大学学习机械制造。1909年至1911年，普兰克在但泽工业大学担任力学教授的助教，同时取得热力学和弹性力学的博士学位，并获得教授资格。之后，普兰克在柏林博尔西格公司的制冷系统部门工作了两年，从事制冷技术研究。1913年10月—1925年9月，普兰克在领导力学实验室的同时，还任但泽

---

① 《普朗克教授讲演题目及时间》，《北京大学日刊》1923年5月28日。赵汉威（1895—1984），江苏吴江人，1918年毕业于北京大学化学系，1921年获瑞士苏黎世大学理学博士学位，时任北京大学教授。

② 刘娜、李艳平：《普兰克1923年在华学术活动》，《物理》2010年第8期。

工业大学热力教授。"①后来,普兰克成为德国制冷方面著名的专家和学者。

1923年4—6月间,普兰克利用东亚之行的机会来到了中国,先后访问了上海、南京和北京等地,并在一些高校和教育机构演讲。普兰克4月7日到达上海,随后在同济大学讲学一个月,讲授的是有关制冷工业和热力学方面的内容。5月,普兰克到了南京,就热力学问题在东南大学做了六次演讲。5月底,普兰克应北京大学和国立工业专业学校之邀请,来到北京,先后在两校做了上述四次演讲。在他开始演讲之前,《京报》报道说:"本京工业专门学校及北京大学,因博士为工业界及理学界之明星,特礼聘博士来京,将于下星期在两校分期公开讲演。"②不过,关于普兰克缘何来华和怎么在北京大学演讲的具体情况鲜有介绍。"有资料说普兰克是'应上海丹麦某公司特约,来华专任短期之指导',另一些资料说普兰克'为了卖食物冷藏法专利权的事情来华',普兰克来华是应谁的邀请,主要目的是什么等还未搞清。另外,普兰克在华学术活动产生了哪些影响也有待进一步探讨。"③北京大学对他不是特别看重,也显而易见。

第二位到北京大学做系列物理学讲演的是法国物理学家保罗·朗之万(Paul Langevin,1872—1946),1931年12月至1932年1月间在北京大学做了九次演讲。

朗之万生于巴黎,大学就读于巴黎市立高等工业物理化学学校和巴黎高等师范学校,1897年毕业后进入英国剑桥大学著名卡文迪许物理实验室,不久又回到法国巴黎大学,在皮埃尔·居里指导下研究物理,1902年获得博士学位。"在19世纪末、20世纪初的物理学革命中,朗之万在物理学的多个领域取得成就,对气体电离和空气中离子的性质、气体分子运动论、经典磁学理论、相对论、超声学等方面都有重要贡献。"④从1904

---

① 刘娜、李艳平:《普兰克1923年在华学术活动》,《物理》2010年第8期。
② 《工业界之福音,德国拨兰克博士将来华讲演》,《京报》1923年5月27日。
③ 李艳平、王士平主编《远方来的播火者 20世纪上半叶世界著名科学家入华记》,第41页。
④ 李艳平、王贞:《朗之万在华足迹记》,《物理》2011年第11期。

年起,郎之万先后任法兰西学院的物理学教授、巴黎市立高等工业物理化学学校主任,1931年当选为索尔物理学会主席,这个学会主要讨论物理学发展中有待解决的关键性问题。

1931年10—12月间,应中华民国政府行政院的邀请,国联下属机构国际文化合作委员会派出一个国联教育考团来华,主要了解中国国家教育的状况,朗之万是代表团成员之一。由于是从事物理学研究与教授的知名学者,朗之万到中国之后,除了随团到上海、南京、北平、天津、河北、广州等地考察之外,还应邀在上海、杭州和北平一些大学和教育机构发表十多次演讲,但邀请者也不全是北京大学。1931年10月19日,朗之万在北京大学做"科学思想过程"的讲演。1931年12月22日至1932年1月11日,朗之万应北京大学、清华大学和北平研究院之邀以"相对论及量子论动力学及其在磁性理论中的应用"为题,做了九次讲演。按原定计划,这九次演讲的前五次在北京大学,后四次在清华大学,因交通问题,朗之万的九次演讲都是在北京大学物理系院内的第五教室进行的。1932年1月10日,朗之万又应北京大学法文学会之邀在北京大学做"社会的演进与科学的使命"讲演。

有关朗之万在北京大学演讲的具体情形和影响,少有记载。在朗之万来华的作用方面,相关文献都充分地肯定其推动了中国物理学同世界的交流,直接促成了中国物理学会的建立。《北大物理百年》写道:"在北平物理学界人士召开的欢迎会上力主中国应建立物理学会,因而11月1日北平物理学界13人集合,决定通函国内征求发起人,并拟定章程草案。中国物理学会终于在1932年8月22日召开成立大会和第一次年会。"①

第三位是丹麦物理学家玻尔在北京大学演讲。

在日本发动全面侵华战争前夕,丹麦哥本哈根大学教授、世界著名物理学家玻尔(Niels Henrik David Bohr,也译为波尔或波耳,1885—1962)于1937年5—6月来华,在北京大学做过物理学方面的演讲。玻尔1903

---

① 沈克琦、赵凯华主编《北大物理百年》,第17页。

年入哥本哈根大学主修物理学，1909年和1911年分别获得科学硕士和哲学博士学位。1913年起，玻尔先后任教于英国曼彻斯特大学物理学系和哥本哈根大学物理学系，1917年当选丹麦皇家科学院院士，1920年创建哥本哈根理论物理研究所并任所长达40年，1922年因对原子结构理论的贡献获得诺贝尔物理学奖。

1937年初，玻尔应邀请到美国和日本讲学。在玻尔结束日本讲学之前，中央研究院、北京大学、中国科学社和中华文化教育基金会等十多个研究机构和高校单位联合向他发出邀请，玻尔也接受了邀请。为了玻尔能来华做学术演讲，中方做了许多工作。中华文化基金会负责人任鸿隽筹集了1万块大洋作为玻尔讲学和浏览基金，《中央日报》《北京晨报》《大公报》都报道了玻尔来华讲学的消息，《科学》杂志发表了介绍玻尔生平及其贡献的文章。

5月20日，玻尔携妻子乘轮船到上海，23日到杭州，25日到南京，均受到隆重的迎接和招待，浏览了三地的名胜，在上海交通大学、浙江大学、南京中央大学做了原子物理方面的演讲。玻尔一行29日到达北平，但此前一周里《北京晨报》刊登了六篇报道，比较详细地介绍了玻尔在北平的行程和科教界对他的欢迎计划和准备情况。29日下午，玻尔一行乘车抵达前门火车站，北京大学理学院院长饶毓泰、清华大学理学院院长吴有训以及其他大学理学院的院长、教授和中华文化教育基金会的总干事、中法大学校长等在车站热烈欢迎。当晚及其后每日受到了隆重招待、浏览北平名胜、参观研究机构或大学的物理实验室的情况自不必说，在北平逗留期间，玻尔做了三场学术演讲，其中两次是在北京大学理学院进行的。

5月31日，应蒋梦麟校长的邀请，玻尔在北京大学理学院宴会厅以"原子核"为题，进行了第一场演讲，饶毓泰在欢迎辞中介绍了玻尔的生平及其在物理学中的贡献，校长蒋梦麟、理学院院长饶毓泰、理学院的全体教授和学生以及校外物理学院吴有训、孙洪芬等数百人出席玻尔的演讲会。当日的《北京晨报》说："准三时由校长蒋梦麟、理学院长饶毓泰、教务长樊际昌等,引波耳(即玻尔)入宴会厅后,即由饶毓泰向听众介绍波耳(即玻尔)学历后,继续开始演讲,题为原子核问题,历时一小时。"①在演讲开始之前,玻尔参观了物理系的实验室,这个实验室当时正在饶毓泰和吴大猷的领导下重点搞光谱的实验研究。6月4日下午,玻尔在北京大学理学院大讲堂做了题为"原子构造"的第二次演讲。"据洪谦教授回忆,讲演中N.波尔(即玻尔)曾提到科学哲学问题,顺便提到他的互补原理。讲演完后,N.波尔参加了座谈会,会上洪谦教授提出用海森堡的不确定原理如何说明一个具体问题。N.波尔知道他曾属于持逻辑实证主义的维也纳学派,只做了概要的说明。"②但是,在对玻尔讲演的具体描述上,还有略不同的说法。比如,第二天的《京报》报道说:"世界物理学家波尔,昨日下午三时至北大参观各院设备,以参观理学院为较详尽。四时许在理学院宴会厅讲演,题为'原子核的构造论'。届时校长蒋梦麟率高级职员和各院院长各系主任、教授、助教、理学院学生等百余人参加所讲,为避器扰,开讲后讲室上锁,禁止随意出入。波氏用英语讲演,有为流畅清晰,至六时许讲毕。略事休息,即席由蒋氏招待举行茶话会,高级职员及各院长、各系主任等均作陪。波氏对北大理学院设备极为称赞,至九时许宾主尽欢而散。"③

1937年6月7日晚,玻尔一行乘火车从中国东北出关经苏联西伯利亚回国。"在我国的十八天中,他在五个著名大学讲学共七次,参观了有关大学的物理实验室和中央研究院及北平研究院的物理研究所,举行了多次座谈会,就原子核和量子力学的理论、实验和科学思想问题,发表了很多精辟的见解,对各大学的实验、教学和科学研究提出了不少有价值的意见,使我国学术界得到了很大的教益。"④

---

① 《北京晨报》1937年5月31日。
② 阎康年:《N.波尔访问中国》,《中国科技史杂志》1982年第1期。
③ 《波尔博士昨在北大讲演》,《京报》1937年6月1日。
④ 阎康年:《N.波尔访问中国》,《中国科技史杂志》1982年第1期。

二、国外数学家的讲演

1920年同美国哲学家杜威一起被北京大学授予名誉博士的班乐卫(Paul Painlevé,1863—1933年,也译为潘勒韦、班乐为)是法国数学家。他1883年考入巴黎高等师范学校学习数学,1887年获得巴黎大学博士学位,以后在巴黎的几所大学任教,在代数几何、微分方程、函数论等领域做出了巨大贡献。班乐卫对中国友好,热心于中法之间的文化交流。第一次世界大战结束之后,北洋政府官员叶恭绰提议在巴黎设立中国学院以便推动中西文化交流,班乐卫欣然接受。1920年3月,巴黎中国学院成立,班乐卫任院长。同年,班乐卫和另外一名法国数学家博雷尔访问中国,6月22日到达北京。7月1日,班乐卫在北京大学理科大讲堂做了一场有关数学的学术报告,由李石曾做翻译。另外,英国哲学家罗素1921年在北京大学做的"数理逻辑"系列讲演通常也被列为数学范围。①

1919年8月授予班乐卫及儒班名誉博士学位的典礼

(来自北京大学档案馆,档号 SXZP1921007)

---

① 丁石孙:《北京大学数学系八十年》,北京大学数学系编《北京大学数学系成立八十周年纪念册》1983年5月。

1932年4月,德国汉堡大学著名的几何学教授布拉希开来北京大学做讲座,北京、天津数学界许多知名学者都赶到北京大学听讲。江泽涵在回忆中说:

>　　1932年上半年,汉堡大学W. Blaschke(当时著名的微分几何学家)到北京来讲学,讲网络(Gewebe)拓扑、乌比司带等。有人记得他说他讲了七次,一次在女子文理学院,北大曾有一张他在马神庙理学院大讲堂讲学后的照片,其中有当年在清华当研究生的陈省身,在南开任助教的吴大任,有年轻穿西装的北平研究所的严济慈,还有北大理学院院长刘树杞,系主任冯祖荀和我以及许多讲师、助教及学生(底片前两年黄文灶交给了我。陈省身某年曾印出带回美国。①)

1934年4—5月间,美国哈佛大学著名数学家伯克霍夫(G. D. Birkhoff,1884—1944)应数学系主任江泽涵之邀来北京大学讲学。伯克霍夫1905年毕业于哈佛大学,1907年从芝加哥大学获得博士学位,1912年起在哈佛大学任教,主要研究领域是数学分析、分析学在动力学中的应用、线性微分方程、差分方程和广义黎曼等方面,担任过美国数学学会主席。1934年4月,伯克霍夫应北京大学邀请来华讲学。从4月20日到5月2日,伯克霍夫在北京大学进行了八次讲座,分为量子力学中几种见解、动力学之微分方程、四色问题、审美度量四个专题。关于伯克霍夫在北京大学演讲具体情况,只有这样的描述:

>　　前六讲在第二院物理教室举行,后两讲在协和礼堂举行。最后的一讲"审美度量"讨论了数学在艺术和音乐中的作用,是G. D. 伯克霍夫1933年出版的新著《美学标准》的主题。G. D. 伯克霍夫的演讲反响很大,激发了师生们强烈兴趣。但那时北京大学没有研究生教育,伯克霍夫的演讲又似乎太前沿,普通大学的本科生和一年级的研究生无法理解。②

---

① 江泽涵先生纪念文集编委会编《数学泰斗世代宗师》,第15页。
② 刘秋华:《二十世纪中外数学思想交流》,第117页。

第二节　日本学者在北京大学的讲演

20世纪20年代,受国际政治的影响,在北京大学长期或短期正式任教的日本教员都已回国,在两国处于交战状态时的20世纪30年代北京大学更不可能有日本教员,更何况北京大学南迁与清华大学、南开大学合并了。但在20世纪20年代上半期,有几位人文社会科学和艺术等领域的学者到北京大学讲演。

20世纪20年代第一位到北京大学演讲的是日本早稻田大学教授片上伸。

1922年9月19日,《京报》上登载一则消息称:"日本早稻田大学教授片上伸先生,此次应沪汉两处日本人之聘,来中国讲演,于前晚到京。北京大学蔡校长拟请先生于本月二十日(星期三)午后在北大第三院公开讲演。片上先生为日本现代有数之文艺批评家,尤精通俄国文学及俄国最近的文艺思潮。是日讲演,想必有一番新颖之言论饷我同人也。"[①]片上伸(1884—1928)原名叫片上天弦,爱媛县人,1900年入早稻田大学(时称东京专门学校)哲学英文科。由于对文学十分感兴趣,片上伸1909年毕业后在《早稻田文学》杂志任记者和编辑,1915年10月被早稻田大学派往莫斯科留学。在留学期间,片上伸目睹了十月革命及其后建立的苏俄初期的社会主义实践,从此开始关注阶级性很强的无产阶级文学。

片上伸是应谁之邀请来到北京并到北京大学讲演的呢?有学者经考证认为:

> 可能性最大的,应该是在北京期间一直都陪同在片上伸身边的《北京周报》日本记者丸山昏迷。众所周知,丸山昏迷当时在北京文化界人际交往甚广,尤其与周氏兄弟过往密切。从《周作人日记》所记述的内容可以推断,应该就是他将片上伸引荐给周作人的。而周

---

① 《北大明日之讲演》,《京报》1922年9月19日。

作人也确实为片上伸到访北京并到北大发表演讲一事投入了很多精力,不仅以校长蔡元培的名义邀请了片上伸,还特请胡适代表蔡校长担任那次演讲会的主办人;在演讲会前夜,还会同丸山昏迷和片上伸一同前去胡适家中拜访;演讲会当天亲自去宾馆迎接并担任片上伸的会议翻译;会后又安排了两个自己最为欣赏的学生张凤举和章廷谦把片上伸的演讲稿分别翻译到了《北大日刊》和《晨报副刊》上。①

关于片上伸到了北京之后的讲演情况,1922年9月22日,驻京日本人创办的《北京周报》杂志载文说:

> 正在访问北京的早稻田大学教授片上伸,于本月19日在大和俱乐部发表了题为《劳农俄国的文学》的演讲。时间长达一个半小时。内容详细。次日下午又应北京大学相关人员的邀请,到该校第三院大礼堂做了题为《北欧文学的原理》的演讲。由周作人教授做翻译。本次演讲亦搏得了全场的热烈喝彩。下午五时又到孔德学校为该校的师生做了一场报告。夜晚,北京大学相关人员为其举办了欢迎宴会。次日上午10点15分乘车离京。②

但是,国内学界对片上伸的研究,主要集中在他的文学理论以及同鲁迅、周作人的关系上面。

在片上伸之后来北京大学演讲的是福田德三。

1922年10月3日,北京大学发布启事:

> 本月四日(星期三)下午二时,本校特请日本东京商科大学教授福田德三博士在第三院大礼堂讲演。讲演题目为'马克思主义的几个基本问题',由陈惺农③教授担任译述。福田博士为日本新人会领袖人物,对于马克思一派之学说,研究甚深。甚盼本校同人届时同来

---

① 陈朝辉:《片上伸在中国》,《鲁迅研究月刊》2013年第7期。
② 同上。
③ 陈惺农(1886—1960)就是陈启修,1917年毕业于日本东京帝国大学,同年受聘担任北京大学法科教授和研究所主任,他最先将《资本论》译成中文。

听讲。①

福田德三(1874—1930),东京人,毕业于东京高等商科学校研究科,1898年赴德国留学,1900年获得经济学博士学位,1901年回国后先在母校后到庆应义塾大学任教授,是日本明治、大正时代的经济学家,有"日本近代经济学之父"之誉。"他一生中涉猎的学术领域极其广泛,几乎跨越了从经济理论到经济史、经济学史、社会政策和福利经济学等应用经济学的所有领域。他致力于从历史学派到古典学派、马歇尔、马克思等诸位社会思想的研究,并顺利探寻了亚瑟·庇古、霍普森等福利经济学家的学问之路。"②福田德三的经济学理论深受德意志历史学派和马克思主义的影响,所以,到北京大学讲"马克思主义的几个基本问题"也就不奇怪了。

第三位来北京大学做演讲的是田边尚雄,时间是1923年。与福田德三不同,田边尚雄不是北京大学邀请的,而是北京大学国文系教授会邀请的。5月12日《北京大学日刊》发布的是该教授会的启事:

> 日本官内省乐部讲师田边尚雄先生,定于本月十四日(星期一)下午七时,在第二院大讲堂讲演"中国古代音乐之世界的价值",并携有留声机片,其中有南北朝唐代及西域之乐曲(如:兰陵王破阵曲、皇口、武德太平乐、春莺啭、还城乐、越殿乐、胡饮酒等)多种,临时开演。校内外愿听者,务望准时降临。③

显而易见,田边尚雄远不如福田德三名气大,邀请他到北京大学讲演只是国文系。同样,有关福田德三到北京大学演讲的那些疑问,也适用于田边尚雄。不过,田边尚雄也绝非无名之辈。田边尚雄(1883—1984),东京人,1907年毕业于东京帝国大学物理学科,但研究生时学习声学、音响心理学和生理学,后从事日本传统音乐舞蹈研究,在东洋音乐学校、东京

---

① 《马克思主义的根本思想特别注重其与布尔塞维维克的关系》,《北京大学日刊》1922年10月2日。
② 刘绮霞:《日本经济学家福田德三经济思想述评》,《山东工商学院学报》2006年第3期。
③ 《国文系教授会启事》,《北京大学日刊》1923年5月12日。

帝国大学教课。田边尚雄写许多音乐方面的著作,其中一本是《中国音乐史》。该书的中文版作者介绍中说:"他是日本最早研究并介绍东方音乐、日本音乐、西方音乐的学者。"①田边尚雄做的这次演讲,也是他长期研究内容的一部分。

前三位日本学者在北京大学的讲演都是一次,1924年北京大学史学系教授会邀请到的东京帝国大学文学博士市村瓒次郎则讲了多次。史学系教授会发布的告示也比较详细,说他"为东洋之专家,著有东洋史要及支那历代史观等书,对于中国文化,颇有贡献",讲演的题目是"论环境与文化之关系,并以两晋南北朝佛学之影响为例证",时间定在10月6日、7日、8日、9日、11日,每天下午3—5点,由张凤举教授翻译。② 张凤举是张定璜(1895—1986)的别名,江西南昌人,早年留学日本京都帝国大学,20世纪20年代是北京大学、女子师范大学的教授。关于市村瓒次郎到北京大学史学系讲学的细节,暂时无从考证。市村瓒次郎一些早年的史学著作都有中文版,如《支那史要》(1893)、《支那论集》(1916)、《东洋史要》(1924)、《支那史研究》(1939)、《东洋史统》(1950)等。日本学者江上波夫编过《东洋学的系谱》,其中有市村瓒次郎篇。中文译者在"译序"中介绍说:"市村瓒次郎是东京学派的重要学者,也是日本'中国史'向'东洋史'转折的关键人物。""若谈到单本著作,市村氏和泷川龟太郎合著的《支那史》则早在1903年就有了中译本,作为教科书,一度风行国内,但是此书并非市村氏学问之精粹,四巨册《东洋史统》方为其代表作。案'史统'之义,吾乡先哲柳诒徵先生《国史要义》谓之'史之所重在持正义'。"③

1925年,有两位日本学者到北京大学做讲演。1月11日,《晨报》转发的一则消息称:"北大研究所国学门现请日本东京美术学校教授大村西

---

① [日]田边尚雄:《中国音乐史》,陈清泉译,山西人民出版社,2015。
② 《史学教授会布告》,《北京大学日刊》1924年10月2日。
③ [日]江上波夫编《东洋学的系谱·市村瓒次郎篇》,中鸣撰,童岭译注,《古典文学知识》2011年第6期。

崖氏讲演,题为'风俗史的研究与古美术品的关系',由该校日文教授钱稻孙翻译。时间为今日下午 2 时,在该校第二院大讲堂。系公开性质,凡愿听者,均可前往云。"①大村西崖(1867—1927),静冈县人,日本东洋美术史学家。他是东京美术学院雕刻科第一届毕业生,后来任过京都市立美术学校正式教师、东京美术学校副教授、教授。1906 年,大村西崖同美术史学者田岛志一共同创办审美书院,出版过 15 册的《东洋美术大观》。

1906 年应北京大学史学系前来演讲的另外一个日本学者是河口慧海。4 月 19 日,史学系发通告说,自 20 日起至 24 日,请日本河口慧海先生来校讲"西藏文发达史"②。河口慧海(1866—1945),日本最早进入西藏的修学僧,藏传佛教研究先驱。河口慧海生于大阪,原名叫河口定次郎,出家后更名为"慧海",从 1891 年起专心研习大藏经、梵语和藏语。1897 年和 1913 年,河口慧海两次从尼泊尔进入西藏,历时多年。除了实地考察之外,他还搜集了大量梵语和藏传佛典、佛像、佛画、佛具。从 1924 年开始,河口慧海在日本宗教大学教授藏语和藏传佛教,致力于藏文、梵文经典的日文翻译。1904 年第一次西藏之行后,河口慧海著有《西藏旅行记》。这部书"被民族学家、历史学家、西藏学者和比较文化学者,作为研究西藏的重要参考文献"。③

以上几位日本学者来北京大学演讲的前因后果几乎都不清楚,北京大学方面为他演讲付出的是什么也无从知晓。但是,从在各自研究领域的地位和成就上说,他们到北京大学演讲也都是合乎情理的,反映了北京大学在对外学术交流方面的开放性和多元性。虽然少有论述他们在北京大学演讲细节的文献,但是,中国学界对这些日本学者都给予了不同程度的关注。

---

① 《北大公开讲演》,《晨报》1925 年 1 月 11 日。
② 王学珍、王效挺、黄文一、郭建荣主编《北京大学纪事(一八九八——一九九七)》,第 167 页。
③ [日]河口慧海:《100 年前西藏独行记》,金城出版社,2014,第 1 页。

第三节　山格夫人的节制生育讲演

20世纪20年代初,除下面要重点介绍的杜威、罗素在北京大学的讲演之外,美国主张生育节制的山格夫人在北京大学讲演也产生了比较大的影响。但是,山格夫人不是大学的教授或学者,而是努力推行自己理念的社会活动家。

1922年4月18日,《北京大学日刊》登《校长启示》:

> 美国女士山格夫人(Mrs. Margaret Sanger)为提倡"生育制裁"最力之人,八年以来,为此事入狱数次。至最近一年中始能成立"生育制裁协会"(The Birth-Control League),赞成者已有五万人之多。此次山格夫人到日本讲演,便道来中国游历,本校特请夫人于本月十九日(星期三)下午四时在第三院大礼堂讲演《生育制裁的什么与怎样》,由胡适之教授担任译述。此启。①

所谓"生育制裁",译得并不准确,实际上是节制生育(Birth-Control)。山格夫人全称叫玛格丽特·桑格(Margaret Sanger,1883—1966),也译为桑格夫人、山额夫人、珊格尔夫人等。她生于纽约的一个有11个孩子的家庭,排行第六,成年后受到护士培训,在医院或诊所做过护理工作。1900年同威廉·山格结婚,山格夫人之名由此而来。后来,她离婚了,在来北京大学讲演的这年晚些时候另嫁他人,但人们还是习惯叫她山格夫人。由于对多子女家庭困苦生活有亲身感受,又由于看到纽约贫民区的婴儿高出生率和产妇的高死亡率,玛格丽特投身于节育事业。她1913年前往欧洲学习避孕知识,1914年回国后广泛宣传避孕,1915年创建了"全国节孕联盟",1916年建立全美第一家节孕诊所并因"有伤风化"入狱30天。1921年,她又创立"美国节育联盟"并任主席,出版机关刊物《节育评论》。不仅如此,山格夫人还在世界各地广泛宣讲节育的思

---

① 《校长启示》,《北京大学日刊》1922年4月18日。

想和方法。1922年4月,山格夫人在前往英国伦敦参加第五次世界生育节制大会之前途中经朝鲜、日本来到了中国。她在自传的第十二章以"地球上的古代人"为题对朝鲜人、日本人和中国人做了白描,落后和不开化是她描述的基本色调。①

根据胡适的说法,是代校长蒋梦麟介绍山格夫人访问北京大学的。正因如此,胡适前往北京饭店去看望山格夫人并邀请她在北京大学演讲并亲自担任翻译。"此次来东方,携有梦麟的介绍书,蔡先生也收到介绍书,故我去看他。我请他演说,他答应了。回家时,我同知行说此事,知行说我近来很兴高采烈。"②山格夫人在自传中讲到胡适和蔡元培时也充满溢美之词,说胡适在"白话文方面发挥的巨大作用""意识到了节育对文明的意义",说蔡元培"聚集了反抗僵化传统的中国最杰出的青年学生"。胡适看了山格夫人讲稿后,建议她对学生们讲一些适用的避孕知识,而非原理或理论。山格夫人说她除了在医学会议之外的场合没有这样讲过,胡适告诉她:"中国与西方不同。在这里,您可以将避孕作为教育事实和社会手段来讨论。大家会带着尊重聆听,如果不这样做,就会被嘲笑,并且肯定会被要求提供确切的信息。我认为您应该为此做好准备。"③山格夫人到北京后,时在燕京大学研究科读书、后成为著名教育家的瞿世英(1901—1976)也到北京饭店访问了山格夫人,后写成《珊格尔夫人访问记》,发表在《妇女杂志》1922年第8卷第6号上。

山格夫人同意到北京大学做讲演后,胡适为她的讲演做准备。上面的"校长启示"是胡适草拟稿的简版,原稿的信息更多,也反映了胡适的一些观点,全文抄录如下。

　　无限制的生育,使人口之增加超过教养的能力,小之可致一身一

---

① Sanger, Margaret, *Margaret Sanger: an autobiography*, New York, Dover Publications, 1971. pp337—340.
② 胡适:《胡适日记全编 1919—1922》,曹伯言整理,安徽教育出版社,2001,第621—622页。
③ Sanger, Margaret, *Margaret Sanger: an autobiography*, p.340.

家之贫寒,大之实为世界文化与和平之一大危机。西洋自马尔图斯以来,学者多有提倡"生育制裁"(Birth-Control)之论者,但社会习于成见,往往认此事为不道德。实则与其生而不养,与其生而杀之以贫病,何如为制裁而不生之为愈乎？美国女士山格夫人(Mrs. Margaret Sanger)为提倡"生育制裁"最力的人。八年以来,为此事入狱数次,至最近一年中始能成立"生育制裁协会"(The Birth-Control League),赞成者已有五万人之多。此次山格夫人至日本讲演,便道来中国游历。本校邀请夫人于本月十九(星期三)下午四时在第三院大礼堂讲演《生育制裁的什么与怎样》,由胡适之教授担任译述。此启。①

4月19日,山格夫人在北京大学大做了《生育制裁的什么与怎样》讲演,胡适做翻译。胡适在日记中说:"下午,山格夫人(Mrs. Margaret Sanger)在大学讲演《生育制裁》,我替他译述。听者约二千人。他的演说力甚好,女子演说甚少他这样的有条理层次。"②当时的报道说:"听讲的人满坑满谷,四壁有站着的,窗上有爬着的,甚至把北大三院的窗户桌儿都要给挤坏了。"③在讲演中,山格夫人认为,生育节制即人口问题,是新社会哲学中的一个中心问题。所以,要节制生育集中物力教养少量的子女,以便解决贫困、疾病和儿童教育等社会、家庭问题,优生优育以实现人种改良。另外,她还介绍了三种了断欲、机械和断种三种节育方法。被胡适称为专清"孔渣孔滓"的"中国思想界的一个清道夫"——北京大学国文系教授吴虞,听完山格夫人的讲演后在日记中说:"四时过大学三院,听美国女士山格夫人讲演生育裁制方法可行者,海绵三寸、橡皮帽、猪油已熬化者。"④在讲演的最后,山格夫人对在场听讲的人说:"诸君都是少年人,常常梦想革命,梦想社会的改良等,但人口问题一天不解决,这些梦想都

---

① 胡适:《胡适日记全编 1919—1922》,第 628—629 页。
② 同上书,第 628 页。
③ 《晨报副镌》1922 年 4 月 25 日。
④ 吴虞:《吴虞日记(下册)》,四川人民出版社,1986,第 30 页。

是空的。所以我希望诸君坦白的老实的研究这个问题,帮助人类造成国际永久可靠的和平。"①

讲演结束,山格夫人在胡适陪同下到蔡元培家中参加晚宴。山格夫人回忆道:

> 晚上被邀请的来宾肯定超过三十人,其中有一位美国女士,格罗弗·克拉克夫人,其丈夫在大学任教。一些学生在讲座和晚餐时间之间去找她,并给了她速记下来的抄录笔记。她会纠正吗?他们想要信息公开发行。他们来到校长的家倡议,这样就能将它们提供给媒体,我一眼便看到这并不完全是我所期望要留下的东西;我的话语在印刷出来后听起来总是不充分或不完整。因此,我派一个男孩到旅馆去拿《家庭限制》旧的备用的副本。学生们立即着手翻译。克拉克夫人愿意支付费用,第二天下午就有五千本准备发行。②

在北京大学讲演次日,山格夫人乘车前往上海,在上海中华职业学校职工教育馆也做了一场内容相近的报告。

山格夫人的讲演引起比较大的反响。4月25日的《晨报副镌》不仅登载了山格夫人的演讲稿,同时还刊登了一张山格夫人、胡适及张竞生③的合照。其他报刊也纷纷转载她的这篇讲演,《时事新报》的副刊《学灯》、《民国日报》的副刊《妇女评论》、《妇女杂志》《家庭研究》等刊物还推出了节育问题的专刊,讨论节育问题的历史、原理、方法,以及社会、道德、宗教、优生、医学、恋爱以及妇女解放等问题。不久,山格夫人前后在中国逗留了半个多月。此后几年中,山格夫人的《生育节制法》《节育主义》《女子应有的知识》等书也被译成了中文版。1936年3月,受宋美龄主持的中国医药协会的邀请,山格夫人再一次到了中国上海。山格夫人讲演大大地推进了五四运动以后中国兴起的作为新文化浪潮重要组成部分的节制

---

① 山格夫人:《生育制裁的什么与怎样》,载《晨报副镌》1922年4月25日。
② Sanger, Margaret, *Margaret Sanger; an autobiography*, pp. 341—342.
③ 张竞生(1888—1970),广东饶平人,民国第一批留法博士,时为北京大学哲学系教授,他在中国是最早发表人体裸体研究论文和提出计划生育的学者。

生育运动。当然,对山格夫人的讲演也有质疑的声音。鲁迅在1926年写的《新的蔷薇》中说:"先前山格夫人来华的时候,'有些志士'却大发牢骚,说她要使中国人灭种。"①鲁迅说的"有些志士"大发牢骚,指的是1924年5月5日在《晨报副刊》刊登《五千年之黄帝子孙从此绝矣》,署名怀素。他在文章中引用安徽省立第二师范学校校长胡晋讲的一段话:"又有山格夫人之制育方法,制育药品,以为其助缘。此种新文化,如不能普及,则亦幸耳。多普及一人,即灭此一人之种。多普及一家,即灭此一家之种。若真普及全国,恐五千年之黄帝子孙,从此绝矣。"②

但总的来说,山格夫人讲演的内容是很前沿的,在中国的反响比较大,反映了北京大学的开放性,反映了新文化运动内容的丰富性。正因如此,山格夫人的节制生育思想对近代中国生育观念的影响也为学术界所关注。

第四节 其他外国学者讲演

除了前面重点或按国别集中介绍的来北京大学讲学的外国学者之外,在民国时期到北京大学讲学的学者还有一些。但是,关于他们在北京大学的资料相比之下就更少,相关信息主要来自《北京大学日刊》《晨报》《京报》《新晨报》《北平晨报》登刊的讲演告示。虽然如此,这些学者在北京大学的讲演同样不应被忽略。下面将按他们讲演的先后依次介绍,同时尽可能增加相关的信息,以便于了解他们在北京大学讲演的背景和意义。

1922年9月25日下午两点,美国学者哥勒(Gabner)在北京大学第三院大礼堂发表题为"从美国的历史经验论联邦制之得失"的讲演,翻译是校长蒋梦麟,这足以表明这次讲演非同寻常。遗憾的是,本书作者没有查找到有关哥勒和他这次讲演的文献。《京报》刊登的讲演告示最后一句

---

① 《鲁迅全集第三卷:华盖集、华盖集续编、而已集》,人民文学出版社,2005,第310页。
② 同上书,第312页。

话是"有心研究联省自治者幸勿交臂失之"①,这表明这次讲演有很强的现实针对性。20世纪20年代初,在湖南等省带领下,南方一些省份发起了联省自治运动,一度还建立了联省政府。就其实质而言,联省自治不过是各省军阀割据自保,反对直系军阀吴佩孚以武力统一全国,搞了几年以失败告终。这次讲演应当与当时中国的自治运动有关。

1922年11月11日晚八点半,北京大学邀请美国麻省理工学院教授莫里斯(F. K. Morris)用英语讲"蒙古地形上之问题",地点是马神庙北京大学第二院大礼堂。想听讲者需提前到场注册和领取听讲券。莫里斯也是地质学家,主要从事中亚地质学研究。②

1922年12月,苏俄远东大学哲学系教授叶勒索夫应邀来到北京大学做系列讲演,每周四下午四点开讲,但共讲几次不清楚。第一次讲演于11日进行,讲演的题目是"俄国文化及十八九两世纪的哲学"。远东大学位于俄罗斯滨海边疆区的海参崴,1920年由尼古拉二世1899年创立的东方学院和一些私人学校合并而成,是一所国立大学。叶勒索夫用俄语讲演,翻译者是张国忱。张国忱(1898—1986)生于辽宁,年少时就被清政府送往俄国学习俄语,时为外交部俄文法政专门学校和北京文化大学俄文教授。为了吸引听众,《晨报》上刊登的关于这次讲演的告示说:"叶博士现为俄国远东大学的哲学教授及该校的副监督,著作很多。听说他不久就要归国,注意俄国文化的人们,幸勿失掉了这个难得的机会。"③

1923年12月12日《北京大学日刊》发布的消息,美国生物学专家柯脱先生来到北京大学,就"进化论之现在""植物学为国家之富源""科学与近世文明"等主题做讲演。

1927年,倡导设计教学法的美国进步主义教育家克伯屈(W. H. Kilpatrick,1871—1965)来到中国。克伯屈1912年获得哥伦比亚大学哲学博士学位,以后一直在该校任教,1918年至1938年任教育哲学系主

---

① 《今日北大之演讲》,《京报》1922年9月25日。
② 《北京大学——公开讲演》,《晨报》1922年11月9日。在此文中,莫里斯被写成莫力士。
③ 《北大之学术讲演:俄国的文化》,《晨报》1922年12月11日。

任、教授长达二十年,陶行知等在哥伦比亚大学攻读教育学的留学生多出于他门下。克伯屈1927年中国之行就是陶行知建议、由中华教育改进社发出讲学邀请的。"中华教育改进社就克伯屈访华的行程、接待人员、经费及有关事宜作出了周密安排。克伯屈于1927年3月10日抵达上海,陶行知亲赴上海迎接。此后,在为期3个多月的时间里,克伯屈在陶行知等昔日弟子的陪同下,风尘仆仆,考察了广东、上海、南京、杭州、北京等地学校,所做大小演讲和讨论约百余起。"①4—5月间,克伯屈到了北京,在燕京大学、师范大学、女子大学、法政大学等多处演讲。4月10日下午2点,克伯屈在北京大学二院发表讲演,题目是"现代教育方法批评"。在讲演中,他批评了老式的教学方法,提出"设计教学法便是把目的(aims)和自己的目的相联合,是我们理想的教育方法"②。

1928年至1929年间,由于受中国政局动荡和北京大学改制、存废和被边缘化的影响,来北京大学讲学的外国学者数量很少,本书作者能查到的只有《新晨报》③上刊登的两则关于北京大学的讲演广告。第一则是1928年12月25日刊登的:"北京大学学生会于昨日午前十时,约请考文博士(Dr. cerune)在该校第二院大讲堂公开演讲,届时听众甚为踊跃,讲题为'中国五权宪法之评论',由鲍明钤教授译成华语。考文博士乃美国政治学著名大家,尤精于宪法,对于中国情形,素极注意。此次以客观态度批评国府组织法,凡优缺点均发挥尽致,精彩之处甚多,凡留心党国者,当加以注意云。"④第二则是1929年6月5日刊登的:"北大学院今日下(上)午十时至十二时,在第二院大讲堂请美国哈佛大学国际法教授威尔

---

① 陈竞蓉:《陶行知与克伯屈》,《河北师范大学学报(教育科学版)》2017年第1期。
② 周洪宁、陈竞蓉主编《中国最需要何种教育原则——克伯屈在华演讲录》,安徽教育出版社,2013,第126页。
③ 《新晨报》最早名《晨钟报》,1916年8月15日创刊,第一任总编是李大钊,但不久辞职。1918年9月,《晨钟报》因刊载北洋政府向日本借款消息而被禁,同年12月改称《晨报》后重新出版。1928年6月,国民党军队进入北京,《晨报》又一度停刊,8月后受阎锡山的控制改名为《新晨报》,但在阎锡山离开北京后又恢复了《晨报》名称,抗日战争胜利前夕停刊。
④ 《考文博士在北大讲演》,《新晨报》1928年12月25日。

逊讲演,题为'条约与国际法之关系',由鲍明钤任翻译云。"①

关于这两位讲者及其讲演的情况,本书作者没有查到任何相关文献。对这两次讲演的翻译者,却有介绍。鲍明钤(1884—1961)是浙江人,1913年清华学堂毕业,1914年考取庚款留学美国,1914年至1921年间先后在耶鲁大学、哥伦比亚大学和霍普金斯大学获得学士、硕士和博士学位。1922年回国后,鲍明钤在天津南开大学教政治学,1923年至1926年任国立北平师范大学英文系主任。两位外国学者来华讲演时,他是北京大学法学院政治系教授和主任。由此可以推测,考文博士和威尔逊到北京大学讲演应当同鲍明钤有非常密切的关系。

在20世纪30年代,北京大学邀请过一些国外著名学者讲演。有学者写道:"除国内学者外,还先后邀请著名的外国学者来北大进行学术活动,如哈佛国际法教授威尔逊、伦敦大学人类学教授斯密斯、巴黎大学文学博士马克烈、哥伦比亚大学历史系教授肖威尔、日本京都大学教授三浦周行、巴黎大学教授朗之万等都曾到北大进行学术活动。"②实际上,在抗战全面爆发之前,来北京大学讲演的外国学者不止这几位。

1934年2月和10月分别有两位丹麦的民众教育学者马列克(马烈克)和贝尔斯莱夫应邀到北京大学讲演。关于前者是一篇事后的报道:"丹麦民众教育专家马烈克氏昨日下午四时,在该校二院大礼堂演讲,讲题为'丹麦之合作运动与土地政策',因在寒假期中,听众不甚踊跃。马氏以英文演讲,历时一小时云。"③关于后者则是预告:"丹麦民众教育专家贝尔斯来抵平,连日讲演甚忙。昨日北京大学约妥贝氏于本月九日下午五时,在该校第一院第三百二十三号教室讲演,讲题已决定为'目前高等民众教育问题及其工作'云。"④

关于这两位学者及其在北京大学讲演的具体情况,资料不多。需要

---

① 《北大学院今日讲演》,《新晨报》1929年6月5日。
② 邹红波、孙善根:《试论蒋梦麟对北京大学的改革及其现代启示》,《宁波大学学报(人文科学版)》2011年第3期。
③ 《马烈克氏昨在北大演讲》,《京报》1934年2月10日。
④ 《丹麦专家将在北大讲演》,《北平晨报》1934年10月6日。

关注的是，他们讲演的背景是中国当时轰轰烈烈开展的民众教育运动。民国政府建立之后，着力践行孙中山提出的"唤醒民众"主张。"一批留学归来或受西方教育理论影响的人士，目睹国内时局动荡、民智开化不足，遂将西方教育思想和本国情况相结合，提出了民众教育的口号，并迅速在一些地区付诸实践。进入20世纪30年代，民众教育思潮不断充实发展，各地民众教育运动风生水起，蔚为大观，演变成一场参与者众多、影响深远的民众教育运动。"①

1934年10月13日美国学者斯曲克也应邀在北京大学讲演。《北平晨报》刊登了这样的广告："北京大学定今日（十三日）下午五时，在第二院大礼堂，邀请美国合作专家斯曲克博士讲演，讲题为'合作运动与国家关系'，该校秘书处昨已通告全体学生届时到校听讲云。"②与上面两位学者一样，关于斯曲克及其讲演的具体情况也不清楚，但合作运动却是民国政府在20世纪20—30年代发动的，也是轰轰烈烈的。1934年3月，国民政府依据训政时期约法中"为谋国民经济之发展，国家应提倡各种合作事业"的规定，公布了《合作社法》。根据此法，国民政府实业部于1935年又制订了实施细则，把合作事业纳入政府发展的轨道。③

联系时代背景来看马列克、贝尔斯莱夫、曲克伦等人在北京大学的讲演，可以看出北京大学聘请外国学者讲学不仅仅重于学术，更注重结合中国的现实。

当然，1935年来北京大学的外国学者也不全是讲教育问题。5月，美国哈佛大学政治系教授何尔康（Holcomb）应邀到北京大学做了三次公开讲演，时间都是星期五下午五点，地点是北京大学第二院大礼堂，除本校师生，外界人士也可参加。何尔康的第一次讲演于10日举行，讲演题目是"美国在太平洋上的政策"。第二次讲演于17日（星期五）举行，讲演题目是"第二国际和第三国际"。第三次于24日举行，讲演题目是"民主政

---

① 徐清：《陈礼江与民众教育运动》，硕士学位论文，中山大学，2010，第1页。
② 《美合作专家今在北大讲演合作运动与国家关系》，《北平晨报》1934年10月13日。
③ 任荣：《民国时期合作运动发展述略》，《档案与史学》2000年第5期。

治与美国的复兴政策"。相关文献提及何尔康在北京大学讲演主要是第三次。比如,《京报》的报道是:"美国哈佛大学政治系教授何尔康博士,昨日下午五时,在北京大学第二院礼堂作公开讲演,届时到该校文法各学院教授、学生六百余人,由课业长樊际昌介绍,并致欢迎词后,何随即登台讲述'民生政治的没落与美国的复兴政策'云。"①

1935年12月4日,美国芝加哥大学人类学家布朗教授在北京大学进行的讲演也是纯学术性的,讲题是"历史及社会科学",地点也是在北京大学第二院大礼堂。

> 第一次讲演已定于十二月四日(星期二)下午二时三十分起在二院大礼堂举行。聘定者有美国芝加哥大学人类学教授布朗(Pro. Radcliff—Brown)主讲,讲题为'历史及社会科学'。布朗教授毕业于剑桥大学,以研究人类学知名于科学界,曾受英国皇家新学完社委托,往南非、印度、缅甸等地考察人类学,历在剑桥、伯明翰、开普敦、悉得民等大学担任讲座。一九二六年后获得罗氏基金会奖金。一九三〇年后主编大洋洲杂志(The Oceania)。此次在北大讲演,将必有一番盛况云。②

布朗(Alfred Radcliffe—Brown,1881—1955),英国人类学家,结构功能论的创建者。为了从事人类学研究,布朗足迹遍布世界五大洲。1931年至1937年,布朗受聘于美国芝加哥大学任人类学教授,1935年曾应燕京大学邀请担任了三个月的客座教授。1937年,布朗回到英国,担任牛津大学人类系教授和系主任。

抗日战争全面爆发之前到北京大学讲演的除了丹麦的玻尔之外,还有美国教育家孟禄(Paul Monroe,1869—1947)。孟禄1897年获芝加哥大学哲学博士学位,1902年起任哥伦比亚大学师范学院教授、院长。

---

① 《何尔康昨在北大讲演〈民生政治的没落与美国的复兴政策〉》,《京报》1935年5月25日。
② 《布朗教授定期在北大讲演》,载《北平晨报》1935年12月1日。《北京大学纪事》《北京大学史料》等文献引用的都是这则消息。

1921年9月,孟禄第一次来中国,与中国教育界人士组建了中华教育改进社。后来,孟禄还担任过中华教育文化基金董事会副董事长,在纽约建立了中国研究所。"上世纪上半叶,孟禄十余次来华进行教育调查、座谈讨论,推动了壬戌学制的颁布,是我国教育改革的直接指导者、参与者,在20世纪上半叶中美教育交流史上留下了浓墨重彩的一笔。"①1937年4月,孟禄在赴日本东京参加第七届世界教育会之前来华,除参加中华教育文化基金董事会会议外,还在中国做了短期旅行并考察中国教育近况。6月13日早,孟禄从武汉到北平,北京大学校长蒋梦麟、北平师范大学校长李蒸、清华大学校长梅贻琦、燕京大学校长陆志韦、北平大学代理校长徐诵明、北京大学文学院院长胡适到车站迎接。第二天下午三点半,孟禄在北京大学第二院大讲堂做了讲演。② 不过,根据周洪宇、陈竞蓉等人的研究,孟禄是4月14日到的北平,18—27日间参观过北京大学,但没提他在北京大学讲演的事。③

1946年10月,复学后的北京大学正式开学。此时的中国又陷入内战,来到北京大学做学术讲演的外国人更少,但也不是没有。

1947年6月13日,北平的《益世报》④报道说,北大印籍客座教授师觉月的讲演主题为"贵霜王朝之历史与文化"。师觉月(Prabodhi Chandra Bagachi,1898—1956)是印度佛学家和汉学家。1921年从加尔各答大学毕业后,师觉月于次年去法国远东学院师事佛学家莱维教授,从事汉文佛典的研究工作,后攻读博士学位,1926年以题为"中国佛教经典考"论文获得巴黎大学文学博士学位。这篇博士论文也是近代印度学者第一部以汉文资料为主的专著。1944年,师觉月又出版了《印度与中国——千年文化关系》,对中印友好历史做了回顾。关于师觉月因何来中国,《中华佛

---

① 徐浩直:《近二十年来孟禄研究述评》,《安庆师范学院学报(社会科学版)》2014年第5期。
② 《孟禄今日到平,明日在北大讲演》,《北平晨报》1937年6月13日。
③ 周洪宇、陈竞蓉:《孟禄在华活动年表[续](1913年5月—1937年6月)》,《华东师范大学学报(教育科学版)》2003年第4期。
④ 《益世报》是罗马天主教教会在华出版的中文日报,1915年10月创刊于天津。1916年,《益世报》在北京创办分社。不久,两报各自经营,1949年新中国成立前夕停刊。

学学报》上的一篇文章写道:"在国民政府与印度国大党的合作项目中,有一项是两国交换教授及留学生。由中国派遣一位教授到印度讲汉学,由印度也派一位专家到中国去传授印度学;双方各派十名研究生,到中、印两国交换研究。中国政府决定,任命谭云山先生为第一任讲座教授,于国际大学讲授中国文化。师觉月博士则于1947年,由印度政府派往中国,于北京大学出任印度文化讲座教授。一直工作到1948年底,任满回国。"①谭云山(1898—1983),湖南人,早年也就读于湖南第一师范学校,参加过毛泽东创办的"新民学会"。1928年,谭云山受泰戈尔之邀到印度国家大学任教。1937年首任印度国际大学中国学院院长,直到1968年退休。

师觉月的这次讲演是他在北京大学做交换教授期间做的,也是民国时期为数不多在北京大学讲演的欧美和日本之外国家的学者。

民国时期最后一位在北京大学发表讲演的是耶鲁大学教授金守拙(George A Kennedy,1901—1960)。金守拙的父母是1899年来到杭州塘栖镇的传教士,他1901年出生在塘栖镇并在此度过童年时代,高中才进入上海的一所美国学校,在这里长大。金守拙1918年进入美国伍斯特学院学习,1927年回上海在一所中学教中文,后去德国研究东方学。获得博士学位后,金守拙回美国被耶鲁大学聘用,先是从事将梵文译成中文工作,后来专门教中文,创办了耶鲁大学东方语言学院。在第二次世界大战期间,许多被派到中国作战的美国飞行员都会来这个学院补习中文。1947年至1948年,金守拙出国休一年学术假,到了北京大学边从事研究边讲学。② 1948年6月5日,在北京大学西方语言学会召开的年会上,金守拙做了"语言教学法"讲演。③

---

① 冉云华:《胡适与印度友人师觉月》,《中华佛学学报》1993年第6期。
② 蒋豫生:《将塘栖方言介绍给西方的汉语言学家金守拙》,《古今谈》2015年第2期。
③ 王学珍、王效挺、黄文一、郭建荣主编《北京大学纪事(一八九八——一九九七)》,第457页。

第五节　北京大学邀请爱因斯坦讲演的前后

一、邀请爱因斯坦的过程

20世纪20年代初,北京大学大张旗鼓地邀请德国著名物理学家爱因斯坦来校讲演,为此还做了大量工作和详尽准备,爱因斯坦也答应了。遗憾的是,由于多方面原因,爱因斯坦最终还是没能到北京大学讲演。但是,这次邀请过程生动地反映了在积贫积弱年代北京大学对外交往之不易。

阿尔伯特·爱因斯坦(Albert Einstein,1879—1955),生于德国巴登—符腾堡州乌尔姆市的一个犹太人家庭,1900年获苏黎世大学物理学博士学位,1915年提出广义相对论,1921年因成功解释了光电效应获得诺贝尔物理奖,同年又提出狭义相对论,1933年移居美国。爱因斯坦开创了现代科学技术新纪元,被公认为是继伽利略、牛顿之后最伟大的物理学家。

根据美籍华人学者胡大年的研究,爱因斯坦及其相对论传到中国是在1917年。当年9月,《学艺》杂志发表了时为东京帝国大学学生的许崇清的一篇文章,文中引证了相对论。11月,湖北国立武昌高等师范学校物理教授李芳柏(1890—1959)在该校新成立的数理学会上做"奈端力学和非奈端力学"报告,讲的内容实际上就是爱因斯坦的狭义相对论,奈端就是牛顿。"在1920年以前,除了许崇清和李芳柏的工作之外,实际上并无任何与爱因斯坦或其理论有关的学术研究著作在中国出版。"①但从1920年起,越来越多的中国开始知道爱因斯坦及其相对论,这与罗素来华讲学有极大的关系。罗素1920年10月12日到达上海,21日就应中国科学社之邀请在南京做了题为"爱因斯坦引力新说"的讲演。随着罗素的

---

① [美]胡大年:《爱因斯坦在中国》,第59页。

到来,中国出现了第一波"爱因斯坦热"。就是在这样的背景下,北京大学开始了邀请爱因斯坦前来讲学的曲折过程。

最早对爱因斯坦发出到北京大学讲学邀请的是蔡元培。1922 年 11 月 14 日,蔡元培在《北京大学日刊》上发表一篇特稿,题目是"安斯坦(Einstein)博士来华之准备",比较详细地讲述邀请的起缘和过程,国内许多相关文字均据此而成。

民国九年本校接袁观澜君①自柏林来电略言:"安斯坦博士有离德意志意,或能来远东,愿招待否?"本校即复一电言:"甚欢迎,惟条件如何?请函告。"后得袁君函知安斯坦氏一时未能离德。十年春元培到柏林,偕夏浮筠君访安斯坦氏,致欢迎来华讲演之意,且询以何时可来。彼言"今年已允美国学者之请,且为设立犹太大学事务必须往美,恐不能到亚洲"。询以"由美到华甚便,何不乘此一行?"彼言"我不能久离柏林,甚愿到华,期以他日"。

十一年三月,接驻德魏公使②电:"日本政府拟请 Einstein 博士于秋间往东讲演,该博士愿同时往华讲演半月;问条件如何。希电复。"本校即复一电:"电诵悉。Einsterin 博士来华讲演甚欢迎。各校担任中国境内旅费,兼送酬金每月千元,祈转达。"后由本校留德朱家华(即朱家骅——引者)教授寄来安斯坦氏一函经顾孟余教授译出。其文如下:

"我一面谢你本月二十一日的来信,一面趁此机会通知你关于我本年秋间到东亚旅行的计划,并且请你视这种通知是亲密的;我不愿使人人预知我的计划,恐怕他方再来的约请,使我应付困难,我们以前的谈话,我现在尚记得很清楚:当时我所提出的留华时期与我他种

---

① 袁观澜,即袁希涛(1866—1930),江苏宝山人,清末民初教育家,1912 年应教育总长蔡元培之邀出任教育部普通教育司司长,1914 年任北京政府教育部次长,1919 年任代理教育总长,但不久辞职。第一次世界大战结束后,袁希涛组织"欧美教育参观团",历时一年多,考察美欧十余国。

② 魏宸组(1885—1942),湖北武昌人,1903 年由清政府选派赴比利时留学,民国成立后出任第一任临时政府外交次长,1912 年至 1925 年出任驻比利时、德国公使。

义务冲突,并且经济的报酬太少,不足我旅行之用,所以我暂时把游华一事作罢。现在的情形,却与从前不同:日本约我前往,报酬充裕,留日四星期,在东京两星期,在其他大学两星期。我如果再往北京两星期,便与此相称。日本人是否要我先到日本后到华,我不知之。我自己却想先到日本,因为我想,中国冬天稍暖,而我到东亚的时期,是十一月中到一月初。我不能了解,我游历的次序,究竟有什么关系。就权利论,你们诚然是先约我的,但是日本人先提出优的条件(我及妇居住费外,另报酬二千磅[镑]),似乎也有一种优先的权利。我希望我们两方可以满意的协定办法,并亲眼观看东亚文明的发源地……"

六月间接驻德使馆函有安斯坦氏函译文如左:

"照译德国安石泰教授复本馆函,五月三日迳复者本年四月八日准。

贵馆来函内开各节业经查悉,鄙人深愿于本年冬季至贵国北京大学宣讲,其时以两星期为限。关于修金一层,本可参照来函所开各条办理。惟近接美洲各大学来函,所开各款为数均在贵国之上。若对于来函所开各款,不加修改,恐有不便之处。兹拟各款略加修改,开列于左,恳请鉴察为荷。

(1)一千华币改为一千美金。

(2)东京至北京及北京至香港旅费暨北京饭店开销以上各项允请按两人合计。

此次修改各条,实系不得已办法,希谅解是幸,此致魏公使。"

是时已六月下旬矣。元培因此事与讲学社接洽,乘中华教育改进社开会之便,携各种函电往山东,与梁任公君一商;梁君甚赞同并言讲学社必任经费一部分,乃复一电于魏公使略言"条件照办请代订定"。

八月间又接驻德使馆一函云:"前接惠电,允照安斯坦先生条件办理,当即通知前途,兹接复称约于新年来华特将原函抄阅"云云。

此前此函电商订之大略也。今安斯坦氏已由香港赴日本，不久可来北京，故特布其颠末。①

蔡元培此文讲述的邀请发生在 1920 年秋天到 1921 年 8 月之间，可以看出他邀请爱因斯坦来北京大学讲学的诚意。为了能请动爱因斯坦，不仅亲自前往爱因斯坦家里相邀②，而且到处筹措经费。爱因斯坦开出的酬金对当时的北京大学来说几乎是天文数字。同样，透过这个邀请过程可以看出爱因斯坦为自己安排之周全，经济考虑之精明。为爱因斯坦写传记的阿尔布雷希特·弗尔辛写道："在金钱方面，爱因斯坦决不像大家经常描述的那样愚笨。虽然个人需要不多，而且经常是过着苦行僧似的生活，但是在年轻时，爱因斯坦就体验过缺钱的滋味，所以钱对他来说绝不是无足轻重的事。他知道金钱的价值，决不回避讨价还价。"③

但无论如何，北京大学同爱因斯坦还是达成了一致。"1922 年 7 月 22 日，魏宸组致信爱因斯坦，通知他北京大学'已经愉快地接受了您[有关酬金]的要求，学校方面盼望在北京欢迎您'。两天后，爱因斯坦回信说：'拟于新年前后到北京。'蔡元培于 8 月份收到这一消息。"④

二、北京大学的筹备和爱因斯坦的爽约

1922 年 11 月 13 日，爱因斯坦同妻子抵达上海。不过，这并非到中国讲演，而且赴日讲学路过。早在 1922 年 10 月，日本学术团体"改造社"

---

① 蔡元培：《安斯坦（Einstein）博士来华之准备》，《北京大学日刊》1922 年 11 月 14 日。原文是繁体字，标点符号不全，引者改为简体字并且加全标点。
② 蔡元培在 1921 年 3 月 16 日的日记中写道："午前，夏君浮筠（即厦元瑮）、林君宰平来，同访安斯坦（Einstein），知彼将往美国，为犹太大学筹款。归途到英、荷为短期演讲，即回ңо。彼现任物理研究所所长，言德人不愿彼久离德。询以是否能往中国？答甚愿，但须稍迟。彼询如往中国演讲，应用何种语言？告以可用德语，由他人翻译，夏君即能译者之一。夏君言：用英语亦可。"（王世儒编《蔡元培日记》（上），北京大学出版社，2010，第 275 页）林宰平，即林志钧（1878—1961），福建闽县人，辛亥革命前留学日本，曾任北洋政府司法行政部部长，后为清华研究院导师，新中国成立后任国务院参事。
③ [德]阿尔布雷希特·弗尔辛：《爱因斯坦传》，薛春志译，人民文学出版社，2011，第 344 页。
④ [美]胡大年：《爱因斯坦在中国》，第 71 页。

邀请爱因斯坦前去讲演,爱因斯坦也答应了。1922年10月,爱因斯坦从柏林出发东行,取道印度于11月初到香港,然后改乘"北野丸"到上海。爱因斯坦在上海只逗留了一夜,但受到上海各界人士的热烈欢迎。东道主中午在"一品香"举行宴会招待爱因斯坦夫妇,下午安排他们观看昆剧并浏览老城隍庙和主要街道。晚上,著名书画家王震设家宴款待爱因斯坦夫妇,上海大学校长于佑任、《大公报》总经理曹谷冰等人作陪。席间,一则小插曲也印证了爱因斯坦的精明。"宴会上,大家多次请爱因斯坦介绍一下他的相对论,但他以长途旅行、没有很好休息为由,婉言谢绝。席间,爱因斯坦一再表示,等访问日本结束后,准备再到北京、南京等地进行演讲。"①次日一早,爱因斯坦离开上海前往日本。

虽然路过上海,爱因斯坦在中国还是引起了一波爱因斯坦和相对论热。其实,在蔡元培邀请爱因斯坦来华讲学的同时,北京大学就开始为他的到来做准备。早在1921年2月,《北京大学日刊》第一期第八号刊载何育杰介绍爱因斯坦相对论的文章《安斯顿相对论》。② 爱因斯坦离开上海的当天,蔡元培在《北京大学日刊》上发表了《安斯坦(Einstein)博士来华之准备》一文,18日,《北京大学日刊》刊登《关于爱因斯坦学说的书目》,其中数学系主任冯祖荀教授(1880—1940)开列的有16种,高叔钦开列的有6种,共22种西文和日文书目。20日,《北京大学日刊》发布关于举行爱因斯坦相对论系列演讲的公告。这个系列演讲从11月24日持续到12月13日,一共进行了七场,即物理系教授丁燮林(有的文献也写成丁西林)的《爱斯坦以前之力学》,物理系教授何育杰的《相对各论》,中央观象台台长、天文学家高叔钦的《旧观念之时间及空间》,夏元瑮的《爱斯坦之生平及学说》,数学系教授王仁辅的《非欧几里特的几何》,物理系教授文元模的《相对各论》,哲学系教授张竞生的《相对论与哲学》。这七场讲座都是在北京大学第三院大礼堂进行的,前六讲是从某个方面或若干方面对相对论或爱因斯坦做一般性的介绍,如相对论之前的力学、狭义相对

---

① 裘伟廷:《爱因斯坦访华的历史公案》,《世界文化》2015年第11期。
② 王学珍、王效挺、黄文一、郭建荣主编《北京大学纪事(一八九八——九九七)》,第119页。

论、时空观、爱因斯坦生平、非欧几何、广义相对论等,第七讲则是从哲学的高度论述了相对论的划时代意义。

这些讲座足见北京大学对爱因斯坦前来讲学的重视和期待。为了盛情迎接爱因斯坦的到来,蔡元培在北京忙着为写给爱因斯坦的欢迎信征集签名,并于12月8日将信发出。信中说:"您在日本的旅行及工作正在此间受到极大的关注,整个中国正准备张开双臂欢迎您。您无疑仍然记得我们通过驻柏林的中国公使与您达成的协议。我们正愉快地期待您履行此约。如能惠告您抵华之日期,我们将非常高兴。我们将做好[一切]必要的安排,以尽可能减轻您此次访华之旅的辛劳。"①

然而,这封情真意切的信辗转到爱因斯坦手里已是12月22日。一个多月的时间不仅使爱因斯坦难以感受到中国人的热情,而且还让他产生种种误解,他改变了到北京大学讲学的计划。接到蔡元培这封信后,爱因斯坦当即回了下面的信。

> 校长先生:
>
> 虽然极愿意且有从前郑重的约言而我现在不能到中国来,这于我是一种重大的苦痛。我到日本以后,等了五个星期,不曾得到北京方面的消息。那时我推想,恐怕北京大学不打算践约了。因此,我想也不便向尊处奉询。还有,上海斐司德博士Dr. Pfister——像是受先生的全权委托——曾向我提出与我们从前的约定相抵触的留华请求,我也因此不得不惴测先生不坚决履行前约。
>
> 因此种种关系,我将预备访视中国的时间也移在日本了,并且我的一切旅行计划也都依着"中止赴华"这个前提而规定。
>
> 今日接到草函,我才知道是一种误解,但是我现在已经不能追改我的旅程。我今希先生鉴谅,因为先生能够想见,倘使我现在能到北京,我的兴趣将如何之大。如今我切实希望,这种因误解而发生的延

---

① [美]胡大年:《爱因斯坦在中国》,第74页。

误,将来再有弥补的机会。①

爱因斯坦

在蔡元培收到爱因斯坦这封信之前,《申报》刊登的"爱因斯坦博士之来沪"消息报道说:爱因斯坦博士将于31日自日本抵沪,在上海停留两天后,前往耶路撒冷视察新成立的犹太大学,旋赴西班牙。② 报道根本没提爱因斯坦在中国讲学的事情,蔡元培感到十分惊讶,等稍后接到爱因斯坦的信后才知道爱因斯坦取消了在北京大学讲学计划。蔡元培一年来的努力付之东流,不仅失望之极,而且还得给协助此事的人和期待爱因斯坦讲学的人合理交代。于是,1923年1月4日的《北京大学日刊》全文登载了爱因斯坦的来信,信后附上了蔡元培头一天写的说明。

> 读右函颇多不可解的地方,安斯坦博士定于今年初来华,早经彼与驻德使馆约定,本没有特别加约的必要。我们合各种学术团体致函欢迎,是表示郑重的意思;一方面候各团体电复,发出稍迟;一方面到日本后因他的行踪无定,寄到稍迟;我们那里会想到他还在日本候我们北京的消息,才定行止呢?函中说斐司德博士像是受我的全权委托,曾提出什么留华的请求云云,这是我并没有知道的事,读了很觉诧异。但这都是以往的事,现在也不必去管他了。我们已有相对学说的讲演会、研究会等组织,但愿一两年内,我国学者对于此种重要学说,竟有多少贡献,可以引起世界著名学者的注意;我们有一部分人,能知道这种学者的光临,比怎么鼎鼎大名的政治家、军事家重要的几什百倍,也肯用一个月费两千磅[镑]以上的代价去欢迎他,我想安斯坦博士也未见得不肯专诚来我们国内一次。我们不必懊丧,还是大家相互勉励罢!③

1922年12月27日,爱因斯坦乘"榛名丸"号回国,31日途经上海。

---

① 《安斯坦博士告不来北京之函》,《北京大学日刊》1923年1月4日。
② 《欢迎爱因斯坦博士》,《申报》1923年1月1日。
③ 《安斯坦博士告不来北京之函》,《北京大学日刊》1923年1月4日。

爱因斯坦下船作短暂逗留，虽然比第一次稍长，《民国日报》也刊登了"欢迎爱因斯坦博士"的告示，但再无欢迎的人群和宴会。爱因斯坦也仅在元旦当天应上海犹太青年会和学术研究会的邀请到公共租界工部局参加了一次相对论的讨论会，三四百人中也只有几个中国人。1923年1月2日，爱因斯坦离开上海前往耶路撒冷。

蔡元培和北京大学邀请爱因斯坦和筹备爱因斯坦讲学的百般努力，就因表面上"误解"而中止了，爱因斯坦与北京大学失之交臂。爱因斯坦取消在北京大学讲学的原因到底是什么？综合学者们的研究，中国人重"信义"和西方人重"契约"的观念不同，蔡元培和北京大学忙于筹资而没有前往上海欢迎爱因斯坦，中国社会的动荡和北京大学当时的财政窘境，爱因斯坦精于计算和急于返回德国并到其他国家游历，如此等等，可能都是爱因斯坦取消到北京大学讲学的原因。胡大年认为，爱因斯坦1922年访华未成，虽然确实是由于误解所致，更应看到"这一误解又是由多种直接与间接的原因所造成的，但最根本的一个原因，则是军阀混战在中国造成的阻碍科技文化发展的大环境"[①]。

但无论如何，蔡元培和北京大学邀请爱因斯坦的过程和为他讲学所做的各方面准备，反映了当时北京大学开阔的国际视野和学术高度，也反映了在当时积贫积弱、内忧外患的中国，北京大学在对外合作与交流方面所处的艰难境地。

---

① [美]胡大年：《爱因斯坦在中国》，第81页。

第九章　杜威和罗素与北京大学

1935年《北平晨报》上的一篇报道说："北京大学每利用学生课外时间,延聘中外知名学者来校作短期讲演,借以增进学生修业兴致,同时使能获得本系学课以外应加涉猎之学识见闻。该校历史悠久,声誉扬溢国内外,故世界著名各大学如英之牛津,美之哈佛,皆曾派遣知名教授至该校讲演,历次成绩皆极完美。"①这篇报道的言辞虽有溢美之嫌,但描述基本符合实际。不过,绝大多数学者只是在北京大学讲演一次或几次,国内外学界对他们与北京大学的关系关注得不多。美国学者杜威和英国学者罗素则不同,他们在中国逗留的时间长,在北京大学讲演的次数多,对于提升北京大学的国际知名度,提高北京大学教学与科研的水平,起了非常重要的作用。

第一节　杜威在北京大学的讲学

一、邀请杜威的缘由和过程

根据现有文献,第一个到北京大学讲学的国外名人是美国著名的哲学家和教育家杜威。1919年至1921年,杜威(John Dewey,1859—1952)在中国进行讲学、研究和考察长达两年。需要指出的是,北京大学不是杜威来中国讲学的唯一邀请者,但是主要邀请者。北京大学也不是杜威演讲的唯一场所,但是重要的场所。

---

①　《布朗教授定期在北大讲演》,载王学珍、郭建荣主编《北京大学史料　第二卷　1912—1937》,第2319页。

杜威1859年出生于美国新英格兰佛蒙特州伯林顿的一个杂货商家庭,中学毕业后进入佛蒙特大学,学习希腊文、拉丁文和解析几何、微积分等自然科学。1879年毕业后,杜威继续研读哲学史,1884年获得约翰·霍普金斯大学哲学博士学位。在此之后,杜威先后在密歇根大学、明尼苏达大学教哲学,1894年至1904年任芝加哥大学哲学系、心理学系和教育系主任。1904年,杜威又转到了哥伦比亚大学,任哲学系教授,直到1930年退休。在长期的教学与研究过程中,杜威集哲学、教育学、心理学、实用主义理论之大成,构建了内容涵盖科学、艺术、宗教伦理、政治、教育、社会学、历史学和经济学等诸多方面的实用主义理论体系,成了20世纪美国最著名的思想家。

美国哥伦比亚大学国际化程度极高,杜威在此长期任教,教过许多外国留学生并通过他们将自己的思想主张传播到世界各地。中国民国时期的许多名人都毕业于哥伦比亚大学,听过杜威的课或见到过杜威,说他们是杜威的学生或弟子多半是从这个意义上讲的,而非杜威直接指导。比如,胡适1915年进入哥伦比亚大学哲学系,蒋梦麟1912年从加州大学伯克利分校毕业后进入哥伦比亚大学研究院攻读哲学和教育学,中国现代教育学的开创者郭秉文(1880—1969)1911年进入哥伦比亚大学攻读教育学并于1914年获得教育学博士学位,著名教育家陶行知(1891—1948)1914年从伊利诺伊大学转入哥伦比亚大学学习教育学,中国当代著名哲学家冯友兰(1895—1990)1919年赴美留学并于1924年获得哥伦比亚大学哲学博士学位。

杜威能来中国讲学,与他的这些中国弟子特别是在北京大学任教的胡适有着非常密切的关系。杜威开始并没有想来中国,而是去日本。"在1919年来华之前,杜威对中国的兴趣并不大,他当然知道有中国这个地方,但没有去中国讲学的思考。在他来华之前,他的著作中没有讨论过中国问题,也没有引证过或讨论过中国学者的观点。"[①]1919年初,杜威的日

---

① 丁永为:《杜威在中国》,载《教育家》2016年第9期。

本学生邀请他去日本东京帝国大学讲学,年近六旬的杜威也想带着夫人考察和感受一下东方文化,于是就接受了邀请,乘船于 1919 年 2 月 9 日到达日本。从 2 月 25 日到 3 月 21 日,杜威在东京帝国大学以"今日哲学的地位——哲学改造问题"做了 8 次学术报告。胡适、陶行知等杜威的中国学生获悉此事之后,决定邀请杜威夫妇来中国讲学和考察。"促成杜威来中国的最热心者是陶行知,最关键者是胡适,始终的有力支持者是蔡元培和蒋梦麟。"①

1919 年杜威博士与北大同人合影　前排右:杜威　后排左:胡适、蒋梦麟
(来自北京大学档案馆,档号 SXZP1921007)

胡适之所以是邀请杜威的关键者,除了他是杜威更为直接的门生之外,更在于他希望在"问题与主义"之争中获得杜威的支持。1919 年 7 月 20 日,胡适在《每周评论》第 31 号发表了《多研究些问题,少谈些"主义"》一文,主张着力于解决现实面临的各种具体问题,而不是空谈能够一劳永

---

① 杨旭:《杜威来中国原因及相关问题考略》,《当代教育科学》2017 年第 11 期。

逸解决这些问题的主义,改良和实用主义色彩十分浓厚。胡适这篇文章发表后,先是蓝公武①在《国民公报》上发表《问题与主义》一文,从哲学角度论证了"主义"的重要性。接着,李大钊写了《再论问题与主义》,发表在《每周评论》第 35 号上。李大钊公开宣称喜欢布尔什维主义,认为宣传某种理论的"主义"与解决实际问题并不矛盾,如果不宣传主义,就没有大众参与,社会问题永远没有解决的希望。"问题与主义"之争是发生在五四运动之后中国自由知识分子和马克思主义知识分子之间关于中国未来之路的辩论,详细论述和评析此事非本书任务,但它可以帮助理解胡适在杜威来华和在北京大学讲学时的热情。

蔡元培大力支持杜威来讲学也不是偶然的。1912 年,"蔡元培出任中华民国教育部长。他在制订民元学制时感到,当时中国社会的最大问题便是'人民失业至多而国甚贫',因此把'实利主义'教育列为教育宗旨之一。2 月,蔡元培在《对于教育方针之意见》中首次向人们推荐了杜威及其实用主义教育。在论述实利主义教育时介绍说:'此其说创于美洲,而近亦盛行于欧陆','今日美洲之杜威派,则纯持实利主义者也'。此后的几年里,蔡元培一再通过文章和演说向国内教育界介绍杜威"②。另外,在 1906 年至 1918 年间,民国初年影响比较大的《教育杂志》就发表过介绍实用主义教育的文章,在一定程度上已经为国人了解杜威的庞杂思想做了铺垫。

杜威到日本没多久,胡适就写信邀请杜威来中国游览和讲学,郭秉文访日专门当面邀请杜威。胡适、陶行知、郭秉文等人商定:"拟由胡适和蔡元培所在的北京大学、陶行知和郭秉文所在的南京高师、蒋梦麟和黄炎培所在的江苏省教育会等南北机构合作承担,这三家机构后来实际成为邀

---

① 蓝公武(1887—1957),广东大埔人,1911 年毕业于日本东京帝国大学哲学系,1913 年又赴德国留学,第一次世界大战爆发前夕回国,1917 年任《国民公报》社长。五四运动之后,蓝公武开始接触马克思主义,1923 年起在北京大学、中国大学讲授《资本论》,新中国成立后任过最高人民检察署副检察长等职。

② 李喜所主编、元清等:《中国留学通史 民国卷》,广东教育出版社,2010,第 319—320 页。

北大哲学系讲师杜威博士在北大讲学两年

（来自北京大学档案馆，档号 SXZP1921007，选自 1919—1921 年《北大生活》一书）

请和接待杜威来中国的主体。"[1] 3 月下旬，杜威致信胡适，表示同意来中国进行为期一年的考察和讲学，但希望北京大学与哥伦比亚大学能沟通一下。3 月 31 日，陶行知在给胡适的信中说：

> 今日接到郭秉文先生的信，他说到日本已经见过杜威先生，杜威先生并不是帝国大学交换教授，不过游历的时候带着演讲就是了。郭先生请他到中国来，他就一口答应，说四月中就可到中国，打算游历上海、南京、扬子江流域，一直到北京。杜威先生曾发表他的意思

---

[1] 杨旭：《杜威来中国原因及相关问题考略》，《当代教育科学》2017 年第 11 期。

说,除今年之外,还愿意留中国一年。既然有此很好的机会,这一年光阴自然不能轻轻放过。怎么办法,要等郭先生和哥伦比亚大学商量后才可定当。杜威先生到华接洽事宜,应由北京大学、江苏省教育会、南京高师三个机关各举代表一人担任。敝校昨日已推定兄弟担任此事,请老兄和蔡孑民先生商量推举一人,以便接洽。①

也是在3月,为了杜威来华讲学,胡适在北京大学和南京高师做了四场讲座,重点介绍杜威的实用主义教育学,把杜威的哲学定名为"试验主义",称杜威是"今日美洲第一哲学家"。4月,《新教育》第1卷第3期刊发"杜威专号",发表了胡适的《杜威哲学的根本观念》、蒋梦麟的《杜威之伦理学》、刘经庶的《杜威之伦理学》等文章,着重介绍杜威的哲学和教育思想。正是由于安排之周密细致,有学者认为,杜威来华促成中国现代学术交流制度的形成。②

为了使杜威顺利来华游历和讲学,北京大学做了大量工作,其中起主导作用的是胡适、蔡元培和蒋梦麟。经过多方面的反复沟通与协调,杜威在中国的接待机构和经费、行程、工作任务、聘任性质和待遇,与哥伦比亚大学方面沟通以便允许杜威居留中国一年且不影响其在原校的聘任等问题,最终都得到了解决。

> 杜威在中国的主要身份是北京大学聘任的外籍教师,经费自筹解决。而经费又断非北京大学一家所能承担,采取了多方募集、多家分担的方式,这也是邀请杜威来中国的机构中,出现北京大学、江苏省教育会、南京高师、尚志学会、新民会、清华学校等多家单位、多种说法的原因。简单地讲,这些单位就是邀请杜威来中国的主要出资方和承办方,杜威对于各方均有演讲、文化交流之责任与义务。③

---

① 耿云志主编《胡适遗稿及秘藏书信》(第36册),黄山书社,1994,第355—356页。
② 刘晖、杜倩韵:《杜威来华与中国现代学术交流制度之滥觞——基于胡适、杜威的日记与书信》,《高教探索》2020年第5期。
③ 杨旭:《杜威来中国原因及相关问题考略》,《当代教育科学》2017年第11期。

仅就费用而言，杜威的薪酬、生活费和接待费一年 1 万银元左右，约合 20 世纪末的 100 万人民币左右，这在当时是一笔数目非常大的费用。在一年假期结束后，北京大学又电请哥伦比亚大学，续聘杜威为客座教授在华讲学一年。①

二、杜威在北京大学的系列讲演

杜威携夫人于 1919 年 4 月 30 日乘船抵达上海。到 1921 年 8 月 2 日离开青岛取道日本回美国，杜威在中国逗留了两年三个多月。到中国最初的一个月，杜威主要在上海、杭州、南京等地进行旅行和考察，也做了一些讲演，如 5 月 3 日和 4 日在江苏省教育会做的"平民主义教育"两次讲演，7—8 日在浙江教育会做的"平民教育之真谛"和"女子教育之新义"的讲演，18—21 日、24—26 日在南京高师的多次讲演。② 等前述安排基本落定后，杜威夫妇于 5 月 31 日下午由上海到达北京。

> 杜威在华共停留两年零两个月的时间，在这期间，在胡适、蒋梦麟、陶行知、郭秉文、刘伯明、郑宗海等一批留学生的陪同下，他先后到上海、北京、天津、辽宁、河北、山西、山东、江苏、湖北、湖南、浙江、福建、广东等十四个省市演讲，在北京高师和南京高师两校讲学，对当时中国的思想界和教育界产生了巨大的影响。因此，五四时期的实用主义热潮，随着杜威来华讲学达到了顶峰。③

在这期间，杜威以北京大学聘任的外国专家身份在北京大学、北京高等师范学校(1923 年更名为北京师范大学)和教育部做系列讲演。杜威在北京一共做了四个系列的讲演，分别是"社会哲学与政治哲学"(16 次)、"教育哲学"(16 次)、"思想之派别"(8 次)、"现代的三个哲学家"(6 次)。除了第二个系列是在西单手帕胡同教育部会场讲的之外，其余三个

---

① 袁刚、孙家祥、任丙强编《民治主义与现代社会——杜威在华讲演集》，北京大学出版社，2004，第 4 页。
② 顾红亮编著《杜威在华学谱》，华东师范大学出版社，2019，第 54—68 页。
③ 李喜所主编、元清等：《中国留学通史 民国卷》，第 321—322 页。

系列的演讲是在北京大学法科大礼堂做的。另外，杜威还在其他大学或机构做过多场讲演，如以"伦理之研究"为题在清华大学讲演 14 次，以"西方思想中之权利观念"为题在中国大学讲演 2 次等。"杜威在华讲演两年有余，大小讲演不下二百余次。除主要的几次讲演（如在北京的五次讲演）成集并多次重印外，绝大部分讲演散见于当时的报刊。"① 由于认为教育是社会进步的根本动力，是解决中国所有问题的"惟一工具"，因此，杜威的二百余次讲演中一半是有关教育的，"不仅有在北京和南京分别做的两个内容不同的长期讲演《教育哲学》，还有近百篇各省市的巡回讲演"②。

杜威在北京大学开讲的三个系列侧重的不是教育，而是"社会哲学与政治哲学"。在这个主题之下，杜威从 1919 年 9 月 20 日至 1920 年 3 月 6 日共讲了 16 次，都由胡适做翻译。讲演的时间和地点都是固定的，每周六下午 4 点在北京大学法科大礼堂进行。有学者写道："社会哲学和政治哲学"这个演讲题目是胡适向杜威建议的。胡适当时认为，杜威的实用主义哲学"独有政治哲学一方面，至今还不曾有系统的大著作出世。英国的华拉士（Wallace）、美国的拉斯基（Laski）、李亨曼（Lippmann）诸人的政治学说，都受了实验主义的影响的。但是我们至今还不曾有部正式的'实验主义的政治哲学'。"所以，胡适希望杜威趁机构思一下实用主义的社会哲学和政治哲学。这样，这次在北京大学的讲演"是杜威先生第一次正式发表他的社会哲学和政治哲学"③。

总体上说，杜威以实用主义哲学系统地阐述了自己的政治观点。

在这 16 次演讲中，他根据自己所提出的基本理论——知识即是行动的一种形式——批评及否定了极端的唯心论及极端的唯物论。他说，社会的进化是基于历史的进程，用来解决问题的理论则是起源于事件。因此，社会科学家应该注重事件和实证，应该维持一种实验

---

① 袁刚、孙家祥、任丙强编《民治主义与现代社会——杜威在华讲演集》，编选说明。
② 同上书，第 9—10 页。
③ 顾红亮编著《杜威在华学谱》，第 111 页。

的态度,还应该把所有的原则当作假设。换言之,新起的社会政治哲学应偏重于变革的主张与他所大力倡导的实证主义相结合,主张协调科学与民主,用科学精神来界定和阐释民主。在他看来,怀疑、实验和历史方法既是科学方法,又是民主方法。怀疑方法关联着民主的平等含义,怀疑本身内含着反对独裁和权威,破除迷信,张扬平等的意思,要求人们独立思考,不要被别人牵着鼻子走,这就蕴含着民主精神的萌芽。而实验方法则关联着民主政治中的操作含义,它使得民主政治的具体动作更程式化,更具有可操作性。①

北京大学对杜威也非常重视。从顾红亮编著的《杜威在华学谱》上可以看出,胡适与杜威的亲密关系自不必说,校长蔡元培和北京大学的师生也十分关注杜威,他每次讲演的时间和地点预告都发布在《北京大学日刊》上。1919年9月20日,北京大学在法科大礼堂举行欢迎蔡元培校长回校大会暨开学典礼大会。会上,蔡元培专门介绍杜威将在北京大学讲授哲学,杜威随后发表了"大学任务之性质"的讲演。10月5日,北京大学哲学研究会在新大楼开会欢迎杜威并请他讲演。同月23日,北京大学教务处特别发表公告:杜威将于11月初旬讲演"思想之派别",规定哲学系二、三年级学生必须听讲,此演讲作为必修课。本校其他学生和校内外学者有意听讲者,需要到哲学研究所报名,经哲学教授会许可后才能给予听讲证。

到1920年,北京大学对杜威的关注度更高。4月24日的《北京大学日刊》报道说,美国杜威博士已得哥伦比亚大学批准,继续在本校讲演一年。② 7月,北京大学正式聘请杜威为下学期专任哲学教育学教授,同时聘请杜威的女儿罗茜女士专任史学教授。③

然而,影响最大的事情是授予杜威等人名誉博士学位。8月29日,

---

① 韩笑:《影响新文化运动的思想巨人》,北京大学国际合作部编《北大洋先生》,第34—35页。
② 《北京大学日刊》1920年4月24日。
③ 《申报》1920年7月11日。

《晨报》发表的《我国学术界之破天荒》一文说:"北京大学近来对于学术上之进行,几有一日千里之概。而拟设一名誉学位。授予各国有名学者,已志前报。兹闻该校已决定授……美国哥伦比亚大学兼北大教授、教育学大家杜威以哲学博士。"次日的《申报》也发表了内容相似的报道,题目是《中国教育史中之创举》。"大陆报二十八日北京电云:北京大学,今日拟以名誉学位,授予四外人,此为中国教育史之创举。法国班乐卫,授科学博士,美国芮恩施,授法学博士,法国里昂大学校长卓平(一说卓林,一说鲁班),文学博士,美国杜威,哲学博士。"由于杜威和芮恩施没在北京,所以,授予学位仪式分两次举行。第一次于1920年8月31日上午举行,蔡元培主席致辞特别提及:"略谓大学近决议以学位赠予法国班乐卫及卓林,美国芮恩施及杜威,但此二美人,今皆不在京,故须另日行之。"①第二次于10月17日上午9点在北京大学第三院大讲堂举行,非常隆重。"大讲堂门前以鲜花缀成礼堂两字,到者除该校教职员学生外,还有专门学校代表、旅京美国各界等,共千余人。授杜威以哲学博士名誉学位。'杜威先生谓承授学位,又是感激,又是惭愧,此次来华结识许多新友,今又承隆礼,荣幸之至'。"②

在杜威离开北京转道山东回国之前,1921年6月30日,北京大学联合男女高师、尚志学会、新学会等团体在北京中央公园来今雨轩为杜威夫妇举行饯别宴会,八十多人出席,胡适代表北京大学致辞。7月11日上午,杜威夫妇乘车去山东。胡适在当天的日记中写道:"杜威先生今天走了。车站上送别的人甚多。我带了祖儿去送他们。我心里很有惜别的情感。杜威先生这个人的人格真可做我们的模范!他生平不说一句不由衷的话,不说一句没有思索过的话。只此一端,我生平未见第二人可比他。"③

---

① 《赠予外宾学位式》,《申报》1920年9月1日。关于班乐卫、卓平(也译为卓林、鲁班、儒班等)和芮恩施的具体情况,本章后面将专门论及。
② 《记北大第二次授予学位典礼》,《申报》1920年10月30日。
③ 胡适:《胡适全集》第29卷,安徽教育出版社,2003,第355页。

胡适的话是否足金姑且不论，但可见杜威对胡适的影响。其实，杜威的影响远不止对胡适一个人。杜威到中国没几天，中国就发生了五四运动。杜威耳闻目睹了这场"反帝反封建的爱国运动"。不仅如此，杜威在中国两年多的讲演正是在中国新文化运动如火如荼的背景下进行的。所以，"结合五四时期的总体思潮来看，杜威所宣扬的民主政治观点与五四知识界对民主、自由、平等、博爱的企盼和追求一拍即合，特别是他重行动、重效果、重进取的基本哲学精神，强调假设、怀疑的方法和'重新估定一切价值'的气魄，引起许多知识分子的强烈共鸣"[1]。

有的美国学者认为，"作为第一位被中国官方邀请到中国高等学府讲学的外国人，杜威获得了一个对任何哲学家来说都是难得的机会"[2]。的确如此，杜威赶上了中国大变革时代，也没有辜负这个时代，试图用自己的方式来影响中国。有学者写道：

> 杜威对中国政局的发展，以及中国知识界的文化和教育改造运动产生越来越浓厚的理智上的兴趣……在这两年多的时间里，杜威频繁接到中国政界、军界、文化界、教育界重要人物的邀约，终日忙碌于讲演，竟不得闲，足迹遍及奉天（今沈阳）、直隶（今河北）、山西、山东、江苏、江西、湖南、浙江、福建、广东等11个省市，做哲学、教育学、政治学、伦理学等讲演不下百场。杜威的每场演讲皆有翻译，并迅速被发表到各种报纸媒体上，有些演讲还被集合成册，如杜威在北京的五次讲演被汇编为《杜威五大讲演》，该书在杜威归美之前便已重版了10次，总量达到10万册。[3]

正因如此，在杜威夫妇离京回国的当天，胡适在1921年7月11日北京的《晨报》上发表的《杜威先生与中国》一文中说："我们可以说，自从中国与西方文化接触以来，没有一个外国学者在中国思想界的影响有杜威

---

[1] 韩笑：《影响新文化运动的思想巨人》，北京大学国际合作部编《北大洋先生》，第35页。
[2] [美]J.E.史密斯：《杜威在中国讲学中的基本观点》，《世界哲学》1990年第6期。
[3] 丁永为：《杜威在中国》，《教育家》2016年第9期。

先生这样大的。我们还可以说,在最近的将来几十年中,也未必有个别西洋学者在中国的影响可以比杜威先生还大的。"①胡适的话或许有过头之嫌,而自由主义道路后来在中国没有走通也使杜威在中国的意义进一步打折扣。事实上,1925年以后,许多中国人开始批评杜威的理论,如认为他的工具主义只关注变而忽略不变,社会理论只重改良而轻革命,他的教育理论有过程无目的等。② 但是,在20世纪中国社会和思想巨变的时代,"杜威中国之行的意义,已经超出他的思想本身的内容与价值,而成为与中国现代化历程休戚相关、不可分割的一重要组成部分"③。

第二节 罗素在北京大学的讲学

一、讲学社与罗素来华

几乎与杜威同时,英国著名的哲学家罗素也到了中国,也在北京大学做过系列讲演。但比起杜威来,罗素似乎没有那么风光,讲演次数比较少,游历的地方也不多。但不可否认,罗素对20世纪二三十年代中国思想文化的进步与繁荣做出了重要贡献。

伯特兰·罗素(Bertrand W. Russell,1872—1970),生于英国曼摩兹郡一个贵族家庭,1890年考入剑桥大学三一学院学习数学,后来兴趣转向哲学,毕业后两度在该校任教,1908年当选为皇家学会会员。此外,罗素在教育学、社会学、政治学和文学等多个领域都有建树,1950年因《哲学·数学·文学》一书获得诺贝尔文学奖。1918年,罗素在三一学院开设了"逻辑原子论"课,一共八讲。由于其中一讲有反战内容他被判处六个月监禁。在狱中,罗素写就了《数理哲学导论》一书,赢得了国际声誉。就是在这样的背景下,罗素被邀请来华和在北京大学做讲演。

---

① 葛懋春、李兴芝编《胡适哲学思想资料选(上)》,华东师范大学出版社,1981,第181页。
② 丁道勇:《杜威在民国时期受到的批评》,《全球教育展望》2018年第10期。
③ 袁刚、孙家祥、任丙强编《民治主义与现代社会——杜威在华讲演集》,第23页。

但是,与杜威是北京大学直接邀请的不同,罗素是由讲学社邀请来华讲学的,北京大学的蔡元培校长、胡适和张申府起了非常大的作用。

讲学社 1920 年 9 月由梁启超同蔡元培、林长民、张元济、汪大燮等人发起成立,其宗旨是聘请国外著名学者来华讲学,拟每年邀请一名,费用 2000 元,从讲学社董事会基金支出。蔡元培当时是北京大学校长,林长民 1918 年时曾任徐世昌政府外交委员会委员兼事务主任,张元济时为商务印书馆经理,汪大燮是徐世昌政府外交委员会委员长。罗素是讲学社第一个邀请来华讲学的人。有关罗素与中国的文章著述有不少,但鲜有介绍讲学社邀请他来华的具体过程。有学者说,胡适参与了邀请罗素之事,罗素符合讲学社规定的"国际知名学者""专门学者"的条件。① 1920 年 10 月,在为罗素举行的接风宴会上,梁启超讲了邀请罗素来华的两大理由:其一,"我们认为往后世界人类所要求,是生活的理想化、理想的生活化。罗素先生的学说,最能满足这个要求"。其二,罗素具备"真正学者独立不惧的态度。这是真正为人类自由而战的豪杰"。② 从罗素角度说,有学者认为:"第一次世界大战结束之后,西方知识界对资本主义文化,以至整个人类文明的未来普遍抱有一种相当悲观的态度,罗素就是如此。西方文化既已病入膏肓,罗素便把目光投向了东方,希望在东方世界能够找到希望。于是,1920、1921 年间,罗素相继访了三个具有代表性的东方国家:俄罗斯、中国和日本。"③这段话有一定道理,但有硬伤。比如,不是俄罗斯,而是苏维埃俄国(简称苏俄)。另外,俄罗斯也不能说是东方国家。

在罗素来华之前,中国就开始造势他将在北京大学讲学。1920 年 7 月 10 日的《晨报》第三版载文说:

---

① 郑师渠:《五四前后外国名哲来华讲学与中国思想界的变动》,《近代史研究》2012 年第 2 期。
② 《讲学会欢迎罗素之盛会》,《晨报》1920 年 11 月 10 日。
③ 刘怡:《"唯一真正理解中国的西方人"》,北京大学国际合作部编《北大洋先生》,2012,第 61 页。

哲学大家罗素（Bertrand W. Russell）生平著作甚富，自大战发生后，其所著《社会改造原理》《自由大道》《政治理想》等书尤能于英国学说之中独标一帜，与现在最新之潮流相应和。日前北京大学蔡元培校长曾与傅桐①教授联电请罗氏讲演，于六日午后接罗氏覆电，云本年或明年秋间必可来华。闻北大方面已再电罗氏，请其于明年秋间在北京大学讲演。云杜威来后又继之以罗素，吾国之学术将来必可放一异彩也。②

次日，《晨报》以"北京大学之新设施"为题进一步介绍了罗素并披露北京大学将授予班乐卫和杜威等名誉博士学位等方面的消息，其中也提到了罗素。文章写道：

> 罗氏生于一八七二年，为近代全球四大哲学家之一。所谓四大哲学家者即柏格森、倭铿、罗素、杜威四人。杜威在北京讲近代哲学时亦列柏格森、罗素、哲姆士（即詹姆斯）为近代三个哲学家，其学说重要可想而知。北京大学于四人之中乃得其二，凤虎云龙岂非中国之大幸。闻蔡先生语人云柏格森将来亦可请到云。③

除了报道之外，在罗素来华前介绍罗素生平与学术思想的"力作"是张申府 1920 年 9 月 12 日在《新青年》上发表的《罗素》一文。张申府（1893—1986），即张崧年，是张岱年（1909—2004）之兄。他 1914 年考入北京大学后，先在哲学系学习，后转到数学系，辛亥革命之前知道了罗素并且接受了罗素的自由与和平学说。他晚年在回忆录中写道："1919—1920 年间，我先后翻译了罗素《我们所能做的》《哲学之价值》《梦与事实》《民主与革命》等文章，并写了几篇介绍罗素的文章，这些大都登载在《新

---

① 应为傅铜（1886—1970），河南人，曾留学英国七年，时为北京大学哲学系教授，以后在北京、西安、东北、河南、安徽等多所大学担任哲学教授，主要讲伦理学、逻辑学等课程。
② 《哲学大家罗素明年来华——在北大讲演》，《晨报》1920 年 7 月 10 日。
③ 《晨报》1920 年 7 月 11 日。

青年》和《每周评论》上。"①1917年毕业后,张申府留在北京大学,教预科的数学和逻辑。在这篇文章中,张申府认为罗素是"现代世界至极伟大的数理哲学家""罗素本是多方面的,研究数学、名学、哲学(元学与知识论),既高而广;又涉及社会、政治;但还不止于此。伦理、宗教、心理,他也是很有研究的。不过,他虽研究伦理和宗教,而能不为所拘,保持伦理中立的态度"②。

还需要提及的是,杜威在北京大学做的最后一个系列讲学的主题是"现代的三个哲学家",其中之一就是罗素,另两个是柏格森和詹姆斯。关于罗素的两次讲演分别是于1920年3月19日和23日做的,主要介绍了罗素的理论哲学、政治哲学和人生哲学。柏格森(Henri Bergson,1859—1941)是法国著名的哲学家,1882年毕业于巴黎高等师范学院,代表性论著有《论意识的即时性》《物质与记忆》《创造进化论》,1914年当选法兰西学院院士,1927年获得诺贝尔文学奖。詹姆斯(William James,1842—1910),美国著名的心理学家和哲学家,曾任哈佛大学生理学、哲学和心理学教授,是美国心理学会和宗教心理学的创始人之一。杜威把罗素同柏格森和詹姆斯并列,足见对他评价之高。这也应当是北京大学请罗素讲学的重要理由。

在来中国之前,罗素曾于1920年5月以非正式观察员身份参加了英国工党代表团,对苏俄进行了考察,同苏俄各阶层人士进行了广泛的接触,甚至还见到了列宁本人。③ 8月,罗素从法国马赛乘Portos号轮船前往中国,陪伴者不是他妻子阿鲁丝,而是他的情人多拉·布莱克(也译为朵拉·布莱克、勃拉克等——引者)。罗素的原配是美国移民阿鲁丝·史密斯(Alys Smith),1894年罗素不顾家庭反对与她结婚。一个名门望族子弟冲破世俗娶一位美国移民之女为妻,罗素第一次婚姻成为学者笔下

---

① 张申府:《我对罗素的敬仰与了解》,《所忆·张申府回忆录》,中国文史出版社,2012,第65页。
② 张崧年:《罗素》,曹云勇编《通往自由之路——罗素在中国》,江西高校出版社,2009,第3,5页。
③ 翟玉章:《大家精要——罗素》,云南教育出版社,2009,第007页。

的美谈①,但实际上,他的婚姻并不是童话般的美好。《晨报》1920年10月7日一篇关于罗素的报道写道:

> 闻罗氏现年四十八岁。其原配斯密氏(H. Alys Smits)系大学毕业,美国人。然二人之夫妻关系,事实上早已脱离;不过格于英国离婚法律之繁苛,尚未变为法律上之离婚耳。现与罗氏同来之波赖克(Mis Black)虽与罗氏法律上未成为夫妇,然二人之感情及其行事,殆与夫妇无异。波女士现年二十八岁,前为剑桥大学学生,研究德法文学及现代社会主义史,后为该大学教授。②

所以,到了中国之后,罗素就要求中方把多拉当作他妻子看待。1921年,罗素宣布与阿鲁丝离婚,而与多拉成亲,后生一子一女,他们的婚姻持续到1935年。1936年,与多拉离婚后的罗素与海伦·帕特利霞·史彭斯(Helen Patricia Spence)结婚。

经过五六个星期的航行,1920年10月12日③,罗素和多拉到达上海。但是,接待方一个不经意的失误使罗素对中国的印象大大地打了折扣。罗素在自传中说:"当我们抵达上海时,最初无人来迎接我们。我从一开始就隐约有点怀疑,这个邀请也许实际上是开一个玩笑,为了证明这个邀请是真实的,我曾要中国人在我出发之前预先汇我旅费。我想大概不会有人花123英镑开一个玩笑,但是到了上海无人来接却又使我们担心起来。然后,后来弄清楚了,原来我们的朋友把船到达的时间搞错了。他们很快就到船上来,带我们去一家中国旅馆。"④这个意外的插曲与杜威夫妇乘船到上海时的情景形成鲜明对照,似乎预示着他的中国之行不会像杜威那样光鲜、顺畅。

---

① 冯崇义:《罗素与中国——西方思想在中国的一次经历》,生活·读书·新知三联书店,1994,第11页。
② 《罗素在京今日开始讲演》,《晨报》1920年10月7日。不过,此文关于罗素来中国的时间和到北京讲演的时间都不准确。
③ 张申府说罗素到达上海的时间是8日,参见张申府:《所忆·张申府回忆录》,第65页。
④ [英]伯特兰·罗素:《罗素自传 第二卷 1914—1944》,陈启伟译,商务印书馆,2015,第190—191页。

二、罗素在北京大学的系列讲演

罗素不像杜威那样有许多中国弟子,抵达上海虽有偶然不快,但中方还是给予了热情招待。次日,江苏省教育会等机构联合举行欢迎会。《民国日报》刊文说:

> 罗素业于昨晨九时安抵上海,行将在各省讲学,预足以一年为期。此行为尚志学会、北京大学新学会、中国公学会等四团体所公聘。招待等事,本已推定陶履恭等担任。惟初闻罗素所乘之波多号须十五号到沪,故昨日来时,未能招待周至,仅由徐君文耀到船迎接。现住一品香旅馆百〇三号房间。今日下午六时,由江苏省教育会等六团体,在大东旅馆开会欢迎。已柬中西人士陪宴云。①

1920年10月14日的《申报》刊登了《欢迎哲学罗素记》和《各团体欢迎罗素博士记——罗博士言中国宜保存固有国粹》两篇专文。欢迎会六时开始,十时方散。江苏省教育会主席沈信卿致辞,其大意是:罗素先生为世界哲学泰斗。此次来沪,俾中国人士受教育,非常荣幸。吾侪欢迎之诚有尤者两点。(一)中国哲学家有天地无日不变而变又日寓于不变之中,此说与罗素先生学说有相同之处。今日很明显以受教益,必能使中国固有之哲学,益发挥光大。(二)中国今当改造之日,愿以罗素先生坚强不屈之精神与精审切当之学说为师。罗素在答谢中也客气地讲,欧洲也在改造之中,有用之处对中国有参考价值,但许多弊端中国则不可效仿,中国的优秀文也必须保留。他建议道:"然在中国,苟一面能鉴欧洲之前车,一面要发挥其审美与温厚之善德。"②北京的《晨报》也于10月16日刊登类似的文章,"罗素先生演说之时,由赵君元任逐段译成华语,满座翕然。此为罗素先生来华第一次与我人之好印象,亦可谓将来讲学之引子云"③。

---

① 《哲学家罗素昨日至沪——今晚在大东旅馆开欢迎会》,《民国日报》1920年10月13日。
② 《欢迎哲学家罗素记》,《申报》1920年10月14日。
③ 《沪七团体欢迎罗素记》,《晨报》1920年10月16日。

在接下来的不到一个月的时间里,罗素在上海、杭州、南京、长沙进行了多次讲演。除了13日在上海大东旅馆欢迎会上的答词、20日在上海一品香饭店江苏省教育会招待会上的答词之外,罗素还做了五场讲演,即15日在上海中国公学做的"社会改造原理",16日在上海江苏省教育会做的"教育之效用",19日在杭州浙江第一师范学校做的"教育问题",21日在南京中国科学社做的"爱因斯坦引力新说",26—27日在长沙湖南教育会做的"布尔什维克与世界政治"。

11月初,罗素到了北京。开始时,罗素住在北京大陆饭店,后迁至遂安伯胡同2号院,罗素、多拉住一室,陪同翻译赵元任①住另一室。他和多拉买了一些旧家具,雇了厨师、男仆、黄包车夫。罗素回忆说:"我们在北京的头几个月是一段完完全全快乐的时光。我和多拉有过的一切争论和分歧都被彻底忘却了。我们的中国朋友们都很讨人喜欢。工作饶有兴味,北京又难以相信地那样美。"②

到1921年7月11日离开,罗素在北京前后停留近八个月。在这期间,除了1921年3月去了一趟河北保定育德中学做了题为"教育问题"的演讲外,罗素没有离开过北京。罗素在北京的活动就是在北京大学做学术讲演。

1920年11月7日,罗素在北京大学的系列讲演在第三院大礼堂正式开始。北京大学当日的报道说:英国博士罗素先生在本校开始讲演哲学问题,各校教职员、男女学生、中外学士、新闻记者等约三千人听讲。③同杜威一样,罗素在北京大学也是做几个主题不同的系列讲演,原定第一个系列讲演的主题是"社会改造原理",他到中国做的第一次讲演就是这个题目。但是,通过到中国之后在几个省的游历,罗素觉得自己对中国现实问题还不够了解,按他的原著讲"社会改造原理"对中国人没有什么意

---

① 赵元任(1892—1982),江苏常州人,有"中国现语言学之父"之誉,早年留学美国,1920年在清华大学教物理、数学和心理学等课程。关于他为罗素讲学做翻译的事情,可参见赵元任:《从家乡到美国——赵元任早年回忆》,学林出版社,1997,第154—168页。

② [英]伯特兰·罗素:《罗素自传 第二卷 1914—1944》,第193页。

③ 王学珍、王效挺、黄文一、郭建荣主编《北京大学纪事(一八九八—一九九七)》,第114页。

义,所以,就将第一系列讲演的主题改为"哲学问题",讲授时间从 1920 年 11 月 7 日至 1921 年 1 月,每周在周日上午和周三晚上讲两次。但是,这个系列讲演只有头两次是在北京大学讲的,11 月 14 日之后的则在高等师范学校讲的。除"哲学问题"之外,罗素在北京大学做的讲演还有四个系列:一是"心的分析",讲授时间从 1920 年 11 月 10 日至 1921 年 2 月。二是"物的分析",讲授时间为 1921 年 1—3 月。三是"社会结构学",讲授时间为 1921 年 2—3 月。四是"数学逻辑",讲授时间是 1921 年 3 月。另外,罗素还于 1920 年 11 月 19 日在北京女子高等师范学校做了"布尔什维克的思想"讲演,12 月 10 日在中国社会政治学会做了"未开发国之工业"讲演,1921 年 1 月 6 日在北京哲学社做了"宗教的要素及其价值"讲演,7 月 6 日在北京教育部会场做了他中国之行的最后一次讲演"中国到自由之路"。①

本来罗素可以做更多的讲演,但是,罗素在保定育德中学讲演后患了急性肺炎,一病数月,所以,"社会结构学"和"数学逻辑"两个系列讲演都中断了。除了生病之外,还因为罗素讲的内容曲高和寡,讲的数学和哲学很少有人能听懂。②"他逐渐感到,与北京的学生们在一起,对他本人的哲学进展毫无帮助,而且因为中国学生的基础知识都太差,对他们谈论高深的哲学实际徒劳无功。"③罗素甚至还差点因讲演中有赞成共产主义的内容而遭北洋政府驱逐出境。④ 所以,罗素本人也很沮丧,1921 年 4 月 28 日在给多拉的信中说:"患病之前我就已讨厌中国的北方了,这里很干燥,而且人也冷酷无情。我深感疲倦,归心似箭。"⑤正因如此,有学者写道:"罗素在华十月,表面虽然热闹,内里知音难遇,甚至连像样的对手亦难寻觅。其实他是半年不到,即萌生去意,后来因病拖延五个月,亦如置

---

① 康桥主编《罗素:唤起少年中国》,秦悦译,上海辞书出版社,2014,第 178—179 页。
② 《现代的三个哲学家(三)罗素(Bertrand Russell)》,《民国日报》1920 年 3 月 23 日。
③ 冯崇义:《罗素与中国——西方思想在中国的一次经历》,第 114 页。
④ 《北庭竟欲驱逐罗素——外交部之大笑话》,《民国日报》1921 年 3 月 28 日;汉胄:《罗素底不幸》,《民国日报》1921 年 4 月 1 日。
⑤ 朱学勤:《代序:让人为难的罗素》,曹云勇编《通往自由之路——罗素在中国》,第 12 页。

沙漠,只盼早归。拖到七月,能够策杖而行,他终于先别中国学界,与杜威同一日离开北京。"①

虽然如此,罗素来华和在北京大学讲学的意义和学术价值都不能被否认。

从宏观上看,在1919年至1924年这个中国新文化运动发展的重要阶段,有五位世界著名的学者(罗素、杜威、孟禄、杜里舒和泰戈尔)来华讲演,"构成了欧战后西学东渐的文化壮举,成为新文化运动的一个影响深远的重要历史景观"。"名哲讲学为之注入了新鲜的思想活力,从而助益了中国近代历史的发展。名哲们也许并不自知,但近代的中国历史却记住了它。"②从微观上看,罗素在北京大学的五大系列讲演除了"社会结构学"之外,都是纯哲学问题。所以,有学者认为:"且不说罗素向中国人宣

1948年6月15日北京大学校长胡适与出席泰戈尔画展的
来宾在子民纪念堂前的留影

(来自北京大学档案馆,档号 SXZP1948011)

---

① 朱学勤:《代序:让人为难的罗素》,曹云勇编《通往自由之路——罗素在中国》,第12页。
② 郑师渠:《五四前后外国名哲来华讲学与中国思想界的变动》,《近代史研究》2012年第2期。

讲的哲学观点是否正确,他给当时渴求新知的中国知识界系统地介绍了相对论、量子论、精神分析学说、数理逻辑等这些崭新的科学知识,激发起中国知识界对这些新知识的浓厚兴趣,堪称功德无量。"①

中国知识界特别是北京大学对罗素也给予了高度重视和评价。为了更好地理解罗素的理论,在北京大学校长蔡元培的支持下,哲学系教授傅铜倡导建立了"罗素学说研究会",不定期地举行英文和中文讨论会,交流学习和研究有关罗素的收获和体会,罗素本人也时常参会讨论。所以,罗素对北京大学师生也有过好的评价。他晚年在自传中说:

> 我在那里讲课的国立北京大学是一所非常出色的学府。校长和副校长都是热心致力于中国现代化的人物。副校长是我所认识的最真诚的唯心主义者之一。本来用以付教师薪水的钱经常被督军们挪用,因此,他们教书主要是出于兴趣爱好而不是为了挣钱。这里的学生应该得到他们的教授要教给他们的东西。他们有强烈的求知欲,准备为祖国做出无限的牺牲。周围的气氛氤氲着大觉醒的希望。②

此外,"为了配合罗素的演讲活动,北京大学发行了《罗素季刊》。《罗素季刊》和《北京大学日刊》也就成为当时传播、介绍和研究罗素哲学思想的重要阵地"③。罗素离开中国后,"罗素学说研究会"出版了罗素讲演合刊。"合刊编者在前言中总结了罗素在以下几个方面对中国学人的教导和影响,较为中肯:一、使中国人知道不能只是倾慕西方物质文明;二、研究哲学应以自然科学为基础,只凭玄想不能探索真理;三、中国的旧道德信仰已经破产,但中国人不应盲从西方道德与信仰,而应建立自己的新道德、新信仰;四、不论探求真理还是为社会谋福利,都应依靠自己努力,不可只是仰赖他人。"④今天来看,对罗素的这种评价也较为中肯。

---

① 冯崇义:《罗素与中国——西方思想在中国的一次经历》,第132页。
② [英]伯特兰·罗素:《罗素自传 第二卷 1914—1944》,第195页。
③ 刘怡:《"唯一真正理解中国的西方人"》,北京大学国际合作部编《北大洋先生》,第62页。
④ 徐友渔:《罗素》,开明出版社,1997,第161—162页。

第十章　北京大学师生出国

"留学教育是随着近代中国社会变迁的逐步深化而逐步发展并走向高潮的,从这个意义上讲,留学生是社会变革的产物;反过来,留学生又是推进中国革命和改良的一支重要力量,近代中国社会的政治、经济、思想文化等方方面面的变革,留学生都是'弄潮儿'。"①用这段话描述民国时期北京大学尤其贴切。这一时期北京大学历任校长都有或欧美或日本的留学背景,因而也都是西方教育体制的积极推动者。他们非常重视留学教育,尽力为学生和教师出国学习创造各方面条件。除此之外,为了提高北京大学的教学与科研水平,北京大学还逐步建立了教师出国留学、教授休假出国考察和研修制度。

第一节　学生出国留学

一、最早要求出国留学的学生

从帝制到民国,中国社会各方面都发生了巨大的变化。反映在留学教育上,晚清时期留学门槛低,留学专业重实务,留学人员多为官僚贵族子弟,留学管理制度不健全,留学归来授以旧式功名。进入民国后,这些都有了根本性的改变。随着帝制下的京师大学堂的退场,北京大学的留学教育也进入了新的历史时期。留学教育所及内容十分广泛,学界主要从留学内史(留学规程、资历要求、选派途径、费用资助、学生来源、数量多

---

① 李喜所主编、刘集林等:《中国留学通史 晚清卷》,第5页。

少、奖罚制度、学成回国等)和留学外史(留学国度、留学生管理、学校和专业、留学生学习与生活情况等)多方面进行研究,已成为比较成熟的中国近代史研究中重要分支,其代表性著作是李喜所主编、元清等著的《中国留学通史 民国卷》。因此,本章只是从对外交流与合作的角度,侧重梳理民国时期北京大学对留学人员的选派。

与社会发展状况变化相适应,民国时期的留学生选派也有明显的阶段性,不同阶段都有全国范围的留学某国热潮,北京大学留学人员的选派总体上说也随潮而动。但是,北京大学地位独特,北京大学校长的作用也独特,所以,北京大学在留学人员的选派等在民国初年有着较强的示范性,对政府及有关部门制定相关留学规程有一定推动作用。进入南京政府统治时期,由于政治中心在南方,北京大学虽然仍是国立,实际上处于边缘化的地位,因而在选派学生留学方面无论是批量的还是个案的都不多。受各种条件限制,北京大学派出的留学人员数量远不如留美预备学校出身的清华大学。在学校留学制度和留学规模层面上,民国时期的北京大学也远不如清华大学。从王学珍、张万仓编的《北京高等教育文献资料选编:1861—1948》的条目上看,北京大学关于学生出国留学的规章一个都没有,只在1918年10月4日公布了《北京大学选派教员留学外国暂行规定》。但是,清华大学却有多个,如《清华学校津贴在美自费生章程》(1919)、《清华学校选派学生赴美留学外国简章》(1917年8月)、《外交、教育部会订清华游美毕业生回国安置办法》(1919)、《清华大学留美公费生管理章程》(1937)、《清华大学国外研究生管理规程》(1937)等。

另外,北京大学留学人员选派方面的文献比较零散,具体信息不完整,一些留学人员的派出有上文而无下文。北京大学有文献记载的留学人员选派差不多都是公费的,而自费生方面的资料基本上没有。实际上,民国时期北京大学每年的毕业生数量也有限,其中出国的就更少。有些学生毕业离校后再出国,不属于本书研究的范围。所以,总体上看,民国时期北京大学直接派出国留学的学生途径有多种,但数量不是很大。

1913年3月,北京大学第一批(京师大学堂以来第四批)学生毕业,共有230人被授予学士学位。在这些毕业生中,法科学生钱云鹏、刘秉鉴、冯士光、郑彤雯,工科学生李伯贤、孙淦、区国著、方强,商科学生茹鼎贤写信给校长何燏时。在信中,他们提出了出国留学的要求,并陈述了四条理由。

  窃生等肄业分科,数易寒暑,承教育总、次长及校、学长之陶镕训诲以有今日,深荷培成敢志大德,又念校长莅学之始,即以高深学问谆谆相勉,三复斯言,益图服膺。生等分科毕业,呈在本国所学校深,较诸欧美未免见逊。校、学长热心毅力,素以作人为任。所期望于生等至深且厚,诚恐学术无似不副所期,惟有仰恳校、学长俯允,待生等毕业后筹法派往各国留学,则异日学有所得,以供献于社会,皆校、学长所赐也。谨将分科毕业筹派留学之理由详细陈之:前教育总长蔡曾莅参议院宣示政见,对于海外留学拟归中央政府直接办理,并以直接能进外国高等分科学校及在本国高等专门学校毕业成绩最优更求深造者为限。生等大学毕业可直接进入外国分科或大学院,且本校课程多与欧美大学相似,毕业后再入外国大学大有事半功倍之势,此其理由一也。

  从来言游学之弊者有二,或生长海外昧于国情,虽西学能穷其奥,及归而致用每多捍格之患,抑程度太浅及至外国未能径语高深辗转升学费日多而成功少。生等肄业大学将及十载,中西学问略有基础,留学外国既或兼程并进无旷时之虞,他日返国亦能体察国情,收应用之效,此其理由二也。

  北洋大学毕业出洋事凡数见,本校理科亦既筹派前例具在后效可睹,此其理由三也。

  近世学术日新月异,其辗转传译流入中国者方讶神奇旋成朽腐,欲外人以学问相见,端赖游学之士以最新学理饷我国人。前总监督刘曾允俟分科毕业后筹派出洋,待其学成归尽义务以为发挥学问扩充大学之计。现入民国,教育一途首为重要。本校尤待扩充师资一端正宜及时造就,此其理由四也。

西国文化先进,承学之子至大学而登峰似无可游学之必要,然毕业之后犹妙简俊才,游学数国集思广益,始成其大。吾国大学创办伊始,急起直追,犹虞不及,若自安卑近则人方日进我且日退,中西学术相去不可以道里计矣,此其理由五也。

校、学长乐育英才,深心若揭,既相期之甚殷又相知之有素,用敢冒昧上陈,请商准教育部,先筹的款编入预算,待其毕业,每班筹派数人留学欧美各国,籍宏造就。如蒙珍始终玉成,则读书之日皆戴德之年矣。谨呈。①

3月8日,何燏时以北京大学校长的名义写信给教育部,在信中转述了学生提出的留学要求和理由、附呈了学生们的信函,同时写道:"查该生等在校分科肄业,本年暑假期内陆续可以毕业,所有派往欧美留学一节,所陈不为无见,志愿亦属可嘉。至能否可以预筹款项遣派留学之处,未敢擅决。为此呈请钧部察核示覆。"②17日,北京政府教育总长刘冠雄签发教育部给北京大学的指令,答复说:"查该生等毕业后仍愿留学,有志深造,殊堪嘉许。惟本部于上半年预算不能追加,而留(学)事项亦关紧要,拟于下半年提出预算,一面拟即颁布留学外国学生规程,届时自当照章择尤(优)派遣,仰即饬知该生等可也。"③

但是,这几个学生的后续故事没有接上,有关他们的信息也几乎查不到。这是北京大学毕业生首次直接写信给校长要求出国留学,而何燏时对学生们的要求和理由是支持的。所以,他才能将这些转述给教育部。北洋政府对留学教育非常重视,1913年3月、8月和12月先后颁布了《管理留美学生事务规程》《经理欧洲留学生事务暂行规程》和《留欧官费学生规约》,1914年1月颁布了《经理留学日本学生事务暂行规程》,12月正式制定颁布了《管理留日学生事务规程》。除了规章制度不断出台之外,北洋政府教育部1914年还明确地提出了留学教育的目的是"求外国高深之

---

① 王学珍、郭建荣主编《北京大学史料 第二卷 1912—1937》,第685页。
② 同上书,第685—686页。
③ 同上。

学术,促进本国之文明,启发社会之知识",明显地涵盖了钱云鹏等学生在致校长的信中提出的理由和何燏时向北洋政府教育部推荐的意见,从留学思想的角度来说是很有价值的。

二、庚款留学生

1901 年,清政府与西方列强签订了《辛丑条约》,赔列强各国 4.5 亿两白银。由于起因于 1900 年(庚子年)义和团运动,因此,也称庚子赔款。1908 年 5 月,美国国会通过向中国退还部分庚款议案,但条件是中国必须用这些退款作为向美国派留学生之用,由中美双方组成董事会共同管理。从 1909 年开始,中国每年利用这笔钱向美国派遣 100 名留学生,因此,这些留学生也被称为庚款生。1909 年、1910 年和 1911 年,清廷在北京三次从全国招考庚款留学生,分别招收了 47 人、70 人和 63 人,形成了近代中国第二次国外留学高潮。为了配合庚款留学,1909 年 10 月,清政府成立了游美肄业馆,12 月将它改称清华学堂。进入民国之后,清华学堂于 1912 年改称为清华学校。在 1928 年改称国立清华大学之前,是一所留学预备学校,隶属民国外交部。1924 年,为了管理和使用十年前美国全部退还的庚款余额,中国建立了民间性质的中华教育基金会。1928 年 8 月,清华学校改为国立清华大学,原来清华学校的留学基金也并入了中华教育基金会管理。在这期间,许多留学美国和欧洲的学生是庚款资助的,1909 年至 1929 年间,庚款留美学生总数达 1289 人。[①] 庚款的来源也不仅限于美国,英、法、荷、比等国相继与中国订立协定,退还一部分赔款,但也必须用在中国每年向上述国家输送相应的留学生。

除了庚款生之外,赴美的还有各种公费生和自费生。但是,公费生总量不大,其中有一种是教育部选派的。1917 年 8 月教育部才选派第一批学生赴美留学,同时批准将已在美的自费生蒋廷黻等 14 人转为公费生。[②] 在第一批留美学生中,就有北京大学 1916 年的毕业生孙国封

---

① 梁碧莹:《"庚款兴学"与中国留美学生》,《贵州社会科学》1991 年第 12 期。
② 李喜所主编、元青等:《中国留学通史 民国卷》,第 30 页。

(1890—1936)。孙国封是辽宁昌图县人，1913年进入北京大学，为物理系招收的第一届学生，1917年受政府之派赴美，进康奈尔大学学习并获得博士学位。1922年回国后，孙国封参与创办东北大学并一直在该校工作，1932年进南京国民政府任督学。①

蔡元培出任北京大学校长后，按西方教育理念整顿北京大学。其中，在留学生教育方面，他既指出了存在的弊端，又对留学生提出了更高的要求。在前一方面，他说："吾国学生留学他国者，不患其科学程度之不若人，患其模仿太过而亡其特性。所谓特性，即地理、历史、家庭、社会所影响于人之性质者是也。"在后一方面，他提出："能保我性，则所得于外国之思想、言论、学术，吸收而消化之，尽为我之一部，而不为其所同化""其志行稍薄弱者，即捐弃其'我'而同化于外人，所望后之留学者，必须以'我'食而化之，而毋为彼所同化"。②

不仅如此，蔡元培还通过各种途径推动北京大学外派留学生。1918年5月1日的《北京大学日刊》刊载的《本校派生留学近闻》称："本校拟每年派毕业生二十名往美国留学，现已呈请教育部咨商外交部，于美国退回赔款名额增加二十名，以备本校毕业生前往留学。"③这则报道中还附了蔡元培以北京大学校长名义给教育部的呈文。蔡元培在呈文中首先以美国和日本为例，陈述了国家要富强就必须学习西方的先进科技，而派遣留学生就是主要途径。

> 窃维国家富强恃乎人才，人才陶铸端赖教育。当教育初兴学术幼稚之时，欲造宏博之人材为强国之基础，则派生留学尚矣，昔美当十九世纪前半衰弱不振，欧洲列强不以同等国视之，美知转弱为强非兴教育不可，于是开办学堂遍立报馆，凡可使教育发达者，无不竭力从事。但卒以人才稀少，虽有大学，未臻完善，爰遣大学毕业生留学

---

① 白欣、姚远：《中国近代教育家、物理学家——孙国封》，《西北大学学报（自然科学版）》2014年第5期。
② 蔡元培：《在清华学校高等科演说词》，转引自高叔平编著《蔡元培年谱》，第38页。
③ 《北京大学日刊》1918年5月1日。

德国，冀截德国之长以补其短，其结果适如所期，著述发明迭出，不鲜比年以来进步尤速。其科学大家类能独树一帜，以与德国相对峙，此美国假途于留学，以致其富强者也。十九世纪后半之日本，其国势衰弱与美国同，而其致强之道亦与美国无异。在今日虽号称强国，而其大学毕业学生负笈于海外者，犹陆续不绝。盖非如是不足以进于学术较高之域也。今中国之积弱十倍于日美，而科学之不发达，较昔日之日美尤甚，非我国子弟之资质出于日美人之下也，实以学术幼稚，欲求高深者无道耳。今者大学虽设有研究所，分门研究，冀达精益求精之域，然创办伊始诸我简略，欲与欧美抗衡，今日不足以语此。故欲求国家富强，促学术发达，实为当务之急，不可一日缓也。①

然后，蔡元培又提出，京师大学堂就有派生留学的传统，但进入民国后几近停止，为国家前途考虑，应当增加北京大学留学名额。

本校向有派送学生之成例，前清光绪二十九年十一月，资遣学生三十一名赴日留学，三十二年七月变通进士馆办法，分别资遣毕业生赴日本留学游历，三十三年二月，复派师范毕业生八名，赴英法美三国留学。自民国成立，国库奇绌，派生之举因而停止。此不仅无以鼓励学生，亦且有碍学术发达，诚莫大之遗憾也。兹为国家前途计，为本校毕业生前途计，拟请钧部资商外交部，就清华学校原定留学名额之上，每年酌添二十名，专备本校派遣毕业生留学美国之用。查清华学校资出于美国所退还之庚子赔款，美之出此盖欲栽培我国子弟，至子弟出自何校，谅勿计也。至外交部为清华主管之部，与清华关系当甚密切，然本校为国立大学，则于本校学生断不至有所歧视，况本校所诸者，只增加二十名额，于清华原额未尝减少，于国家负担不增分文，而于社会国家利益，实多诚一举而数善备也。所有选派本校毕业学生留学美国缘由及其办法理合请钧部鉴核，并咨商外交部核准施行，实为公便。

---

① 《北京大学日刊》1918年5月1日。

从有关庚款留学美国的文献上看,蔡元培提出给北京大学增加二十个名额的要求似乎没有被满足,北京大学派出留学美国的毕业生仍然不多。根据《中国留美学生史》,1854年至1953年一百年间,中国留美学生所毕业的国内学校,按人数多少北京大学(入学数为431人,获得学位254人)排在清华大学(1119人、906人)、圣约翰大学(790人、569人)、国立中央大学(744人、518人)、交通大学(571人、391人)、燕京大学(522人、362人)、岭南大学(472人、330人)之后,名列第七。① 在北京大学庚款留学生中,1919年考取的有傅斯年、杨振声等人。杨振声(1890—1956),现代著名教育家,山东蓬莱人,1915年考入北京大学国文系,1919年考取庚款留学,在哥伦比亚大学专攻教育学和教育心理学并获得博士学位,1924年回国后任北京大学等多所大学教授。顺便提及,与傅斯年一同赴英的还有另一位北京大学乃至中国的名人俞平伯(1900—1990),但他不是庚款生。俞平伯是江苏苏州人,1915年考入北京大学文学系预科,1919年12月毕业后自费去英国留学。他于1920年2月22日到伦敦,但只逗留了十多天,就于3月6日登船回国,"在当时留学界中传为笑谈"②。回国后,俞平伯在北京大学等学校教授清词、戏曲、小说和诗歌等课程。

1932年,"清华公费留美招考委员会"成立,由清华大学校长梅贻琦主持,具体负责在全国招考留学美国公费生。从1933年起,它受教育部委托在全国招考了六届留学生,每届30人。在1933年7月,北京大学保送了五名留美公费生,他们是蒋曰度、杨尔璜、旧毓森、吴祥龙和艾和勋。③ 但是,这五个人的具体信息不详。1935年7月,北京大学发布通告,清华大学招考第三届留美学生,北京大学学生可以报名考试。有多少人报名,最终选送几人应考,结果如何,均难查找下文。

---

① [美]史黛西·比勒:《中国留美学生史》,张艳译,生活·读书·新知三联书店,2010,第431页。
② 黄波:《俞平伯留洋何以成"笑谈"》,《长江日报》2013年11月26日。
③ 王学珍、郭建荣主编《北京大学史料 第二卷 1912—1937》,第2305页。

三、校外资助的留学生

在 20 世纪 20—30 年代初,北京大学还有一些学生是由国内企业家或外方资助出国留学的。

1920 年 7 月,上海工商界名流、民国时期著名棉花专家穆藕初(1876—1943)资助北京大学学生段锡朋、周炳琳、汪敬熙、罗家伦、康自清五人出国留学。在这五人中,除了康自清的信息找不到,其余四个都非常有名。段锡朋(1896—1948)是历史学家和民国时期的政治家,江西永新人,1916 年考入北京大学政法科。先后留学哥伦比亚大学、伦敦大学、柏林大学、巴黎大学,回国后任过武昌大学、广东大学历史教授,1930 年任南京政府教育部次长。周炳琳(1892—1963)是著名的经济学家,浙江台州人,1913 年考入北京大学预科,1917 年入法科经济门,1922 年获得哥伦比亚大学文学硕士学位,然后又在英国伦敦大学和法国巴黎大学深造,1925 年回国任教于北京大学经济系,在国民党内和南京国民政府里任过职,当过西南联大法学院院长,1949 年春拒绝前往南京并辞去一切职务,专任北京大学经济系教授。汪敬熙(1898—1968)是中国现代生理心理学家,山东济南人,1919 年毕业于北京大学经济系,1923 年在美国获得博士学位。回国后,他曾任河南中州大学、中山大学和北京大学教授,1934 年任中央研究院心理研究所所长,1948 年赴巴黎联合国教科文组织工作,1953 年在美国约翰·霍普金斯大学和威斯康星大学进行研究工作。罗家伦(1897—1969)是中国近代著名教育家、思想家和社会活动家,浙江绍兴人,1917 年考入北京大学,先后留学美国普林斯顿大学、哥伦比亚大学、英国伦敦大学、德国柏林大学、法国巴黎大学,1926 年回国后任教国立东南大学历史系,1928 年出任清华大学第一任校长。

1922 年 6 月,总部在上海的南洋兄弟烟草公司资助一些大学派学生留学美国,每个学校推荐人数在三人之内。22 日,北京大学教务长胡适致函江苏省教育会,称:"本校学生投考南洋兄弟烟草公司续选留美之保荐文件,因放假在即结束颇忙,须尽一两日始能寄到。"28 日,胡适又致信蔡元培:"南洋兄弟烟草公司续送留美学生事,本校学生报名者三十七人,兹由教务会议审议六人,按该公司本年选派简章第三条限定,每校保荐三人以下。即请先生于此六人中选定三人,直接通知文牍课行文覆知江苏省教育会为盼。附江苏省教育会来函,陈与漪等六人成绩单。"①

1930年2月28日,北京大学发布招考一名留学生的公告。"案奉教育部一六九号训令内开案据美国柯罗内夺矿冶学校函称,该校每年设中国免费生学额一名,但须由中国教育部之保送得免除一切学费及实习费(膳宿费不在此内),优待期以四年或修业期间之任何一部分时期为限,每年省费约计美金二百五十元,学生入学资格须曾在高中或大学预科毕业及在大学修业数年能与该校入学条件相符者,但应选学生须具有坚决之性格,清楚之头脑,强健之身体与精神,以及堪以造成工程师之必需条件等语到部。"公告还说:"凡本校第二院本科各系学生中如有愿往留学者,可于三月三十一日以前亲到注册部报名,以便定期考试。"②

但是,在1922年和1930年这两个选派计划中,北京大学派了多少名学生,最终出国了几个,都不得而知。

四、其他留学生选派信息

除了上述之外,民国时期有关北京大学派生留学或派出的学生学习情况都是零散的,散见于相关的报刊、公告和往来公函等资料,相关信息极不完整。有信息如下:

第一,学生要求免试申诉。1919年2月,北京大学学生吴维清称自己符合选派留学外国学生规程第一和第四条,向教育部申请免选派留学生第一试由。教育部回复北京大学,即使这两条都符合,也无免试的规定,让北京大学不用再讨论此事并转告该生。③

第二,留学生招考。1921年2月,北京大学发布招考本校毕业生赴

---

① 王学珍、郭建荣主编《北京大学史料 第二卷 1912—1937》,第689页。
② 同上书,第698页。
③ 《北京大学日刊》1919年2月22日。

德学习史学地理学的广告,比较详细地规定了约章、留学科目和人数、选拔考试及时间等事宜。约章五条,一是留学年限三至四年,归国后在本校服务。二是留学费用及川资由本校发给,其数目由本校随时规定。三是本校指定留学之科目,学生不得中途更改。四是每学期须作详细留学报告,寄呈本校史学系教授会。五是学生如不遵守约章,本校得停止其学费,并追缴已付之学费川资。留学科目和人数,历史学一人,历史兼考古学一人,地理学一人。选拔考试科目包括外文、国文、中外历史、中外地理,其中报考地理学的须考社会学、政治学和经济学中的一门。报名时间至 6 月 25 日,考试时间为 7 月 1 日。不过,这次招考当年没有完成。1922 年 6 月 8 日,北京大学再度发布公告,除报考时间不同之外,其他与上一年的相同。① 同样,这次招生也无下文。

1934 年 10 月,"教育部训令国立各大学每校限送文法院毕业生二人",内称"教育部准外交部函,昨分令全国国立大学,各保送毕业留意大利学生二名。北京大学接到是项训令后,昨布告各生限于本月十二日报名,以便审核选送"②。1948 年,北京大学原定派十名学生去土耳其留学。但是,土耳其政府奖学金额度不够,而国民政府外汇短缺。10 月 14 日,教育部转达行政院对北京大学的指令,留学生赴土耳其留学暂缓派出。③

第三,组织学生赴日短期考察。1924 年 2 月,教育部根据日本对华相关部门的要求,通令北京八所国立大学选派学生赴日本考察。3 月,八校先后派遣 50 人。但是,这 50 人中有多少北京大学的学生不清楚。1929 年到抗日战争全面爆发前,北京大学还多次组织四年级学生赴日考察。比如,1929 年 5—6 月,教育系组织周游、黄镜、洪樾、卜锡珺、谢卿尔、沈昌武、吴汝雷、石庭瑜、齐泮林九人赴日考察三周。1934 年 6 月,化学系组织四年级学生赴日考察实用化学工业,团长为化学系主任曾昭抡,

---

① 王学珍、郭建荣主编《北京大学史料 第二卷 1912—1937》,第 688—689 页。
② 同上书,第 699—670 页。
③ 王学珍、王效挺、黄文一、郭建荣主编《北京大学纪事(一八九八——一九九七)》,第 468 页。

团员凌大琦等三十五人。在三周左右时间里,他们在日华学会的帮助下,参观了东京的味之素工厂、硫酸厂、阿摩尼亚厂、造报纸业、印刷厂、酿造厂、钢铁厂,在名古屋、京都横须贺等地考察了化学工业、参观了帝国大学。①

第四,有关已派出的学生的情况。1919年9月22日,《北京大学日刊》载文说:"本校法本科一年级学生徐君章垿(浙江海宁人),客夏自费留美,入克拉克大学,插四年级,兼习经济银行,今年暑假毕业,得第一名之荣誉奖。"②1923年,地质系毕业生杨钟健出国留学,入德国慕尼黑大学,1927年获得博士学位,后来成为中国古脊椎动物学的开拓者和奠基人。

总的来看,民国时期,北京大学外派留学的格局仍是美欧和日本,而欧洲主要是英、法、德、意等国。由于留学多元化、北京大学地位的边缘化以及受各种战争的影响,北京大学外派留学人员总数不多,而且比较零散,1937年之后基本停滞。至于说北京大学学生自费出国留学者,限于资料,其数目和出国时间都不清楚,但肯定有。1936年10月23日,根据驻日留学生监督处呈报,教育部指示北京大学要告知自费留学日本的学生,出国前要领留学证,到日本后要向留学生监督处报到。③

第二节 教员出国

一、民国初期的教员留学

在民国初期,北京大学派出留学者中不仅有学生还有教员,当然,学生是主要的。教员留学是特定条件下的产物,在留学教育中不具代表性。

为了提高大学的师资水平,北洋政府教育部1918年初决定每年从大学和各高等专门学校中选拔优秀教员赴欧美各国学习,定当年向欧洲派

---

① 王学珍、郭建荣主编《北京大学史料 第二卷 1912—1937》,第2303、2306页。
② 《北京大学日刊》1919年9月22日。
③ 《北京大学日刊》1936年10月31日。

24人,向日本派10人。有学者指出:"这次派遣,开我国近代派遣高级知识分子成批赴国外进修、研究之先河。"①也有文献称,这"是为我国教授留学之始"②。

这对北京大学来说是一件大事。1918年4月22日,《北京大学日刊》布告了选派缘由、专业和程序。

(1)本校拟呈请教育部于所留欧美官费部额二十四缺及日本官费部额十缺中,为本校派送员十人至欧美或日本研究二年,归任教授,其科目如左:

文科五人(一)美学及美术史,(二)言语学,(三)伦理学,(四)实验心理学及实验教育学,(五)历史学。

理科四人(一)植物学,(二)动物学,(三)数学,(四)实验物理学。

法科一人,工商管理法(美国哈佛大学研究科)。

教员诸君或本校毕业生诸君,有志游学,而所欲研究之科目在上列各条以内,请于三日内函告本科学长,并注明愿往何国,以便开学长会议审定先后于月内呈部,请存记后陆续派往。此布。③

4月26日,北京大学学长会议通过了选派教员留学外国的暂行规程,共八条和一个附则。其中,八个条款具体规定了选派方法和要求等事项。

一、教育部指定留学额数内有空缺时,各科学长得就学科需要情形,请校长就曾在本校连续任职一年以上之本科教授预科教授助教选补。

二、有前条资格而志愿留学之教员,每年四月间应学长议决之各学科中,择定一种或数种,提出研究案及志愿书于学长会。(一)详细说明其在留学期内所拟研究之事物及研究之程序,并前此关于此种

---

① 李喜所主编、刘集林等:《中国留学通史 晚清卷》,第5页。
② 陈学恂主编《中国近代教育大事记》,第309页。
③ 王学珍、郭建荣主编《北京大学史料 第二卷 1912—1937》,第2293页。

学科之成绩及外国语之预备。（二）声明若被选派，愿遵守本规程所列之各条件。

三、学长会审查各研究案，将其结果报告校长，决定选派何人。

四、留学教员除照部定规程支治装费往返川资及每月学费外，仍按月支在校原薪之半，其在校五年以上者得支全薪。

此项半薪由本人指定一人按月在本校会计课代领，其搭现成数与在京各大学教员同。

五、留学教员自出国之日起，至归抵本国之日止，每月应有详细留学日记寄与本科学长，其有取得学位之论文或他项著述及考察报告，亦应随时送校以备考核。

违背前项规定者，校长可酌量情形停止其费之全部或一部。

六、留学时期不得过二年。

七、留学教员归国后，应服务北京大学至少三年，如有特别情形，归国后不能服务于本校时，须预得校长之特许，或交还其历年半薪之全数。

八、留学教员归国后，北京大学仍须继续延聘至少三年。①

6月6日《北京大学日刊》公布了选派教员留学的过程和结果。

教育部因派各国立学校教员出洋留学，前曾通令各校呈名单以便分配。本校接部令后，即在日刊宣布，请教员愿意留学者报名，当时报名者人数甚多，遂开学长会议审查一次，按本校教务上之需要及志愿者之素养，择其尤为急需而较为适宜者八人，开单呈部，计朱家(华)教授(愿往瑞士研究地质学)、刘复教授(愿往瑞士研究言语学)、陈大齐教授(愿往美国研究实验心理学)、周作人教授(愿往俄国研究东欧近代文学)、丁绪宝助教(愿往美国研究实验物理学)、李续祖教授(愿往美国研究植物学)、张崧年助教(愿往美国研究图书馆管理法)、李芳助教(愿往美国研究工商业管理法)。现朱刘二教授已蒙派

---

① 王学珍、郭建荣主编《北京大学史料 第二卷 1912—1937》，第 2293—2294 页。

定,其余六人如再出缺额,闻亦有被派之希望云。①

1918年8月,教育部第一批派出留学的教员八人启程,其中,来自北京大学的是朱家骅和刘复。朱家骅(1893—1963)是浙江湖州人,民国时期教育、科学和政治界的名人。朱家骅1914年赴德留学,1916年回国,1917年被北京大学聘为预科乙部教授。在1918年这次公费留学中,朱家骅先后到瑞士伯尔尼大学、沮利克大学和德国柏林大学的地质系学习和研究。1924年初回国后,任北京大学地质系和德文系主任,是中国近代地质学的奠基人。刘复(1891—1934)即刘半农,江苏江阴人,是中国新文化运动的先驱和著名的文化学者。刘半农参加过辛亥革命,民国初年在上海以写作为生,1917年夏被蔡元培破格聘为北京大学法科预科的教授。刘半农1920年春赴欧洲学习和研究,先入英国伦敦大学的语音研究室,次年转入法国巴黎大学专攻实验语音学,1925年被吸收为巴黎语言学会会员,1925年获得法国国家文学博士学位。1925年秋,刘半农任北京大学国文系教授兼北京大学研究所国学门导师。他还建立了语音乐律实验室,是中国实验语音学的奠基人。在其余六人中,丁绪宝(1894—1991)是安徽阜阳人,1912年考入北京大学预科,次年进入物理门,1916年和孙国封一样是中国首届物理学本科毕业生。毕业后,他先在奉天省立中学教化学,后到北京大学任物理助教。1918年夏天,他通过教育部留学考试,到美国留学,先后在芝加哥大学、克拉克大学和哈佛大学学习和研究物理,1925年夏天回国,后来成为国内著名的物理教育家。陈大齐是1921年秋天赴欧洲,到德国柏林大学研究哲学,1922年冬天回国,任北京大学哲学系主任。在现有文献中,李续祖这个人查不到。周作人和张崧年都是名人,但从文献上看,他们并没有从这个项目角度出去留学。周作人(1885—1967)是鲁迅的弟弟,生于浙江绍兴,早年留学日本。1917年,周作人到北京大学附属国史编纂处工作,1918年任北京大学文科教授,讲希腊罗马文学史、欧洲文学史等课,创办了北京大学东方语言

---

① 王学珍、郭建荣主编《北京大学史料 第二卷 1912—1937》,第2294页。

文学系。张崧年前文已经介绍过，1914年考入北京大学哲学系，后转入数学系。1917年毕业后，张崧年留校当助教，教预科的数学和逻辑，是中国第一个研究罗素的人。可列为教授留学的还有时任北京大学"画法研究会"导师的徐悲鸿，1919年3月受北洋政府的资助，随第一批留法勤工俭学学生乘日本邮轮由上海启程赴法，研究美术。

但是，教授留学持续的时间并不长，也没有规范化，很快就被教员出国休假制度替代了。早在1918年4月，北京大学学长会议通过了《选派教员留学外国的暂行规程》。它的附则明确规定："凡教授因在校连续任职五年以上派赴外国考察者，不适用本规程。"①根据这个附则，后来北京大学有些助教出国名义是留学，但实际上还属于学术休假。1934年6月，北京大学校务会议通过了《资助助教留学条例》对此做出了更加明确的规定：

（一）凡助教具左两项资格，经系教授会审查合格，提交院校会议及校务会议通过者，得由学校资助留学：（甲）在校服务满五年以上，勤于职务者；（乙）兼做研究工作，确有相当成绩者（研究成绩，以登载本校刊物，或国内外著名刊物为有效）。（二）留学时期第一年薪照支，如成绩优良，第二年得由该助教向学校请求，继续一年，惟须经系教授会院务会议及校务会议之通过。（三）留学助教之职务，在该助教留学时期，由本系或本院他系中其他助教分别担任之，学校不另加聘他人。（四）留学助教，每系不得同时有二人。（五）助教留学回国后，学校倘有聘请其回校服务之必要，该助教有尽先在校服务之义务。

二、教员出国休假制度的提出和确立

"北京大学是当时国内第一所建立学术休假制度的大学，无论是在制

---

① 王学珍、郭建荣主编《北京大学史料 第二卷 1912—1937》，第2294页。

度文本的制定方面,还是在具体操作执行方面,均具有代表意义。"[1]学术休假制度起源于19世纪末期的美国,大学教师在一所大学里工作一定时间后可以带薪或获得资助出国,以学术研究为主要目的进行短期休假。在中国,北京大学的这项制度滥觞于民国初年,形成于北洋时期,到20世纪30年代在中国高等教育中已经制度化了。

提出教职员出国休假设想的是时为北京大学校长的胡仁源。1914年9月,胡仁源在《北京大学计划书》中指出:由于近几十年来世界发达国家学术发展十分迅速,而地处东方的中国对此了解缓慢,学者跟不上学术发展的潮流,学术水平就越来越低。基于这种状况,胡仁源提出通过出国休假进行学术研究的方式来提高教师学术水平的设想。因此,"拟仿照日本大学办法,于各科教员中,每年轮流派遣数人,分赴欧美各国,对于所担任科目,为专门之研究。多则年余,少则数月,在外时仍支原薪,而所有功课,由本科各教员代为分别担任,则于经费毫无出入,而校内人士得以与世界最新智识常相接触,不致有望尘莫及之虞"[2]。不过,除了具体操作复杂并需假以时日外,更重要的是此时世界已进入大战状态,胡仁源的设想并没有很快实施。但是,胡仁源的设想得到了教育部的首肯。后者在1917年6月颁布的《国立大学职员作用及薪俸规程》中规定:"凡校长、学长、正教授每连续任职五年以上,得赴外国考察一次,以一年为限,除仍支原薪外,并酌支往返川资。"[3]教育部的这个规定虽然是从薪俸角度讲的,惠及者只有国立大学的高级管理者和正教授,但推动了北京大学教师出国休假制度的正式出台。

除了胡仁源外,另外一位积极推动教师出国学术休假的人是时任理科学长的夏元瑮。夏元瑮(1884—1944)是浙江杭州人,1905年赴美留学,1906年秋入耶鲁大学学物理,1909年毕业后又入德国柏林大学深造。

---

[1] 田正平、王恒:《民国时期北京大学学术休假制度考述——基于高等教育国际化的视角》,《教育研究》2017年第5期。
[2] 王学珍、张万仓编《北京高等教育文献资料选编:1861—1948》,第342页。
[3] 潘懋元、刘海峰编《中国近代教育史资料汇编·高等教育》上海教育出版社,1993,第802页。

1912年回国后，夏元瑮应严复之邀任北京大学理科学长，1917年蔡元培主政北京大学后仍请他任理科学长。由于有欧美的留学背景，夏元瑮特别赞同实行教师学术休假制度。在1917年11月17日召开的理科研究所会议上，夏元瑮提出："北京大学师生素来自为一小团体，与世界学者不通闻问。试问吾等抱此闭关自守主义、能独力有所发明、与欧美竞争乎……本校同事多半曾在欧美留学，或归国已久，或近始毕业，然归国后与外国之教习、同学断绝学问上关系则尽人所同。回国做教习数年，日所为者，不过温习学过之物而已。新智识增加甚少，新理之研求更可云绝世。"①夏元瑮认为，解决这种状况的根本大计就是派教师出国。根据夏元瑮提出的具体建议，与会者经过讨论暂定的五条教师出国办法，后以"致评议会诸君公函"为题发布在27日《北京大学日刊》上，署名是理科全体教员。《致评议会诸君公函》提出：理科研究所若要有所发展，必须派教员出洋留学。不仅是理科教员，文法科教员同样有必要留学，希望学校评议会也讨论这个问题。12月8日，北京大学评议会②开会讨论理科教员提出的派教员出国留学的议案。虽然在具体实施办法上也有不同意见，但是，评议会成员都认同派教员出国留学的必要性，最终制定了《大学校长等派赴外国考察规程》，共计九条。

不过，由于时间上与教育部选派教师出国留学相冲突，此事就搁置了一段时间。1918年4月，评议会对这个文件的内容也进行了修改，条款减为七条，这就是上面提到的《选派教员留学外国暂行规定》。10月4日，北京大学在《北京大学日刊》公布了《选派教员留学外国暂行规定》，同时呈教育部备案。22日，教育部核准了北京大学呈送的这个规程，条款进一步减为六个，并将正式名字定为《国立大学校长学长正教授派赴外国考察规程》。③ 30日，教育部告知北京大学"呈暨规程已悉。应准备案，规

---

① 《北京大学日刊》1917年11月22日。
② 1917年3月17日，北京大学将改选后的评议会各评议员的履历及评议会章程报教育部备案，它由校长、各分科学长、各分科预科学长、分科预科教授中各选两人组成。
③ 王学珍、郭建荣主编《北京大学史料 第二卷 1912—1937》，第2295—2297页。

程各条略加改正,合并令仰该校遵照此令",附规程一件。①

一、大学校长、学长、正教授每连续任职五年以上,得受特别优待,得派赴外国考察一次,惟同时不得过二人。

二、考察员于出国之前,应将其所拟研究之事务,及所往之各地点,作一节略报告于大学评议会。

三、考察员除支在校原薪全数外,得支左列各费:

出国川资　　六百元

治装费　　　三百元

回国川资　　六百元

考察费　　　每月与部定欧美留学生学费同。

专赴日本考察者,上列各费另行核定。

四、出国时得预支俸薪及考察费三个月。

五、考察以一年为期,但得延长。

六、考察员随时应有详细报告,寄本校评议会。

到此,民国时期大学教员出国学术休假制度正式确立,除了北京大学之外,其他国立大学也开始实行。进入20世纪30年代,由于社会环境的变化和学校自身的发展,北京大学于1934年重新修订这个规程,内容增至十二条,划分更细,规定也更清楚,同时在名称上也将"赴外国考察"改为"教授休假",即《国立北京大学教授休假研究规程》。

第一条　本大学教授连续服务满五年者,得请求休假一年,如不兼事,支半薪。其请求休假半年者,如不兼事,支全薪。曾经休假一次者,须连续服务六年方可得再请假。

第二条　本大学教授如欲在休假内作研究工作者,应先提出研究之具体计划,经系务会议通过审定,提交校务会核准后,方得享受下列各条之待遇。

---

① 王学珍、郭建荣主编《北京大学史料 第二卷 1912—1937》,第2297页。

第三条　本大学教授在休假内赴欧美研究者,支给全薪,并给予来往川资各美金三百五十元。但本人如在他方面领有川资者,本校不再支给川资。

第四条　本大学教授在休假内赴日本研究者,支给全薪。

第五条　凡休假教授赴欧美或日本研究者,其在国外研究期间须在十个月以上。

第六条　本大学教授在休假期内赴国内各地研究者,除照第一条支薪外,其旅行及研究费用,由研究者提出详细预算,经校务会议核定,但其总数不得超过一千五百元。

第七条　本大学教授依本规程休假者于休假期满后有返校服务之义务。

第八条　本大学教授每年休假人数,每学系不得超过一人。

第九条　本大学各学系不得因教授休假而增聘教授及讲师。

第十条　本大学教授经特种契约聘定者不适用本规程之规定。

第十一条　本规程如有未尽事宜,得由本校务会议修正之。

第十二条　本规程自二十四年度施行。①

1935年和1936年,北京大学又对每年休假人数做了补充规定,即以七人为限。至此,北京大学有了非常完善的教师出国休假制度。

三、教员出国休假制度的实施

民国时期北京大学发展的一个突出特征就是缺少经费,"教员讨薪""校长讨薪"几乎是常态,再加上内忧外患的时局,无论是1934年以前的出国考察者还是1934年以后的学术休假者,都是屈指可数的。不仅如此,出国考察和出国休假在实质上也难以分清楚。

1934年之前出国考察的人不多,其中有一个校长、一个学长和一个正教授。校长是蔡元培。蔡元培在北京大学当了十年多校长,但近半的

---

① 《北京大学周刊》1934年12月1日。

时间在国外。1920年11月至1921年9月,蔡元培前往欧洲、美国和日本考察教育,先后到了法国、德国、奥地利、英国、意大利、荷兰、瑞典、美国、日本等国。在这期间,除了参观访问之外,蔡元培接受了法国政府授予的勋章和纽约大学授予的名誉法学博士学位,筹办了里昂中法大学,出席了在夏威夷举行的太平洋教育会议。① 1923年7月至1926年2月就是按规程在欧洲进行的研究考察,蔡元培"拟以两年,专研美学,于素来未得解决之诸问题,利用欧洲图书馆,潜心研究,冀得结果"②。在这期间,蔡元培到了比利时、法国、英国、德国。除了做自己的学术研究外,蔡元培还努力推动英国退还庚款,代表中华教育改进会参加在爱丁堡举行的世界教育联合会第一届大会③,受外交部派遣代表中国出席阿美利加协会第二十一次大会。④ 学长是夏元瑮。《国立大学校长学长正教授派赴外国考察规程》确立后,夏元瑮第一个申请休假,于1919年1月到欧洲法德等国考察。在德国,除了在柏林大学听普朗克和鲁本斯(H. Rubens)的课之外,还结识了爱因斯坦并听其讲相对论。1921年春天,蔡元培游历欧洲路过柏林,夏元瑮陪他拜会了爱因斯坦,蔡元培邀请爱因斯坦访问中国。同年夏天,夏元瑮结束休假,回到北京大学继续当理科学长。教授是沈尹默(1883—1971)。沈尹默是陕西汉阴人,1905年自费赴日本留学,但次年因经济困难便回国。1913年在预科学长胡仁源的推荐下,沈尹默到北京大学中文系任教,同时做诗学和书法研究,1917年任北京大学书法研究会会长,1918年参与《新青年》的编辑。1919年,沈尹默向评议会提出休假申请,获准去日本,1921年成行。到日本后,沈尹默入京都大学研究。为了能多在日本留一年,沈尹默退掉北京大学的所有津贴。回国后,沈尹默仍在中文系任教,同时兼任北京女子师范大学教授。

1919年2月,北京大学另一位学长陶孟和(1887—1960)也赴欧考察

---

① 《民国蔡孑先生简要年谱》,第15—16页。王世儒编《蔡元培日记》(上),第268—298页。
② 高平叔编《蔡元培全集》第五卷,中华书局,1988,第1页。
③ 《民国蔡孑先生简要年谱》,第17页。王世儒编《蔡元培日记》(上),第299页。
④ 王学珍、王效挺、黄文一、郭建荣主编《北京大学纪事(一八九八——一九九七)》,第158页。

大学教育，但不是北京大学单独派出的，而由北京大学、北京高等师范学校、各专门学校、南京高等师范学校、江苏省教育会联合发起组织的中国教育扩张研究会派出的，与他同行的还有东南大学校长郭秉文。陶孟和，原名陶履恭，天津人，1906年至1910年留学日本，在东京高等师范学校学习历史和地理。1910年，陶孟和前往英国伦敦大学经济政治学院学习社会学和经济学，1913年获得经济学博士学位。1914年回国后，陶孟和来到北京大学，先后任教授、系主任、文科学长和教务长等职，直到1927年。陶孟和这次出国主要在英国伦敦大学经济政治学院学习社会学和经济学。

1934年将出国考察改为出国休假后，获得这种机会的主要是系主任或知名教授。1936年，数学系主任江泽涵"因为感觉自己对当时拓扑学迅速发展已经赶不上，就申请去普林斯顿高等研究所一年，数学系主任由申又枨代理"①。历史系主任陈受颐1936年夏至1937年夏休假一年，先往美国南加州波摩那大学当客座教授一学期，后到圣马力诺的汉宁顿图书馆和华盛顿国会图书馆研究半年。陈受颐(1899—1978)，广东番禺人，1920年毕业于岭南大学文学系，1925年赴美留学，1928年获博士学位。1931年，陈受颐受聘到北京大学历史系任教，主要讲授"西洋中古史""文艺复兴与宗教改革""欧洲十七世纪史""中欧文化接触史"等课程。1936年，陈受颐在北京大学任教满五年，因此被批准休假一年。然而，他休假回国后，北平已被日军占领。陈受颐只好返回美国，先在夏威夷任教，后到波摩那大学任教长达26年。1937年1月，教育系主任吴俊升赴欧洲的法国、瑞士、英国、德国、意大利等国和美国的加利福尼亚、芝加哥、纽约等地进行教育考察。"此次考察目的，注重教育理论方面，但对各国教育制度之良窳及实施所得效果，亦特为注意。"②吴俊升(1901—2000)，江苏通州人，1924年毕业于国立东南大学，1928年赴法在巴黎大学留学，1931年获得教育哲学博士学位后回国任教于北京大学教育系，1933年任教育

---

① 江泽涵先生纪念文集编委会编《数学泰斗世代宗师》，第17页。
② 《北平晨报》1937年1月23日。

系主任。不过,有关吴俊升学术休假情况几乎没有进一步的记载。

1937年5月19日,北京大学校务会议"通过各院本年休及出国研究之教授助教名单",休假教授有秦瓒、陶希圣、周作人、孟森、汤用彤、戴修瓒和罗庸七名教授,继续资助已经在美国留学的助教沈青襄和胡子安,批准另一名助教张仲桂留学美国的申请。① 不过,根据前面提到的两份文件,这两位助教出国的性质并非留学,而是学术休假。秦瓒(1898—1988),河南固始人,著名的经济学家,早年留学美国,获哥伦比亚大学经济学硕士学位,1928年9月任北京大学教授和经济系主任。陶希圣(1899—1988),湖北黄冈人,历史学家,1922年毕业于北京大学法科,1931年被北京大学聘为教授,讲授中国政治思想史和中国社会史等课。孟森(1869—1938),江苏武进人,中国近代清史学科的奠基者,1902年至1905年间留学日本,1930年受聘北京大学教授。汤用彤(1893—1964),甘肃渭源人,著名的哲学家,1912年入清华学校,1918年庚款留学,先入明尼苏达州汉姆林大学哲学系,一年后进哈佛大学研究院,1922年获哲学硕士学位,回国后先后执教东南大学、南开大学、中央大学,1930年夏任北京大学哲学系教授、系主任。戴修瓒(1887—1957),湖南常德人,法学教授,毕业于日本中央大学,1931年入北京大学法律系任教授,两年后任系主任。罗庸(1900—1950),生于北京,蒙古族,古典文学研究专家和国学家,1917年至1920年在北京大学大学文科国学门,1922年至1924年再入北京大学研究所国学门进修研究生,毕业后在教育部及多所大学任教,1932年回北京大学国文系任教授。这五位教授都是文科的,除了陶圣希在国内进行调查之外,其余四人都本应出国休假。但是,由于日本发动全面侵华战争,他们谁都没有走成。

1943年10月,经教育部批准,北京大学教授汤用彤和饶毓泰(1891—1968)为1943年至1944年度休假进修教授,前者在国内,后者到国外。饶毓泰是江西人,中国近代物理学家、教育家,1913年至1922年

---

① 《北平晨报》1937年5月20日。

先后留学美国芝加哥大学和普林斯顿大学,获得博士学位,1933年任北京大学物理系教授、主任。1944年,饶毓泰先后在美国麻省理工学院、普林斯顿大学和俄亥俄大学从事分子红外光谱的实验研究,1947年回国,担任北京大学理学院院长。在民国时期北京大学历史上,最后一次讨论教授休假是在1947年2月。胡适主持学校第33次行政例会,会议通过的第三个决议是"教授休假办法",其主要内容为教授任期七年可休假一次,为时一年,由校方资助旅费出国研究或讲学。① 1946年至1947年,北京大学文学院院长汤用彤应邀在美国加利福尼亚讲学一年。1947年8月,北京大学数学系教授江泽涵受教育部委派前往瑞士沮利克工业高等学院研修一年。

四、参加国际会议和短期出国考察

民国时期的北京大学名师云集,许多教授都有国外留学背景,是北京大学对外交流的主体。在条件比较艰苦的情况下,他们到国外参加学术会议或讲学。比如,1915年8月,陶孟和受外交部派遣到美国参加在加利福尼亚召开的万国教育会,当选为名誉副会长。1933年8月和1936年7月,北京大学文学院院长胡适两次参加太平洋国际学会召开的学术会议,前一次会后到芝加哥大学讲学,后一次代表北京大学参加哈佛大学建立300周年纪念大会。1925年9月,地质系教授李四光(1889—1971)代表北京大学应邀访问苏联,参加列宁格勒科学院200周年纪念会。1934年12月,北京大学校长蒋梦麟赴马尼拉参加在菲律宾大学召开的东亚教育会议。

除了上述这些之外,北京大学还有短期的教师出国访问团。1934年4月,北京大学经济系在学校的支持下,组建了一个赴日参观团,共12人,由系主任赵迺抟(1897—1986)亲自带队。参观团在游览纪实中写道:"中日两国本系同文同种,然日本自明治维新以来,励精图治,百业振兴,

---

① 王学珍、王效挺、黄文一、郭建荣主编《北京大学纪事 1898—1997》,北京大学出版社,1998,第412页。

中日战后,发生了资本主义,日俄战后,产生了商业资本主义,欧战以来,经济势力膨胀,为从前所未有,而开始了金融资本主义,同时对于中国的侵略,也随着经济的发展,而加倍的努力。'九一八事变'和'一二八'事件以及'塘沽协定',在中国方面都是想象不到的,而在日本方面,却是一贯的侵略政策的具体表现,我们经过这次的教训,觉得一方面须充裕自己,来做将来的准备;一方面又须认识对方,知道他们的野心和努力,庶可达到知己知彼的胜利,我们的赴日参观团,就在这种意义之下产生了。"①1937年8月25日至9月5日,北京大学和北京师范大学组团赴德国。②其中,北京大学的有教育学系教授张天麟、经济学系教授樊弘。

---

① 王学珍、郭建荣主编《北京大学史料 第二卷 1912—1937》,第2305页。
② 《北大师大教授,组赴德旅行团》,载《京报》1937年7月8日。

第十一章　北京大学其他方面的对外交流与合作

在晚清和民国时期,除了前面各章内容之外,北京大学还有其他多方面的对外交流与合作,如接收外国留学生、外国政要来北京大学访问、外国人士在北京大学设立奖学金、北京大学校长到国外访问和讲演、北京大学的涉外活动等。但是,这些对外交流与合作比较零散,内容并不丰富,相关的信息不全更不详细,本书将它们合并为一章。到了1949年之后,这些看似零散的方面后来都成为北京大学对外交流与合作机制化的重要内容。

第一节　接收外国留学人员

接收外国留学人员不仅是近代大学国际化的重要衡量指标,更反映了一所大学的综合水平和办学能力。北京大学从成立时起就以学习先进、国际化为办学宗旨,但在程度和能力上都很有限。这尤其表现在接收外国留学生方面。整体上说,晚清和民国时期,到北京大学留学的外国人寥寥无几。

京师大学堂最早接受前来听课的外国人来自俄国,此事由外务部、学部与京师大学堂进行沟通。

1909年(宣统元年)6月,俄驻清使馆在致清廷外务部的信函中提出,俄海参崴东方语言学堂毕业生素柏尼、齐阿尼、西柏罗诺夫、吕诺夫四人暑假时来北京,希望能到京师大学堂"游观"。19日,外务部同意并将此事通知学部。① 7月6日,学部回复外务部,称已函告大学堂总监照例接待,请外务部转告俄使。他们四人持函前来即可。②

同年9月,俄驻清使馆致函清廷外务部称,俄大学堂官派游学并兼任东省铁路学堂教习阿里克拟赴京师大学堂讲经史二课一个月左右。外务部14日将此事通告学部,说此人在中国已经三年了,汉文有一定的基础,同年11月即将回国任大学汉语教习。所以,希望学部能批准他到京师大学堂听讲。18日,学部就此事征求京师大学堂意见。21日,大学堂在给学部的回复中说:大学堂分科大学经史开课时间还没有确立,现在开的经史是按高等科程度讲授的。希望外务部转告俄教习,他若听分科大学经史两门课程,应等到开课的时候。如果想听当下高等科讲授的经史课程,可即时就来。24日,学部又将大学堂的回复转报外务部,请外务部询问俄教习。外务部通过俄使馆征求了俄教习的意见,10月5日将阿里克通过俄使馆的反馈通知学部。阿里克决定当下就到京师大学堂听经史两课,同时参观中小学堂。11日,学部知照外务部,阿里克既然愿日下前往大学堂听经史,京师大学堂将于10月14日接待。与此同时,京师大学堂还另附经史课程表,请外务部转给阿里克。③

1909年11月12日,外务部在向学部咨询函中说,俄国海参崴东方语言学堂毕业生迪德生为了研究汉语,想到京师大学堂听讲中国历史,于是,通过俄使馆提出申请。20日,学部就此事行文征求京师大学堂意见。学部同京师大学堂商议后在给外务部的复函中表示同意,"遵于下星期一接待。所有中国历史讲授时间另单开呈"④。

这些俄国学生或教习最后什么时候到的京师大学堂,"游观"或听课情况怎么样,都无后续。从严格意义上说,他们也不能算作真正的留学

---

① 《外务部为俄员游观京师大学堂事知照学部》,北京大学校史研究室编《北京大学史料 第一卷 1898—1911》,第450页。
② 《学部为俄员游观大学堂事知照外务部》,北京大学校史研究室编《北京大学史料 第一卷 1898—1911》,第450页。
③ 北京大学校史研究室编《北京大学史料 第一卷 1898—1911》,第452—453页。
④ 同上书,第453页。

生。但无论如何,他们确实是北京大学最早接待前来学习的外国人,因而可以视为北京大学接收外国留学生的开端。

几乎与此同时,学部也开始考虑京师大学堂招收外国留学生事宜。1909年11月11日,在京师大学堂办分科大学之后,学部上折奏道:"学部奏各国大学,外国人有程度相合而愿入学肄业者,无不一体收取。拟先就经科大学,准令外国人入学。从之。"①这个奏折获准,"外国人愿在中国经科大学留学一节,外间喧传已久,兹知学部蒙尚书,已于二十九日奏明经学一科为中国所独有,准外国人入学,由部臣酌定简章以期妥洽。奉旨允准"②。

京师大学堂正式宣布招收外国留学生是从1910年开办分科大学开始的。1月10日,学部再上奏折:

> 查各国大学除教授本国学生外,外国人有程度相适而愿入学肄业者亦无不一体收取,诚以学问之道靡有穷尽,惟互相师法而后讨论益精。自臣部筹设分科大学以后,屡有外国人前来询问能否准其入学肄业。臣等窃维近日中国学生游学东西各国者甚多,今中国设立大学而彼国亦愿来学,以往来施报言,固所以厚邦交,以知识交换言,亦所以广教育。臣等公同斟酌,经学一科为中国所独有,拟先经经科大学准外国人入学,预由臣部酌定简章,以期洽妥。至其余各科大学设立之初,恐难遽及东西各国之完备,外国人入学一节,拟暂从缓议。谨附片具陈,是否有当,伏乞圣鉴训示,谨奏。③

这个奏折也获准,外国人可以入经科学习。④

虽然允许外国人入经科学习,但是,从现有文献中却找不到在京师大

---

① 北京大学校史研究室编《北京大学史料 第一卷 1898—1911》,第454页。
② 《宣统元年十二月奏准外国人入经科》,载王学珍、张万仓编《北京高等教育文献资料选编:1861—1948》,2004,第270页。
③ 《宣统元年十一月二十九日学部奏请准外国学生入堂肄业片》,王学珍、张万仓编《北京高等教育文献资料选编:1861—1948》,第269页。
④ 《宣统元年十二月奏准外国人入经科》,王学珍、张万仓编《北京高等教育文献资料选编:1861—1948》,第270页。

学堂学习的外国学生名字。

进入民国之后,有关北京大学的外国留学生方面的信息仍然很少。1913年4月,北京大学文科史学门首批毕业生中有一位日本学生,他叫菊川龟次郎,是在史学门肄业两个学期的"选科生"①。经学毛诗门也有一位日本学生,叫浅井周治,也在北京大学肄业了两个学期。② 另外,《北京大学哲学系简史(1914—1994)》开列的1914年至1946年毕业生名单中,有一位名叫野满四郎的日本留学生,③但没有标注他是哪一届的。

随着外国留学生进入中国,中国的留学生教育也开始规范化。教育部于1916年9月19日制定了《大学分科外国学生入学规程》,这大概是中国第一个有关外国留学生的正式文件。它虽然不是单为北京大学制定的,但对最早招收外国留学生的北京大学来说是至关重要的,全文如下。

第一条 大学分科得许外国学生入学。其全修分科某门科目或选修一门或数门中之数科目均听入学生之便。

第二条 外国学生全修分科某门应修科目,修业期满试验及格者,得授以毕业证书;选修数科目者,给以各该科目之修业证书。

第三条 外国学生之领有毕业证书者,得与本国本科生一律称学士。

第四条 外国学生欲入学者,须于学年开始以前,请由其本国公使函送本部,经部指令欲入学校考验合格,始得入校肄业;其选修数科目者,得于各该科目之始期行之,但经一次考验入学欲续选本门之他科目时,得免考验。

第五条 外国学生入学时须考验之事如左:

(一)开具学历局并呈明所得之学业证书;(二)作中文一篇,或以中文译成其本国文;(三)笔记中国语讲义一段;(四)试某门题一道或

---

① 尚小明:《北大史学系早期发展史研究(1899—1937)》,第62页。
② 王学珍主编《北京大学志(第四卷)》,北京大学出版社,2021,第1575页。
③ 北京大学哲学系八十周年系庆筹备委员会编《北京大学哲学系简史(1914—1994)》,1994,第390页。

数道,得以其本国文答之。

第六条 学费、膳宿费与本国学生一律收受,不愿膳宿者听。

第七条 外国学生自愿退学时,须由其本国公使函致本部证明,方准退学。

第八条 外国学生于大学本国学生应守之规程、命令,未经校长特许解免者,及特为外国学生施行之规程,均须遵守。

第九条 凡经本部立案之私立大学,除第三条外均适用之。

第十条 本规程自公布日施行。①

这个规程在实践中实施得如何,也没有进一步的文献史料,学界也无相关的研究。就北京大学而言,外国留学生应当是一直都有,但具体情况不详。1926年9月,北京大学在校的外国留学生有3名来自朝鲜,3名来自日本。1931年,"北京大学入学考试各省地考取生比较表(二十年度)"中,有留日华侨女投考生1人,朝鲜男投考生4人。② 至少从这时起,北京大学就有正规的外国留学生了,但是,有关他们的具体情况同样少有文献记载。在1934年北京大学第二十二年度学生统计中,有日本学生1个,暹罗(今泰国)学生1人。③ 1935年1月,《北平晨报》刊登了"北大本学期学生籍贯年龄统计",其中说来自日本的有9人,来自暹罗的有1人。④ 根据同年12月该报刊登的"北大本年度新生母校及人数统计",有一名学生来自英属婆罗洲(指加里曼丹岛)诗巫光华中学。⑤

从20世纪30年代后期开始,国民党政府教育部开始主导中外交换留学生和设立外国学生来华奖学金。但是,这些同样是面对中国所有大学的,具体落实到北京大学的人数并不多。

中外交换留学生始于1936年,当年中国同波兰、意大利各交换一名

---

① 王学珍、张万仓编《北京高等教育文献资料选编:1861—1948》,第373页。
② 王学珍、郭建荣主编《北京大学史料 第二卷 1912—1937》,第605页。
③ 同上书,第608页。
④ 《北平晨报》1935年1月21日。
⑤ 《北平晨报》1935年12月12日。

学生。1937年,中国和德国原本交换六名学生,后因抗战全面爆发未果。但是,中印之间在交换留学生方面有实质性的进展。1942年,印度教育顾问沙金特访华后建议两国交换十名留学生。根据两国政府的协商,交换学生从1943年开始,学生的出国旅费由派遣国政府担负,留学期间学费、生活费等由留学国家担负。印度派到中国的十名交换生都是大学毕业,有的还获得了硕士或博士学位。他们来华后被分派到中央大学、西南联合大学、浙江大学、武汉大学及金陵大学等校,学习中国历史、哲学、考古学、化学、数学、农学等专业。① 但是,具体分到西南联合大学几名、学什么专业,还不得而知。1946年,印度政府又向中国选送第二批留学生,共11名。11月,教育部电告北京大学,将分派2至3人到北京大学学习,并"拟列入文法学院"②。

设置国外奖学金始于1944年。为鼓励外国青年研究中国语言历史与文化,国民党政府教育部1944年6月颁布了《教育部在国外各大学设置中国文化奖学金办法》,它规定:"每年在国外著名大学设置中国文化奖学金。凡在大学肄业之非中国籍学生选习中国语文、历史、文学、艺术、政治、经济、地理等学科一年以上,并具有相当成绩者,得申请是项奖学金。"③这份文件开列的美国大学有芝加哥大学、哈佛大学、哥伦比亚大学、耶鲁大学、密西根大学、加利福尼亚大学、斯坦福大学、南加利福尼亚大学、华盛顿大学、米尔女子学院,英国的大学有牛津大学、剑桥大学、伦敦大学,印度的大学有加尔各答大学、印度国际大学。每所大学有五个名额,每名学生每年被资助1500美元。

1947年3月,中华民国教育公布《南洋学生奖学金办法》,奖学金设立在国立中山大学、国立北京大学、国立清华大学、国立暨南大学,主要是奖励越南、暹罗、缅甸、马来亚、婆罗洲、爪哇、苏门答腊、菲律宾等地各族

---

① 王学珍主编《北京大学志(第四卷)》,第5页。
② 王学珍、王效挺、黄文一、郭建荣主编《北京大学纪事(一八九八——一九九七)》,第397页。
③ 《教育部在国外各大学设置中国文化奖学金办法》(http://pedia.cloud.edu.tw,访问时间2021年3月12日)。

学生研究中国文化,每届55人。具体名额是,越南、缅甸、暹罗各9名,马来亚5名,婆罗洲2名,爪哇及苏门答腊、菲律宾各7名。条件是中学毕业,25岁以下,略通中国语文,对中国文化感兴趣,经当地政府保荐者。每名每年暂定国币十万元,免缴肄业学校学杂各费,但学生来回旅费应各自理。这个奖学金定期四学年,但领受的学生在校期间操行不良或学业成绩过差者,得由肄业学校报请教育部停止发给。此奖学金由教育部委托中国政府派驻南洋各地使领馆审核,每二年举办一次,以五月为审核时期。①

由于国共内战和经济形势等方面的原因,这两个国外奖学金项目都没有实际执行,但这种招收外国留学生的方式延续了下来。

第二节 克兰夫人奖学金

设立各种奖学金是西方模式的大学通行的做法,也是吸引学生、帮助学生和促进学校发展的重要资金来源。另一方面,许多机构、企业和个人也出于不同的目的在大学里设立各种奖学金。比如,英国政治家、商人塞西尔·罗德1902年在牛津大学设立"罗德奖学金",资助外国学生在牛津大学学习,成为英国大学历史最长、声誉最高的奖学金项目。北京大学也是如此,进入民国时期后也设立了多项奖学金和助学金,制定了相适的评审机构和规则。其中,最早的奖学金是美国驻华公使查尔斯·理查德·克兰的夫人设立的,时间是1921年。

美国从19世纪中叶开始向中国派外交使节,1844年至1857年称专员(Commissioner),1858年起称特命全权公使(Envoy Extraordinary and Minister Plenipotentiary),1935年以后称特命全权大使。查尔斯·克兰(Charles R. Crane,1858—1939)是一个富有的美国商人,由商而政,参与国内外政治事务。1909年7月,塔夫脱总统任命他为驻华公使,但未能

---

① 《教育部在国外各大学设置中国文化奖学金办法》(http://pedia.cloud.edu.tw,访问时间2021年3月12日)。

到任。1912年,克兰全力资助威尔逊赢得总统大选,此后,1917年被任命为苏俄特别委员会成员,1919年被任命为巴黎和会美国代表团成员,1920年被任命为驻华公使。克兰在华任职时间是1920年3月至1921年2月。在克兰离任不久,《北京大学日刊》于8月3日登了一则"本校招考克兰夫人奖励女生学额",全文如下。

> 美国前公使克兰先生之夫人,为奖进中国女子教育起见,捐助北京大学美金四千元(合华币八千数百元),设正科学生额六人,旁听生学额九人,并希望中国中央政府及各省政府或私人,多设学额与女生以求学之机会。
>
> (一)正科生学额
>
> 一、正科学额六人,自预科一年起,至本科毕业止,计六年,每年每人给费一百五十元。
>
> 二、凡中学毕业后未逾二年(距离毕业之期在二年以内)之女生,年在十九岁以内,身体强健,有志以教育为职业,或从事一种专门学问,无力自给学费者,得应试。
>
> 三、每年所得之学款一百五十元,除由本校代付学、膳、宿、书籍诸费外,其余由本校女生导师随时酌给该生,以作零用之需。
>
> (二)旁听生学额
>
> 一、旁听生学额暂定九人,得在本科旁听两年。
>
> 二、凡中学毕业,现任学校教科,或职务,满一年以上,五年以下,欲增进其知识或教科能力,无力自给学费者,得应试。
>
> 三、每年所得一百五十元之款,其支付手续与正科生同。
>
> (三)附则
>
> 一、正科生在京沪两处,与招考新生受同等试验,惟报名时须先声明。
>
> 二、旁听生在京,与他旁听生同等试验。
>
> 三、凡应学额试验者,其成绩标准较他生为高。
>
> 四、凡已在校之女生,不得应试。

五、如本年招考不能满额,俟下年招补。①

1922年5月,北京大学对这个章程进行了修订,把附则中"凡已在校之女生,不得应试"一条,修改为"凡已在本校之女生欲请补此项学额者,须有确实保证书,证明本人之家境,于开学后十日内送交教务长室,由教务长会议依据该女生之成绩审定之"②。1923年4月,北京大学考试委员会再一次修订这个章程,在附则中又加了两条。加的内容是:"(5)旁听生受此项学款者,所习科目,均须与同班正科生受同等试验""(6)正科生与旁听生,受此项学款者,如学年成绩不及格,经教务会议认为不应得此项奖励时,应停止其次学年以下之奖励"。③

从这个奖励章程的内容及其制定和重修来看,克兰夫人出资帮助女生在北京大学学习在当时应当是一件比较大的事儿,北京大学也很重视。由于没有发现更多的文献资料,这个奖学金设立的过程、实施的过程及其效果,都无从知晓。即便如此,根据上面的内容还是可以想象出一个比较完整的故事。克兰夫人奖学金是北京大学在这方面对外交流与合作的开始,有奠基的性质,对后来的影响是不可低估的。

除了克兰夫人奖学金之外,1944年3月,美国人麦克尼尔夫妇为纪念他们的儿子,向北京大学赠送200美金,作为补助学生医药费之用。④不过,麦克尼尔是什么人,他们的儿子发生了什么事情,赠送这200美金的过程和后续情况,也没有找到文字记载。

第三节 外国政要访问北京大学

北京大学是中国第一所国立高等学府,在文化教育方面代表着中国

---

① 《北京大学日刊》,第八三〇号,1921年8月3日。
② 《北京大学招考克兰夫人奖励女生额章程(十一年五月考试委员会修正)》,《北京大学日刊》第一〇三二号,1922年5月20日。
③ 《北京大学招考克兰夫人奖励女生学额章程(十二年四月二十五日考试委员会重订)》,北京大学档案·全宗号(七)·目录号1·案卷号180。
④ 王学珍、王效挺、黄文一、郭建荣主编《北京大学纪事(一八九八——一九九七)》,第359页。

最高水平。所以,除了外国专家学者之外,外国政要或社会名人也常常来访北京大学并发表讲演。北京大学这种独有的对外交流始于民国时期。当然,如何界定外国政要并非易事。所谓政要,是指政府要员。从后来北京大学的实践看,到访的这类人士比较复杂,有国家领导人(总统、主席)、政府首脑(总理、首相)、重要政党和议会的领袖(如共产党的总书记、国家最高议会的主席)、君主立宪制国家具有政治影响力的皇室主要成员(国王、王后、公主)、部长和驻华使节等。在他们中间,有的是现任的,有的是卸任的。他们的到访主要是为了借助北京大学这一平台推动两国的关系和民间交往,扩大本国在中国的影响力,除个别之外重心不在学术交流上面。

1912年5月15日,在刚由京师大学堂更名而来的北京大学举行的第一次开学典礼上,英国驻华公使朱尔典应邀请出席。朱尔典(John Newell Jordan,1852—1925),英国外交家,清光绪二年(1876)来华,一直在驻北京领事馆当差,任过见习翻译员、公使馆馆员、中文书记长、代理公使,1906年被任命为驻华特命全权公使。蔡元培任校长后整顿北京大学的洋教习,朱尔典还威胁过蔡元培。

1920年7月应蔡元培之邀请访问北京大学并做数学方面学术报告的是保罗·班乐卫。班乐卫不仅是一名数学家,更是法国著名的政治家,除了在第一次世界大战期间当过公共教育部长、陆军部长、航空部长之外,1917年和1925年两次出任内阁总理,1924年当选为议会议长。班乐卫与蔡元培的关系比较密切。1914年,蔡元培到了法国之后,就是在班乐卫的支持下推动留法勤工俭学运动。1920年8月31日,北京大学授予班乐卫名誉科学博士。蔡元培在授予仪式上说:

> 北京大学第一次授学位,而授者为班乐为先生,可为特别记[纪]念者两点:第一,大学宗旨,愿凡治哲学文学及应科学者,都要从纯粹科学入手。治纯粹科学者,都要从数学入手。所以各系次序,列数学为第一系,班乐为先生为世界数学大家,可以代表此义。第二,科学为公,各大学自然有共通研究之对象。但大学所在地,对于其地之社

会、历史不得不有特别注重之任务。就是分工之理。北京大学既设在中国,于世界学者共通研究对象外,对于中国特有之对象,就负特别责任。班乐为先生最提倡中国学问的研究,又可代表此义。①

班乐卫也致辞答谢。他说:

> 今日承国立北京大学授鄙人以名誉博士学位;而贵校给与外国人学位事,今日又为第一次,鄙人实觉之荣幸。鄙人以此带回鄙国,实有自豪于我国人之前矣。然我所自豪者,非个人之荣誉,乃因此举为我中法两国日密一日之标记也。②

在此之后,班乐卫还帮助中国和北京大学做了不少有益的事情,如在1920年访华期间竭力促进法国退还庚款,1921年3月向到访的蔡元培推荐居里夫人等法国著名学者。蔡元培同北京大学教授李圣章到巴黎大学镭学研究所拜访了居里夫人,邀请她访问北京大学。③

1920年10月17日,和杜威一起接受北京大学名誉博士学位的还有当时的美国驻华公使芮恩施。或许风头都被杜威占了,所以,有关芮恩施到访北京大学和接受名誉学位的文字只限提一句而已。实际上,北京大学给他如此之高的荣誉也并非偶然。芮恩施(Paul Samuel Reinsch, 1869—1923),是一位学者型的外交官,1898年至1913年在威斯康星大学任政治学教授,1913年出任美国驻华公使,1919年因与美国政府对华政策有分歧而辞职,一度在北洋政府当顾问,1920年至1922年间两次来华,1923年因病在上海去世。芮恩施主张建立中美友邦关系并帮助中国提高国际地位。学者、外交官、文化学者等多重身份使芮恩施的主张带有很强的理想主义色彩,但是,他对华亲近和友善的主张和做法肯定引起中国人的好感,北洋政府请他当顾问是一种回报,北京大学授予他名誉法学

---

① 王学珍、郭建荣主编《北京大学史料 第二卷 1912—1937》,第2323页。
② 同上。
③ 单滨新:《蔡元培与法国前总理班乐卫的交往》,《文史天地》2013年第2期。

博士学位更是一种回报。①

1920年10月授予杜威及芮恩施两氏名誉博士学位的典礼
（来自北京大学档案馆，档号 SXZP1921007）

1944年6月25日，时任美国副总统华莱士（Henry A. Wallace, 1888—1965）访问西南联合大学，参观了学校图书馆和生物系的实验室，向学校赠送了书籍和药品等物。西南联合大学热烈欢迎。学生们张贴出了大型的中、②英文墙报，介绍中国政治情况及人民的民主要求，同时还发表了有学生们签名的公开信。

第四节　北京大学的其他涉外活动

第一，外国学者来访。这类信息不多，只是偶有简要新闻报道。1918年5月2日，日本汉学家林泰辅和诸桥辙次在教育部官员的陪同下，到北

---

① 马建标、林曦：《跨界：芮恩施与中美关系的三种经历》，《历史研究》2017年第4期。
② 周永福：《1944年美国副总统华莱士访华全程纪实（二）》，《百年潮》2016年第8期。

京大学参观。蔡元培校长亲自接待,并带领他们到一些课堂听讲。林泰辅(1854—1922)是日本江户末期的经学家、史学家,1887年毕业于东京大学古典讲习科汉书课,对甲骨学、中国上古社会有比较深的研究,著有《上代汉字的研究》《周公及其时代》《支那上代之研究》。诸桥辙次(1883—1982)是日本神田人,《大汉和辞典》的编撰者。

第二,参与同外国学者的合作研究。

在20世纪20年代,瑞典探险家、地质学家斯文·赫定(Sven Hedin,1865—1952)多次来华进行科学考察活动。1927年4月26日,北京大学考古学会同北京中央气象台、内务部古生物陈列所、教育部、历史博物馆等机构和团体与斯文·赫定签订了《中国学术团体协会与斯文·赫定博士所订合作办法》,共同组织对中国西北地质、地理、考古、气象、地形、动物等方面的科学考察团。① 这样的学术合作为北京大学对外合作研究积累了宝贵的经验。

第三,北京大学的涉外活动。

在20世纪20—30年代,北京大学多次举行或参与同苏联的活动。1924年6月6日,北京大学同各界群众在中央公园举行中苏建交庆祝大会。1925年5月25日,北京大学音乐传习所为提倡高雅艺术,邀请俄国国立西伯利亚音乐学院院长、小提琴家托诺夫、俄国三角琵琶专家安德利夫、管弦乐队第一独奏家鲍沙喀前来演奏。8月8日,北京大学接受邀请,派李四光教授代表北京大学参加列宁格勒科学院建院200周年庆典,感谢苏联驻华大使馆送来苏联列宁格勒科学院200周年纪念会刊。1926年1月21日,北京大学在第三院礼堂举行纪念列宁逝世两周年纪念会,北京界六百余人参加。李大钊在会上演讲中说:"列宁主义是帝国主义时代无产阶级革命的理论和策略,中山主义是帝国主义时代被压迫民族革命的理论和策略""不管是列宁主义信徒,中山主义的信徒,应该紧紧地联

---

① 学界关于斯文·赫定在中国西北探险、考察的学术成果很多,参见夏琳、陶继良:《斯文·赫定与斯坦因中国西域考察之比较研究》,《边疆经济与文化》2015年第4期。张晓慧、崔思朋:《从中瑞西北八年科考活动看斯文·赫定的人格魅力》,《边疆经济与文化》2015年第4期。

合起来。"①1945 年 4 月 22 日,北京大学冬青社、文艺社联合举办罗曼·罗兰和阿·托尔斯泰纪念会,楚图南、闻家驷到会发言。1947 年 11 月 17 日,北京大学国际关系研究会举行联合国晚会,向苏联驻北平大使馆借《纽伦堡审理战犯记》拷贝放映。这些活动从一个侧面反映了中苏两国复杂的关系。

北京大学在晚清和民国时期类似的涉外交往对象不只有苏联。比如,1934 年 7 月 26 日,法国代理公使贺柏诺来函吊唁刘半农教授。1948 年 6 月 22 日,北京大学学生自治会致信美国政府中华救济团,声明从即日起拒绝美国的"营养补助",以示反对美国扶植日本政策和抗议美驻华使节对中国人民的诬蔑与侮辱。②

---

① 王学珍、王效挺、黄文一、郭建荣主编《北京大学纪事(一八九八——一九九七)》,第 180 页。
② 同上书,第 458 页。

结　语

　　本书描述了1898年至1949年间北京大学对外交流与合作的情况，时间跨越晚清和民国两个时期。从中国社会发展角度说，这个时期是从传统社会向现代社会的过渡。在这个过渡时期中，北京大学成了中国社会发展的缩影，在内外双重挤压下艰难地前行。第一重挤压来自内部顽固守旧的专制势力。它们抱残守缺，抵制开放，反对革新，竭力阻挡历史的车轮前进。第二重挤压来自外部的诸多列强。它们恃强凌弱，用坚船利炮迫使中国革新开放，主要目的是要按西方模式改造中国和控制中国，而非促进中国的独立和富强。革新势力与守旧势力、中国与西方国家这四种力量并不相互隔绝，而是复杂地纠结在一起。它们的综合作用，既给北京大学带来发展的机遇，也使北京大学前行步履维艰。所有这些都具体地表现在北京大学的建立与发展，特别是对外交流与合作上。

　　从本质上说，京师大学堂是以革新开放、学习先进为宗旨创办的。所以，对外交流与合作从一开始就是京师大学堂重要的举措，如考察和学习西方的教育体制，聘请西方教习，选派学生赴国外留学等。由于上述双重挤压，京师大学堂的这些举措虽命运多舛，但顽强地存在并发展了下来，从而奠定了北京大学后来国际化的重要基础。此外，还有另一类"国际交流"也从京师大学堂开始，那就是京师大学堂的学生奋起抗争外国列强，如1903年的"拒俄运动"和1905年声讨美国迫害华工等，它们奠定了北京大学反帝爱国的光荣传统。这部分内容是中国近现代史中的重要章节，本书不再专门论述。

　　辛亥革命之后，中国社会发展进入民国时代。从专制到共和是一个漫长的转变过程。在这个过程中，中国社会发展主要受制于内外两个方面的因素。内部因素是中国的政治文化和政治斗争。显性的专制王朝虽然不复存在,但统一和真正的民主共和国迟迟未能建立。不仅如此,隐性的传统守旧思想绵绵不断,守旧势力也不甘心退出历史舞台,军阀混战与党派斗争从未间断。外部因素是西方政治文化的影响和列强对中国的干预、侵略。对中国而言,西方政治文化既推动了中国社会开放、走向世界,又服务于西方列强征服中国的需要。与晚清不同,民国时期的中国,社会发展虽然不时有短暂的逆流,但大的方向是前行的,起主导作用的是进步力量。

民国时期的北京大学以其独特的地位对中国社会发展发挥着独特的作用,走在中国社会发展的前列。但是,日本对中国的军事侵略中断了民国发展的"黄金时代",中国进入抗日救亡时期,北京大学被迫颠沛流离,南迁到长沙和昆明。抗日战争胜利之后,中国陷入内战。

在这样的时代背景下,民国时期北京大学办学的国际色彩比晚清时更浓,对外交流与合作的范围不断拓宽,力度空前加强。北京大学对外交流与合作的形式也更加多样化:派学生出国留学,派教师出国考察、进修,邀请世界知名学者来讲学,接待外国政客名流来访,授予外国人名誉博士或名誉教授,设立外国奖学金。

总体上说,从晚清到民国结束这五十年间,北京大学(京师大学堂)对外交流与合作被动性比较强,受中外关系影响非常大,有一些相关的规章制度但无专门负责的机构,各种要素之间的联结既不密切也不系统,广度和深度都有多方面的局限。即使如此,无论哪一方面在形式上都延续了下来,奠定了后来北京大学国际合作与交流的基本格局。

附 表

附表1 京师大学堂西方教习名录

姓名	国籍	教习专业和种类	任教习时间	备注
丁韪良	美国	西学总教习	1898—1900年	
聂克逊	英国	英文教员	1905—1908年	
贾士蕙	法国	法文教员	1905—1910年	
贝哈格	德国	德文教员	1907—1908年	
凯贝尔	德国	德文教员	1907—1910年	
顾澄		德文教员	1907—1908年	兼算学
艾克坦	德国	德文教员 理工科教员	1909年6—12月 1910年正月至1912年十月	
安特鲁斯	英国	英文教员 高等科教员	1905—1909年 1910年正月至六月	
古继尔		英文教员	1905—1907年	
安特逊路德		英文教员	1909年4月	
铎孟				
梭尔格	德国	理工科教员	1910—1913年	
土瓦尔		理工科教员	1910年	
劲博尔		理工科教员	1910年4—12月	
龙讷庚		理工科教员	1911—1917年	
贝开尔		理工科教员	1911—1913年	
芬来森		法政科教员	1910—1917年	
白业棣		法政科教员	1910—1915年	

续表

姓名	国籍	教习专业和种类	任教习时间	备注
博德斯		法政科教员	1910—1913 年	
科拨		法政科教员	1910—1912 年	
科达		高等科教员	1910—1911 年	
秦白士		高等科教员	1910 年 3—7 月	

资料来源:北京大学校史研究室编《北京大学史料 第一卷 1898—1911》,北京大学出版社,1993,第 332—346 页。原载《北京大学廿周年纪念册》。

附表 2 日本洋教习名录

姓名	学位	教习专业和种类	任教习时间	回国后职业
岩谷孙藏	法学博士	仕学馆总教习	1902—1906 年	京都大学教授
服部宇之吉	文学博士	师范馆总教习	1902—1909 年	东京帝国大学教授
太田达道	理学士	师范馆教物理	1902—1908 年	
杉荣三郎	法学士	师范馆教经济学	1902—1906 年	日本皇家博物馆馆长
铃木信太郎		师范馆教日语	1904—1906 年	
高桥勇	文学士	师范馆教日语和图画	1904—1906 年	
西村熊二	工学士	师范馆教日语、化学	1904—1907 年	
氏家谦曹	理学士	师范馆教日语、物理和算学	1904—1908 年	早稻田大学教授
坂本健一	文学士	师范馆教日语、世界历史和世界地理	1904—1908 年	
矢部吉祯	理学士	师范馆教日语、植物学	1904—1908 年	东京女子高等师范学校教授
桑野久任	理学士	师范馆教日语、动物学、生理学	1904—1908 年	奈良女子高等师范学校教授

续表

姓名	学位	教习专业和种类	任教习时间	回国后职业
法贵庆次郎	法学士	师范馆教日语、教育学、伦理学	1905—1908年	东京市督学
土田免四造		师范馆教日语、博物学	1905—1909年	
野田昇平		师范馆教博物学	1905—1909年	
永野次庆郎		师范馆教理科	1905—1909年	
安井小太郎			1905—1908年	日本第一高等学校教授、大东文化学院教授
森岗柳藏		师范馆教日语、图画标本处助手	1905—1907年	
芝本为一郎		师范馆教日语、手工	1905—1906年	
松野藤吉		师范馆教博物学	1910年	
杉野章		师范馆教理科	1910年	
切田太郎		师范馆教商科	1910—1911年	
冈田朝太郎	法学士	师范馆教政法学	1910—1915年	东京法政大学教授
织田万	法学士		1910年	京都大学教授
矢野仕一	文学士	仕学馆教习		京都大学教授
小林吉人	文学士	仕学馆教日语		新潟中学校长
井上翠		仕学馆教日语		山口高等商业学校、大阪外国语学校教授
松本龟次郎		仕学馆教日语	1910—1912年	东亚高等预备学校创始人
石桥哲尔				名古屋高等商业学校、福岛高等商业学校教授
原冈武		仕学馆教习		小樽高等商业学校教授

续表

姓名	学位	教习专业和种类	任教习时间	回国后职业
高桥健三	法学士	仕学馆教习		
小河滋次郎	法学士	仕学馆教习		后法学博士
藤田丰八		农科教习	1909—1911年	
橘义一		农科教习	1909—1912年	
小野孝太郎		农科教习	1909—1913年	
三宅市郎		农科教习	1910—1913年	

资料来源:汪向荣:《日本教习》,第74—75页。王晓秋:《京师大学堂与日本》,《日本研究》第10辑,第255—257页。由于查找的文献出处不同,写作者角度不一样,汪向荣的著作和王晓秋的这篇文章在日本教习的数量、任教习的时间和教授的课程等方面有不同的说法。本表尽可能综合他们的说法,对于综合不了的信息,采用汪向荣书的说法。

附表3 京师大学堂首批留学生名录

姓名	生卒年	籍贯	升入国外大学的名称和时间	专业	归国时间	归国后职业
余棨昌	1881—?	浙江	东京大学,1907年	法科法律学	1910年	
曾仪进						
黄德章		四川				法科进士
史锡绰		四川	东京大学,1907年	理论物理		
屠振鹏	1879—?	江苏	东京大学,1908年	法科政治学		
朱献文	1872—1949年	浙江		法学	1908年	法科进士
范熙壬		湖北	京都大学,1908年		1909年	

续表

姓名	生卒年	籍贯	升入国外大学的名称和时间	专业	归国时间	归国后职业
张耀曾	1885—1938年	云南	东京大学，1907年	法科政治学	1914年	
杜福垣						
唐演		江苏	东京大学，1905年	法科	1908年	
冯祖荀	1880—1940年	浙江	京都大学，1908年	工科		
景定成	1879—1949年	浙江	京都大学，1908年	理科化学		
陈发檀	1879—?	广东	东京大学	法科政治学	1911年	
吴宗栻	1879—?		东京大学	农科农艺化学	1912年	
钟赓言	1882—?	浙江	东京大学，1906年	法科政治学	1911年	法科进士
王桐龄	1878—1959年	直隶	东京大学，1908年	文科大学史学科		
王舜臣	1871—?	江苏	东京大学，1908年	农科农学	1912年	
朱炳文	1882—?	山东	东京大学	农科农艺化学	1911年	
刘志成			东京大学，1905年		1908年	法政举人
顾德邻	1879—?	顺天			1908年	法科进士
苏振潼	1880—?	江苏	东京大学，1908年	理科理论物理学		北京大学物理系讲师
朱深	1879—1943年	直隶	东京大学，1907年	法科法律学	1912年	

续表

姓名	生卒年	籍贯	升入国外大学的名称和时间	专业	归国时间	归国后职业
成焭	1885—?	北京	东京大学,1908年	农科农艺化学	1912年	
周宣				原拟法科政治学		
何培琛	1881—?	贵州				
黄艺锡	1879—?	江苏	东京大学,1908年	农科农艺化学	1911年	农科举人
刘冕执		湖南	东京大学,1908年	农科农艺化学	1911年	翰林院庶吉士
席聘臣		云南	京都大学,1908年	政治学	1910年	法政科进士翰林院庶吉士
蒋履曾	1872—?	江苏	京都大学	医科	1911年	主事候补京师大学堂的卫生官
王曾宪		江苏	东京大学,1908年	医科	1914—1915年	
陈治安	1884—?	广东	东京大学,1907年	法科政治学	1911年	
施恩曦	1882—?	江苏	东京大学,1908年	工科土木工程学	1912年	
俞同奎	1876—1962年	浙江	利物浦大学		1910年	格致科进士翰林院编修
周典	1878—?	直隶	伯明翰皇后书院		1911年	商科进士京师大学高等科教员
潘承福	1880—?		伯明翰皇后书院		1909年	商科举人

续表

姓名	生卒年	籍贯	升入国外大学的名称和时间	专业	归国时间	归国后职业
薛序镛	1881—?	江苏	维多利亚大学			
林行规	1883—?	浙江	攀拉学院、伦敦政治学院、林肯法学院	行政学、计学法科		
范绍濂	1882—?	江苏	伯克贝克学院、林肯法学院	法科		
左承诒	?—1906年		剑桥大学	法律		
陈祖良		浙江	Institul Chimique de Nancy		1910年	工程进士
华南圭	1874—?	江苏	Ecole de travaux publics		1911年	工程进士
邓寿佶	1879—?	湖南	利耳工艺学堂，1907年		1912年	
刘光谦			巴黎政治学院，1907年			
魏渤		江苏	圣彼得堡大学，1904年	政法科	1911年	法政科举人

续表

姓名	生卒年	籍贯	升入国外大学的名称和时间	专业	归国时间	归国后职业
柏山	1881—?		圣彼得堡大学，1904年	政法科	1910年	法政科举人
程经邦			德国，1907年			
孙昌烜		江苏	英国，1907年			北京大学教师

资料来源：本表根据冯立昇、牛亚华：《京师大学堂派遣首批留学生考》(《历史档案》2007年第3期，第89—92页)编制。需要说明的，一是表格中有空白是因为没有相应的信息，二是一些人的出生年份是根据文章提出入学时年推算出来的。

附表4　学部呈外务部译学馆出洋学生名册

姓名	留学国	学校	学科	出洋年月	毕业年月
林行规	英国	伦敦大学校	法科政科	1903年	不详
范绍濂	英国	伯克贝克学院	不详	1903年	不详
杨曾浩	英国		不详	1905年	不详
徐穉	英国	伦敦大学	预备科	1904年	不详
侯维良	英国	伯明翰大学	预备科	1905年	不详
吴庆嵩	英国	伦敦大学	预备科	1905年	不详
曹钧	英国	皇家大学校	预备科	1905年	不详
靳志	法国	利耳工艺学堂	不详	1904年	不详
陈祖良	法国	罗盎高等工业学校	不详	1903年	1909年
周秉清	法国	巴黎工程学堂	民事科	1905年	1912年
邓寿佶	法国	利耳工艺学堂	未详	1903年	1909年
周纬	法国	利耳工艺学堂	未详	1905年	不详

续表

姓名	留学国	学校	学科	出洋年月	毕业年月
黄广澄	法国		未详	1905 年	不详
王廷璋	法国	岗省大学堂	工程科	1905 年	不详
陈浦	法国	工科专门学校	不详	1905 年	1902 年
金国宝	法国	利耳工艺学堂	未详	1905 年	不详
程经邦	德国		不详	1905 年	不详
张谨	德国	柏林政法大学堂	法律专门	1905 年	1911 年
陈水治	德国	工艺专门学校	机器专门	1905 年	1910 年
顾兆熊	德国	柏林工科大学	电器工程专门	1905 年	1911 年
柏山	俄国	圣彼得堡大学堂	法政专科	1903 年	1908 年
麟祉	日本	高等工业学校	窑业科	1905 年	1908 年 9 月
胡国礼	日本	早稻田大学校	政治经济科	1905 年	1908 年 9 月
徐鼎元	日本	早稻田大学校	政治经济科	1905 年	1908 年 9 月
陈大岩	德国	不详	未详	1905 年	不详
符鼎升	日本	不详	不详	1905 年	不详
徐世襄	英国	不详	不详	1905 年	不详
熊景遇	日本	不详	不详	1905 年	不详
钟骏	日本	不详	不详	1906 年	不详

资料来源:本表录自《咨呈外务部译学馆出洋学生表册请查照文》,载北京大学校史研究室编《北京大学史料 第一卷 1898—1911》,第 444—446 页。原表是 1907 年学部根据中国驻留学国使臣的回复和学生本人的报告编制,前 24 人是根据使臣回复和学生报告编的,第 25 名和第 26 名只有学生报告而无使臣回复,最后 3 人既无使臣回复也无学生报告。另外,原表是毕业时间在前,出洋时间在后,时间表述上都是光绪多少年。为了方便阅读,引用者将表序改为出洋时间在前,毕业时间在后,光绪年都改为公历。留学人员出洋的月份多为农历九月,只有陈祖良是农历七月,符鼎升、熊景遇是农历十月,而林行规、范绍濂、程经邦、柏山是农历十一月。留学生归国时间一多半不详。在有归国具体月份的人中,陈浦的归国月份明显不正确,留日的麟祉、胡国礼、徐鼎元和留德的张谨回国的月份是农历九月,另两位留德的陈水治、顾兆熊回国的时间分别是农历七月和冬天,留法的陈祖良归国月份是农历十一月。

附表 5　1912—1927 年北京大学的外籍教师

国别	姓名	任职学科和职称	任职时间	离职时间
德国	梭尔格	理工科教员	1910 年 2 月	1913 年 2 月
德国	巴特尔	理本科教授兼化学门研究所教员		
德国	贝开尔	理工科教员	1911 年 5 月	1913 年 2 月
美国	龙讷庚	理工科教员	1911 年	1917 年
美国	高补珩			
德国	米娄			
丹麦	伦特	理预科教授		
法国	巴和	政法科教员	1910 年 2 月	
英国	毕善功	法本科教授	1910 年	
法国	博德斯	法政科教员	1910 年 5 月	1913 年 6 月
英国	芬来森	法政科教员	1910 年 2 月	1917 年 9 月
英国	科拔	法政科教员	1910 年 2 月	
法国	白莱士	法预科教授		
英国	克德来	高等科教员	1911 年 11 月	1916 年 6 月
英国	纽伦	理预科教授		
德国	梅尔慈	法预科教授兼文本科教授		
法国	陶尔弟			
英国	何得利			
英国	伊文斯			
美国	卫尔逊	文本科教授兼英文门研究所教员		
美国	丁义			
德国	艾克坦	高等科教员	1910 年 2 月	1912 年 10 月
法国	白业棣	法政科教员	1910 年 2 月	
法国	巴劳德			

续表

国别	姓名	任职学科和职称	任职时间	离职时间
日本	小野孝太郎	农科教员	1910年12月	1913年5月
日本	三宅市郎	农科教员	1911年8月	1914年1月
日本	船津常吉			
日本	岩谷孙藏			
日本	冈田朝太郎	法政科教员	1910年4月	1915年7月
日本	橘义一	农科教员	1910年1月	1912年10月

资料来源：北京大学档案·全宗号（七）·目录号1·案卷号19。张国福：《北京大学法律系建立及前期概况》，《中外法学》1994年第5期，百鸣网站 http://www.baimin.com/top/57536.htm（访问日期2020年7月14日），表格中有空白处是由于没有查到相应的信息。

附表6　1922年北京大学的外籍教师

姓名	国籍	年岁	职别	担任课程
文讷	英国	58	英文系讲师	英国史
布硕	法国	36	法文系讲师	法国近代文学、法文作文
伊法尔	俄国	37	俄文系讲师	俄国史、俄国文学史、文法、地理散文及会话
柯劳文	美国		英文系教授	英美文学史、近代小说、西方文化之观点比较、文学史、英文辩论
柯劳文夫人	美国		英文系讲师	莎士比亚、英文作文
柏烈伟	俄国	35	俄文系讲师	俄文
柴思义	美国		英语系讲师	近代欧洲戏剧、英国诗、维多利亚文学史
海里威	德国	50	德文系讲师	德文作文、戏曲
基雅慕	瑞士	54	法文系讲师	会话
纽伦	英国	43	物理系教授	物理实验、英文

续表

姓名	国籍	年岁	职别	担任课程
毕善功	英国	48	英文系教授	现代戏剧、名家散文、英文作文
华兰德女士	德国	53	本科外国语讲师	德文
葛利普	美国		地质系教授	地史学、古生物学、古生物学实验、植物学、地史学实习
爱罗先珂	俄国	32	世界语讲习班讲师	世界语
欧尔克	德国	43	德文系教授	德文学选读青年葛特传、青年葛特传与散文选、近代德意志文学史、葛胜语和古德语、上古及中古德文史、高德意志语温习
钢和泰	爱沙尼亚	45	哲学系讲师	古印度宗教学、梵文
铎尔孟	法国		法文系讲师	法文演讲

资料来源：王学珍、郭建荣主编《北京大学史料 第二卷 1912—1937》，北京大学出版社，2000，第375—380、400—401页。

附表7　1924年5月北京大学的外籍教师

职别	国籍	汉文姓名	订立合同年期	年限	到差月日
教授	美国	葛利普	民国九年十月	原定三年后复延长三年	民国九年十月
教授	英国	毕善功	无	无	宣统三年闰六月
教授	美国	柯劳文	无	无	民国九年八月
教授	德国	欧尔克	民国九年十二月六日	原定三年后延长至民国十四年六月六日	民国九年十二月
教授	德国	卫礼贤	民国十二年十二月一日	一年零七个月	民国十一年九月

续表

职别	国籍	汉文姓名	订立合同年期	年限	到差月日
教授	苏联	铁捷克	民国十三年二月二十七日	民国十四年六月底止	民国十三年二月
教授	德国	额尔德	民国十一年九月十一日	三年	民国十一年九月
讲师	爱沙尼亚	钢和泰	无	无	民国九年一月
讲师	美国	柴思义	无	无	民国十年十月
讲师	英国	文讷	无	无	民国六年十月
讲师	美国	柯劳文夫人	无	无	民国十年一月
讲师	法国	铎尔孟	无	无	民国九年四月
讲师	法国	沙利荣	无	无	民国十一年十二月
讲师	德国	海里威	无	无	民国九年三月
讲师	德国	纪雅各	无	无	民国十二年十月
讲师	俄国	伊法尔	无	无	民国八年九月
讲师	俄国	柏烈伟	无	无	民国十年一月
讲师	德国	贾尼格女士	无	无	民国十三年四月
讲师	苏联	加兹	无	无	民国十一年十月

资料来源:北京大学档案·全宗号(七)·目录号1·案卷号157。原表还有署别、机关别两列。署别一列空着,机关别一列第一行填有北京大学。全表均为手写的繁体字,姓名栏中有外文原名。

附表 8　1926 年北京大学的外籍教师

姓名	职别	担任科目	系别	每周钟点	支薪数目	聘约期间
葛利普	教授	进化论 高等地层学 高等地层学实验 古生物及标准化石 古生物及标准化石实验 地史学 地史学实习 中国古生物实验	地质系	一 二 三 三 二 三 二 八	四〇〇	民国九年十月聘订以三年为期后复延三年至民国十五年十月期满
毕善功	教授	欧洲古代文学 散文 戏剧 英文	英文系	三 三 二 四	四五〇	无合同无年限
柯劳文	教授	西方文化史料选读	英文系	三	九〇	无合同有聘函无年限
鲁雅文	教授	戏剧 德国大思想家之人生观及宇宙观 历史的德文文法 德意志民族学概要 葛胜语及上古高德意志语 中古高德意志语 日耳曼国粹学练习 历史的德语沿革	德文系	四 三 二 二 一 一 一 一	二八〇	有聘书无年限
额尔德	教授	私经济学 会计学 工厂管理 审计	经济系	四 三 二 二	四〇〇	民国十一年九月聘订以三年为限复经延长一年至民国十五年九月一日期满

续表

姓名	职别	担任科目	系别	每周钟点	支薪数目	聘约期间
钢和泰	教授	古印度宗教史 梵文	哲学系	二 三	四〇〇	
柯劳文夫人	讲师	莎士比亚之研究	英文系	六	一〇五	
文讷	讲师	英国史	英文系	三	六〇	有聘书无期限
谢尔威	临时讲师	法文 法国文学史 文语宗源	法文系	四 三 三	一七五	民国十四年十一月二十五日到校，未曾发聘书
铎尔孟	讲师	法文演讲	法文系	二	一〇〇	有聘书无期限
海里威	讲师	德意志民众文学 散文 戏剧 德文作文 德文读本 德文作文	德文系	三 三 二 一 六 四	三八五	有聘书无期限
洪涛生	讲师	散文 德国文学概论 德国近代文学史 德国古代文学史 德国中古文学史 德文诗学及文体学 德意志文字学 德国文体及名作之研究 比较文学史	德文系	二 二 二 二 二 二 二 一 三	三八五	有聘书无期限
纪雅各	讲师	德文	预科	六	八四	有聘书无期限

续表

姓名	职别	担任科目	系别	每周钟点	支薪数目	聘约期间
伊法尔	讲师	俄国史 现代俄国 欧洲文学史 近代世界 欧洲近代文学 法国文学史	俄文系	四四三二六二	五〇〇	有聘书无期限
游司可	临时讲师	俄文	本科	八	一一二	民国十四年十月十五日到校未曾发聘书
苏高金	临时讲师	俄国文学史 俄文作文	俄文系	五四		未曾发聘书民国十五年一月

资料来源：北京大学档案馆·全宗号（七）·目录号1·宗卷号186。

附表9 1930年北京大学的外籍教师

姓名	国籍	职务
石坦安	德国	德文系讲师
艾克	德国	英文系讲师
艾礼	德国	校医
克德纳	德国	德文系讲师
芮卡慈	英国	英文系教授
纪雅各	德国	德文系讲师
洪涛生	德国	德文系教授
柏烈伟	苏联	俄文系讲师
陈罗墨丽	美国	英文系讲师
毕莲	美国	英文系讲师
葛利普	美国	地质系教授

续表

姓名	国籍	职务
爱萨尔		地质系讲师
萨维廉	德国	德文系讲师
铎尔孟	法国	法文系教授

资料来源:王学珍、郭建荣主编《北京大学史料 第二卷 1912—1937》,第263—373页。

附表10　1936年北京大学的外籍教师

职别	姓名	年纪	国籍
教授	奥斯毅	72	美国
教授	葛利普	66	美国
讲师	李逌禄	30	德国
教授	邵可侣	42	法国
教授	洪涛生	57	德国
讲师	卫德明	31	德国
讲师	李华德	50	德国
讲师	柏烈伟	50	苏联
名誉教授	钢和泰	60	爱沙尼亚

资料来源:北京大学档案馆·全宗号(一)·宗卷号MC193603。

附表11　民国时期外国学者在北京大学讲学一览表

姓名	国籍	讲演题目	时间	地点
杜威	美国	社会哲学与政治学(16次) 思想之派别(8次) 现代的三个哲学家(6次)	1919年9月20日—1920年3月6日	法科礼堂①

① 在相关文献中,讲堂、礼堂和会堂等叫法混用,此表统一称为礼堂。

续表

姓名	国籍	讲演题目	时间	地点
班乐卫	法国	关于数学的学术报告	1920年7月1日	理科大礼堂
罗素	英国	哲学问题（系列） 心的分析（系列） 物的分析（系列） 社会结构学（系列） 数学逻辑（系列）	1920年11月7日—11月4日 1920年11月10日—1921年2月 1921年1—3月 1921年2—3月 1921年3月	第三院大礼堂
山格夫人	美国	生育制裁的什么与怎样	1922年4月19日	第三院大礼堂
片上伸	日本	北欧文学的原理	1922年9月23日	第三院大礼堂
哥勒	美国	从美国的历史经验论联邦制之得失	1922年9月25日	第三院大礼堂
福田德三	日本	马克思主义的几个基本问题	1922年10月4日	第三院大礼堂
莫里斯	美国	蒙古地形上之问题	1922年11月11日	第二院大礼堂
叶勒索夫	苏俄	俄国文化及十八九世纪的哲学（多次，但具体不详）	1922年12月11日	不详
田边尚雄	日本	中国古代音乐之世界价值	1923年5月14日	第二院大礼堂
普兰克	德国	热力学之第二原理及"热温熵"之意义 Nernt热论（即热力学之第三原理）	1923年5月29日 1923年6月1日	第二院大礼堂
市村瓒次郎	日本	论环境与文化之关系，并以两晋南北朝佛学之影响为例证	1924年10月6—11日	不详

续表

姓名	国籍	讲演题目	时间	地点
大村西崖	日本	风俗史的研究与古美术品的关系	1925年1月11日	第二院大礼堂
河口慧海	日本	西藏文发达史	1925年4月20—24日	不详
克伯屈	美国	现代教育方法批评	1927年4月10日	第二院大礼堂
考文	美国	中国五权宪法之评论	1928年12月24日	第二院大礼堂
威尔逊	美国	条约与国际法之关系	1929年6月5日	第二院大礼堂
朗之万	法国	科学思想过程 相对论及量子论动力学及其在磁性理论中的应用 社会的演进与科学的使命	1931年10月19日 1931年12月22—1932年1月11日 1932年1月10日	不详 物理系第五教室 不详 不详
布拉希开	德国	微分几何的拓扑问题（6次）	1932年4月	理学院大讲堂
马列克	丹麦	丹麦之合作运动与土地政策	1934年2月9日	第二院大礼堂
贝尔斯莱夫	丹麦	目前民众教育问题及其工作	1934年10月5日	第一院323教室
曲克伦	美国	合作运动与国家关系	1934年10月13日	第二院大礼堂
伯克霍夫	美国	量子力学中几种见解 动力学之微分方程 四色问题 审美度量	1934年4月20日—5月2日	前六讲在第二院物理教室 后两讲在协和礼堂
何尔康	美国	美国在太平洋上的政策 第二国际和第三国际 民主政治与美国的复兴政策	1935年5月10日 1935年5月17日 1935年5月24日	第二院大礼堂

续表

姓名	国籍	讲演题目	时间	地点
开浓	美国	身体保持安定的组织	1935年5月29日	第二院大礼堂
布朗	美国	历史及社会科学	1935年12月4日	第二院大礼堂
孟禄	美国	有关教育方面,具体不详	1937年4月	第二院大礼堂
玻尔	丹麦	原子核 原子构造	1937年5月31日 1937年6月4日	理学院宴会厅 理学院大礼堂
师觉月	印度	贵霜王朝之历史与文化	1947年6月	不详
金守拙	美国	语言教学法	1948年6月5日	不详

后　记

　　本书是在我人生至暗的时刻修改定稿的。作者署名是陈峦明和我，但北京大学国际合作部原部长夏红卫老师从创意到立项，从写作、修改到定稿都起了重要作用。

　　我长期从事世界社会主义历史、理论与实践的教学与研究，重点关注原东欧地区，与北京大学的历史与现实不能说没有关联，但关联不大。是一些既偶然又必然的因素把我的关注点转到北京大学对外交流与合作的历程上面。

　　2011年4月，我参加周其凤校长率领的代表团访问了波兰和罗马尼亚。在布加勒斯特，罗明和萨安娜夫妇举行家宴招待代表团一行。他们是新中国第一批来华留学生，罗明从北京大学中文系毕业后进入罗马尼亚外交部，为中罗两国的几代领导人做翻译，见证并参与促进了新中国与罗马尼亚关系的发展。萨安娜从北京大学历史系毕业后主要从事中国历史和文化研究，是罗马尼亚著名的汉学家。席间，罗明和萨安娜回忆了许多他们在中国学习、工作时的片段，讲述了与两国领导人的交往故事。这些不仅涉及中罗关系，而且与世界社会主义运动有关。出于专业的敏感，我当时就向罗明和萨安娜提出可不可以对他们进行口述访谈，他们欣然应允，周其凤校长也极为赞成。经过几个月的准备，同年8—9月间，我专程飞往布加勒斯特，对罗明夫妇做了为期一周的口述访谈，听他们讲与北京大学、与中国和与世界的故事。回国后，我对访谈资料进行分题整理，发表了系列口述文章，在北京大学各方面的支持下于2013年出版了《寒冰访罗明》一书。

　　几十年来，北京大学培养了一大批有北大底蕴、中国情怀和世界视野的留学生。正因如此，北京大学也十分重视国际校友的研究工作，国际合作部早就编辑出版过《红楼飞雪》《燕园流云》《燕园洋弟子》等书籍和画册。《寒冰访罗明》出版后，北京大学设立了一个庆祝建校120周年的规划项目《北京大学新中国留华校友口述实录丛书》。经过几年的努力，这套丛书已经出版了14本，其中有6本是我访谈和撰写的。通过这项工作，我对北京大学国际交流与合作有了比较深的认识。

在北京大学创办"双一流"大学的背景下，正是写一部北京大学国际交流与合作全史的好时机。北京大学的历史在某种程度上说也是中国社会发展的缩影，它的对外交流与合作就是反映一百多年来中国与世界关系的晴雨表。在这种背景下，我在国际合作部的支持下于2019年开始了《北京大学的对外交流与合作（1898—2018）》的编写工作。不久，《北京大学的对外交流与合作（1898—2018）》被学校列为人文社科战略发展基金项目，预计成果是出版三卷本的专著。本书就是它的第一卷。

《北京大学的对外交流与合作（1898—1949）》主要由我与陈峦明合作而成。陈峦明在北京大学国际合作部曾负责留学生和留学生校友工作。在我做留学生校友访谈和成果写作、出版过程中，峦明全力地帮助我，办手续、查文献、补资料和协调出版事宜等。《北京大学的对外交流与合作（1898—2018）》立项申报工作主要在夏红卫老师指导下由峦明推进。在本卷的写作和出版过程中，峦明不仅做了大量文献资料查找、访谈整理、协调学校档案馆和图书馆等方面的工作，而且根据出版要求反复校改书稿。

本卷在写作过程中还得到北京大学国际合作部的全力支持和帮助，特别是夏红卫老师的指导。北京大学历史系的张帆教授、欧阳哲生教授、尚小明教授，中国社会科学院法学研究所的孙家红研究员，他们或指点某些历史问题的表述方式，或提供晚清、民国时期有关洋教习的信息，或提供洋教习的历史照片，衷心感谢他们的帮助。北京大学出版社总编室的陈健老师、责任编辑书雅老师逐字逐名审读书稿，详细提出修改意见，本卷高质量的出版与他们的辛苦付出是分不开的。

由于研究、写作的难度大和作者专业上的局限,本卷会有这样或那样的不足,敬请同行和读者批评指正。

孔寒冰

2021年11月27日初稿

2023年8月16日修改